U0124126

侃釋官長

王志軍 著

序

志趣是最好的老師。與作者認識好些年了，對其性情亦有所了解。作者長自基層，在市縣鄉機關工作了二十餘年，言語不多，不喜應酬，工作之餘，與書爲伴。能靜心讀書，勤奮思索，時有文章發表，收穫尚豐。

近些年來，在報刊上難得看到他的文章，似乎靜默無聞了，卻不曾想到他在養精蓄銳，捧出了三十萬字的歷史著作來。

研究中國歷史，實非一件容易的事。五千年的時間跨度，浩如煙海，就是一個專家學者，要在這一領域中有所成就，也得花上許多心血，何況作者的主要精力在工作上。翻閱《侃釋宦官》書稿，其引證的史料之龐，內容之豐，超出了我的想像。厚積薄發，此言不虛也。

宦官作爲一種歷史現象，已經消逝在歷史的長河中。但是，任何一個研究中國歷史的人都不能忽視宦官在中國封建社會的存在。作者按照宦官的起源、宦官機構的歷史沿革、宦職的抉擇、帝宦關係、宦官如何耍權弄威、如何誤國誤民、如何自取其咎等脈絡順次，娓娓道來，或敘或議，或興或歎，縱橫捭闔，引人入勝。

觀今宜鑑古，無古不成今。古之良史，最爲兩司馬。漢司馬遷著《史記》，宋司馬光著《資治通鑑》，文約而意深，對歷史現象有著深刻的觀察力和洞察力。作者雖係公務人員，能抽閒去研究古代的宦官現象，並得出許多感悟，是其對這一歷史現象的深刻剖析和思索。龔自珍在〈題紅禪室詩尾〉云：不是無端悲怨深，直將閱歷寫成吟。作者於字裡行間，抒憂國憂民之心，敘興利除弊之意，笑中有淚，侃中含悲，釋其要義，鞭辟入裡，其浩然正氣躍然於紙上。

《關尹子》曰：「勿輕小事，小隙沉舟；勿輕小物，小蟲毒身；勿輕小人，小人賊國。」小路易顛大車，螻蟻易毀大堤，小人易危家邦，小事易釀大禍。古之人將宦官與小人等同，雖然有些過，但也不無道理。本書陳述宦禍尤其深刻，令人警醒。世人覽此書，當多思小人賊國之痛，多修公平正義之心，多謀民眾福祉之事，正道而行，善莫大也。

唐太宗謂梁公曰：「以銅爲鏡，可以正衣冠；以古爲鏡，可以知興替；以人爲鏡，可以明得失。」希望讀者閱讀此書後，對社會發展能有一個準確的認識和把握；也希望作者在今後的道路上，海闊天空，更入佳境。

是爲序。

泓致 辛卯 春

遠古時期，部落首領在征戰中有了奴隸，有了多個妻子，有了城堡，有了宮殿，才漸漸有了閹人。隨著君主特權的放大，專制統治的加強，後宮和宗室人數增加，閹人也越來越多，個別特別討帝王歡喜的閹人開始擔當重任，由奴隸提升爲官員。閹人由宮奴轉變爲宦官，始自秦漢，此後從未間斷過，直到清王朝的滅亡。一部中國帝王史也就是一部中國宦官史。宦官是君主專制統治的附屬物，與君主榮辱與共，難以分割！

機構設置與其職能變化，最能反映出宦官的政治地位和活動空間。先秦時期還沒有專門的宦官機構。秦朝時開始根據宦官服侍對象不同，分設不同的系統。漢代宦官機構迅速得到加強，其職能得到擴展。此後，凡宦官得勢的朝代，如唐朝、明朝等，不僅宦官機構龐大，其職能也無限度地被放大。

【第三章　宦職抉擇】89

古代的閹割術是最令人恐懼和痛苦的。如果說戰俘、罪犯或罪犯子孫、山獠、外國進貢者，他們被閹是被迫無奈的話，那麼那些自願閹割爲宦的，則需要有堅忍之心。從當時諸多職業來抉擇，當宦官比一般的百姓則要強得多：衣食無憂，有一定的政治地位，還有少數人可以出人頭地，恩榮無比，福澤鄉鄰。所以，忍痛一割，回報常常是豐厚的。

【第四章　縱帝私欲】　119

宦官是帝王私欲膨脹的產物，亦是帝王窮奢極欲的工具。在宦官的慫恿下，古代帝王將人性中的荒淫逸樂推向了極致。宦官們則是在縱帝私欲中獲取常人難以企及的權勢、財富和榮耀。

【第五章　治國之誤】165

遠古名臣皋陶曰：「非其人居其官，是謂亂天事。」古代帝王卻大量地使用宦官來擔當重任，刺探輿情，處理政務。宦官治國，其德、其能，均無法勝任所擔負的職責，其結果是擾亂了朝政，擾亂了正常的仕進制度，動了國之根本。

【第六章　邀寵之道】209

古代帝王無比顯赫與榮耀。宦官欲從眾人中脫穎而出，得到無比的恩榮，必然千方百計地討好帝王。投帝所好，讓帝王親之、信之、用之、依之、護之，這是所有權閹們一生孜孜不倦的追求。

帝王欲使宦官死心塌地爲其服務，必然動用手中所掌握的國家資源，濫賞厚賜，以示恩寵。其恩寵方式包括賞官賜爵、賞賜財物、

賜名賜號、允婚養子、恩蔭其家等等。對宦官少恩的帝王，常會受到宦官的報復。

【第八章　宦官弄權】　291

孟德斯鳩云：「一切有權的人都容易濫用權力，這是萬古不移

的一條經驗。」在專制統治時代，有權就意味著擁有一切，這同樣是一條永遠顛撲不破的眞理。宦官深諳弄權之道，他們借助於君權，大行其私，將朝政和國家的命運玩弄於股掌之中。

【第九章　宦官逞欲】 315

欲海無邊，這不只是印證在帝王身上，也體現在宦官的身上。子係中山狼，得志便猖狂。宦官對於權力、金錢、情欲等方面的貪婪與放縱，大大地超乎了我們的想像。

【第十章　帝王之殤】 343

宦禍深於女禍、戰亂。帝國之興，群雄伏首。太平之時，禍生於內。奴大欺主，養虎成患。宦官坐大成勢，擾亂朝政，擅謀廢立，主宰著整個皇室家族和國家的命運。螻蟻毀堤，蚍蜉撼樹，小人誤國。帝王亡國亡身而不悟，不亦悲乎！

第一章　帝宦同行

遠古時期，部落首領在征戰中有了奴隸，有了多個妻子，有了城堡，有了宮殿，才漸漸有了閹人。隨著君主特權的放大，專制統治的加強，後宮和宗室人數增加，閹人也越來越多，個別特別討帝王歡喜的閹人開始擔當重任，由奴隸提升為官員。閹人由宮奴轉變為宦官，始自秦漢，此後從未間斷過，直到清王朝的滅亡。一部中國帝王史也就是一部中國宦官史。宦官是君主專制統治的附屬物，與君主榮辱與共，難以分割！

縱觀中國五千年的歷史，常常是由帝王將相所主導。然而，有一個特殊的群體是不能被人們所忽視的。這一群體雖常受人鄙視，卻對中國歷史的發展有著深刻的影響。這一特殊群體就是宦官。

宦官，是指古代經由閹割後失去性能力在宮廷中侍奉君主及其家族的男性官員。中國經歷了漫長的奴隸社會和封建社會，幾千年的君主制度衍生了富有中國特色的宦官制度和宦官思想。這種歷史的基因和重荷是歐美各國所沒有的。

第一節　帝宦伴生

歷史上，宦官並非中國獨有。古埃及、波斯、土耳其、羅馬以及越南、朝鮮等國都有過宦官。據考證，世界上宦官最早起源於古埃及。但是，古埃及歷史有關宦官的記載語焉不詳。

閹割源於祭祀，是一種最古老的民俗。歷史學之父、古希臘學者希羅多德曾說過，在西元前六世紀，波斯已經有了使用宦官的風俗，波斯人認爲宦官比一般人更值得信賴，對宦官的忠誠大加讚揚。

由於宦官的廣泛使用，古希臘人就誘騙或強迫一些長得清秀的男少年，將他們閹割後高價販賣給波斯人。由於交易場所多在小亞細亞的古都亞非沙斯，因此，亞非沙斯以出產閹人而著稱。

一部《聖經》，多處記載有宦官的事蹟。《聖經．以斯帖記》多次提到宦官：「交給掌妃嬪的太監沙甲」、「王的太監中有兩個守門的辟探和提列」、「以斯帖就把王所派伺候她的一個太監，名叫哈他革召來」、「伺候王的一個太監名叫哈波拿」等等。《聖經．申命記》第二十三章記載：「凡外腎受傷的，或被閹割的，不可入耶和華的會。」《聖經．馬太福音》第十九章中記載：「因爲有生來是閹人的，有被人閹的，並有爲天國的緣故自閹的。這話誰能領受，就可以領受。」據此推斷，以色列自從立掃羅王以後，允許王可以多妻制後就開始有了宦官。

著名的民間故事集《一千零一夜》中，記載了阿拉伯各國的宮廷故事，其中就有宦官與宮廷女人之間的醜聞。

英文中「太監」一詞，是由希臘語「守護床鋪的人」音譯而來。從眾多的史料分析，古埃及、古希臘、波斯等國的宦官，雖然其中亦有擔任一定官職或重任者，但嚴格意義上

是服侍王室的閹人。

與古埃及、古希臘、古羅馬、以色列、波斯、越南、朝鮮等國相比較而言，中國的宦官制度延續更久遠、制度更健全、影響更深切。

據現有資料推測，中國的宦官起源於夏商時期。那時的王宮中就可能已經有了類似後世宦官的角色。商朝時的甲骨文中曾出現「□」字，其義與閹字相通，可見當時已有將人閹割的事例，但未見有將他們作爲宮廷內侍的記述。

自西周春秋之後，有關宦官的記載越來越多地出現在各種史料文獻之中。最早記載宦官活動的書籍是《春秋》、《詩經‧秦風‧車鄰》、《周禮‧天官冢宰》，這些書中將宦官稱作寺人。其後，浩如煙海的各種史籍、稗史、典志等資料都記錄宦官們的蹤跡。而歷代的史學家尤其重視對宦官事蹟的記載和研究。現存的歷史書籍，無一不記載了宦官的事蹟。許多史書更設立專門的章節，如《史記》有〈佞幸列傳〉；《漢書》有〈佞幸傳〉；《後漢書》有〈宦者列傳〉；《魏書》有〈閹官傳〉；《舊唐書》有〈宦官傳〉，《新唐書》有〈宦者傳〉；《新五代史‧宦者傳》、《宋史‧宦者傳》、《遼史‧宦官傳》、《金史‧宦者傳》、《元史‧宦者傳》、《明史‧宦官傳》等等。

傳統的說法，中國的宦官制度終結於一九一一年辛亥革命爆發，清王朝滅亡。但事實上，在日本侵略者的扶持下，清朝末代皇帝溥儀在東北建立僞「滿洲帝國」，其宮廷中仍然保持著宦官制度。因此，從嚴格意義上講，中國的宦官制度終結於僞「滿洲帝國」的滅亡。

那麼，與古埃及、羅馬、波斯、希臘等國相比較，中國的宦官制度爲什麼會持續這麼久呢？究其原因，就是至高無上的君權，並由這種幾乎不受任何約束的君權所衍生出種種非常人所能享受的特權。

有幾句最能體現君權至上的經典語言。

最爲經典的一句話就是：「溥天之下，莫非王土；率土之濱，莫非王臣」（《詩．小雅．北山》）。這就是說，全國所有的土地、所有的人們都是帝王的財產。既然全部都是自己的財產，帝王便是最大的家長和主人，對一切都擁有自由支配權。

另一句經典語言就是：君要臣死，臣不得不死；父要子亡，子不得不亡。既然帝王擁有無上的權力，那麼帝王就掌握著天下所有人的生死。

絕對的權力必然滋生著絕對的腐敗。這就是爲什麼所有的帝王都有條件享受人間的窮奢極樂，爲什麼會有那麼多的野心家都在做著皇帝夢，爲什麼幾千年的文明古國一直不得安寧和健康發展的眞正根源所在。

正是這種絕對的至高無上的君權，才是宦官存在的社會基礎。

因爲是帝王，他的衣食住行都不需要自己去打理，需要奴才爲他服務。

因爲是帝王，他可以擁有眾多的妻妾美人，而且絕對是自己的「禁臠」，絕不容許任何男人有機會去接觸和染指。

因爲是帝王，他的發號施令都得有人去傳遞和執行，並且需要在君臣之間設立一道門檻，以體現天威的尊嚴。

因爲是帝王，他的種種私欲都需要倚仗自己所信任的人去促成。

如此等等。總之，帝王的一舉手一投足，都需要別人來服侍。這些眾多任務執行者和角色只有宦官才是最適合的人選。

君主的絕對權力，是宦官存在的土壤。而且，越是集權，越是將國家的發展和民族的命運押在一個人的身上，就越容易助長佞宦的權勢和氣焰，就必然衍生出無窮無盡的腐敗。

而這種無上的君權，在中國古代幾乎是沒有人敢挑戰和置疑的。

戰國時代，孟子提出：「民爲貴，社稷次之，君爲輕。」道理說得很好，但沒有民權，民何能貴？沒有民主，君又何以輕？而且，就是這一思想也不爲主流社會所認同。即便是孟子，也沒能設想出一個如何以民爲貴的政治體制來。中國古代歷史上，沒有一個人能提出設立分權機制，將君主集權限制在一定的範圍內，這是五千年文明古國的最大禁區。

也正是君權至上，人們對帝王應享受的種種特權都給予了認同。對於宦官制度，普遍認爲是君權的一部分，被認爲是天經地義之事。

司馬光在《資治通鑑．唐紀七十九》中寫道：「夫寺人之官，自三王之世，具載於《詩》、《禮》，所以謹閨闥之禁，通內外之言，安可無也。」司馬光是宋代的史學家，他很有文化，但他仍認爲內廷不可沒有宦官制度。

這種由君主專制土壤上衍生出來的宦官制度，這種由浩蕩無邊的君權所孳生出來的宦官現象，在中國歷史的長河裡綿綿延延，從來沒有間斷過。

從夏朝算起，到清末，中國歷經了夏、商、周、春秋戰國、秦、漢、三國、晉、十六國、南北朝、隋、唐、五代十國、宋遼金西夏、元、明、清。我們不計算春秋戰國時代的諸侯國的君主，以及後來一些臨時性的或者短命稱王稱帝者，按正統的計算，中國古代的君主總計四百一十九人。如果從秦始皇算起，中國的皇帝大約爲三百三十一人。這些王朝都設立了宦官制度，所有的君主都享用著宦官們的最全面的服務。

在中國歷史上，人們對帝王的認識，不僅僅是帝王所擁有的至上的權力，更重要的是其享有的窮奢極欲的生活。因此，人們對於君主專制政治，既仇視它，又羨慕它；一旦有機會，則又會享受這種制度。

歷史上處亂世而割據稱帝者眾多，多爲追慕富貴享受之人。隋末，天下大亂，稱帝者眾，佛門之人也難脫其俗。「懷戎沙門高曇晟因縣令設齋，士民大集，曇晟與僧五千人擁齋眾而反，殺縣令及鎮將，自稱大乘皇帝，立尼靜宣爲邪輸皇后，改元法輪」（《資治通鑑．唐紀二》）。

即使是歷代的農民起義軍，他們最初或許是因爲受壓迫受剝削，窮困無奈才起來反抗，他們最初的夢想和願望也是想「均貧富、等貴賤」，推翻專制統治，建立民眾共享的社會。然而，一旦他們有了一定的勢力，或者割據一方，他們便急不可待地做著皇帝夢，建立官制度，享受著美色和錦衣玉食。

建炎四年（一一三〇年）二月，鼎州人鍾相起義。他提出的口號是：「法分貴賤貧富，非善法也。我行法，當等貴賤，均貧富。」因此，鼎、澧、荊南之民，聞風眾起回應。起義軍占據一地得勢後，鍾相就做起了皇帝夢。「相遂稱楚王，改元天載，立妻伊氏爲皇后，子子昂爲太子，行移稱聖旨，補授用黃牒，一方騷然」（《續資治通鑑．宋紀一百七》）。

元末的農民起義軍紛紛稱王稱帝。一三五五年，韓山童的兒子韓林兒在亳州建立大宋政權，改元龍鳳，稱「小明王」。一三六〇年，陳友諒自立爲帝，號大漢。一三六二年，明玉珍在四川稱帝，國號大夏。朱元璋於一三六四年在應天即吳王位，一三六八年稱帝，建立明王朝。

明末的農民起義軍稱帝者主要爲李自成與張獻忠。李自成於一六四三年在襄陽稱王，號「新順王」。一六四四年正月在西安建國，國號大順，建元永昌，四月在北京登基。張獻忠於一六四四年十一月在成都稱帝，國號大西，年號大順。

農民起義軍所宣導的是「貴賤均田」等以民爲本的思想，但一旦稱王稱帝，稍一安定，便有了使用宦官的需求。

十九世紀中期，洪秀全領導的太平天國運動，是中國歷史上最具影響力的農民起義。咸豐三年（一八五三年）二月，太平軍建都南京後，立即頒布了《天朝田畝制度》，提出了「有田同耕，有飯同食，有衣同穿，有錢同使，無處不均勻，無人不飽暖」的偉大理想和奮鬥目標。

但是，太平天國首領的思想並沒有脫離君主專制的窠臼，他們依然設立了君主制度、宮殿制度、妃嬪制度、宮禁制度，依然存在著實行宦官制度的體制需求和基本條件。因宮內不時發生執役人員與宮女偷情的事，執掌政務的東王楊秀清「慨然有復古寺人之意」（《太平天國佚聞》卷一），於是洪秀全「造僞宮，脅十六歲以下幼童閹割之，以供役使，並分給楊秀清等。罹其禍者，十存一二」（《平定粵寇紀略》），「前後得閹童二百人，分遣

天王宮及東府北府，適僅足用」（《太平天國佚聞》卷一）。

可見，在理想與現實的碰撞與抉擇中，自建都之後，太平天國運動已經走上了政權性質蛻變的道路，即便成功，也只是改朝換代而已。

歷史上稱帝後唯一一個宣稱不用宦官的人是劉豫。

北宋滅亡後，宋室南遷，金朝便在中原設立傀儡政權——齊國，扶持劉豫當皇帝。紹興二年（一一三二年）四月己丑，「是日，僞齊劉豫移都汴京，士民震駭。豫乃下詔以撫之，因與民約曰：『自今更不肆赦，不用宦官，不度僧道，文武雜用，不限資格。』」（《續資治通鑑．宋紀一百十》）。

然而，自古以來，似乎沒有幾個皇帝能夠抵得住奢侈的誘惑而堅守自己的承諾的。紹興七年（一一三七年）十一月丙午，金人廢劉豫爲蜀王，囚於金明池。爲安定人心，金尚書省發布公告：「齊國自創立重法，一切削去，應食糧軍，願歸農者許自便。齊國宮人，檢劉豫所留外，聽出嫁。內侍除看守宮禁人外，隨處住坐。自來齊國非理廢罷大小官職，並與敘用。見任官及軍民，各不得奪侵民利」（《續資治通鑑．宋紀一百一十九》）。

可見，這個從來不被後代正統所認可的傀儡皇帝劉豫，也沒有超凡脫俗的本領。

宦官制度的君權制度，不僅僅爲漢族民眾所接受，並且對境內的少數民族政權，甚至周邊其他國家同樣有著擴散和同化作用。

契丹族源於東胡，早在魏晉南北朝時期即在中國北部地方過著漁獵畜牧生活。至唐代初期，契丹歸附於唐王朝。西元九一六年，契丹首領耶律阿保機開始統一契丹，正式建立了奴隸制的國家政權。至西元九四七年，契丹國主耶律德光改國號為遼。契丹貴族所建立的遼政權，起初並無宦官的存在，皇室內侍服役事務，係由「著帳戶」承擔。著帳戶的成分，主要是契丹本族的奴隸，並非閹人。遼朝在創建、發展、壯大的過程中，特別是遼太宗侵占後晉的燕雲十六州之後，對中原文明逐漸有了更多的親身體驗，部分地採用了唐制，使宦官制度登上了遼的政治舞臺。

金朝是女眞族所建立的政權。西元一一一五年，女眞族完顏阿骨打統一女眞各部，建立了奴隸制的國家政權，國號大金。一一二五年，金太宗滅遼。一一二六年底，金兵攻陷宋都開封，北宋政權滅亡。其後長期與南宋政權對峙。正是在這一攻戰和搶奪的過程中，女眞族「大率循遼、宋之舊」，開始創置並逐步完善金朝的宮省制度和宦官制度。

元朝是蒙古貴族所建立的政權，起初實行以貴族子弟充任內侍的制度。「自太祖選貴臣子弟給事內廷，凡飲食、冠服、書記，上所常御者，各以其職典之」（《元史·宦者傳序》）。西元一二〇六年鐵木眞統一蒙古各部，建立蒙古汗國，開始大舉南侵。一二三四

年滅金，一二七一年忽必烈定國號爲元，一二七九年滅南宋。在征戰的過程中，元政權受到了漢族封建文化的深刻影響，但在承接宦官制度方面尚有所戒備和保留，出現貴臣子弟與宦官並侍的現象。

清朝是東北的女眞貴族建立的政權。一六一六年，女眞首領努爾哈赤割據遼東，建立後金政權。一六三六年，皇太極稱帝，改女眞族爲滿族，改國號爲清。一六四四年，清政權遷都北京，其後逐漸統一全國。入關之前，清政府尚未設立宦官機構。「太祖（努爾哈赤）、太宗（皇太極）鑑往易軌，不置宦官」（《清史稿·職官志》）。但卻不是說沒有閹人存在。滿族貴族實行的是「包衣」（即家奴）制度。包衣被滿族貴族所占有，世代爲奴，沒有人身自由。爲避免其成年後與府中婦女私通，努爾哈赤曾下達汗諭，將那些接近女眷的男性家奴自幼進行閹割。順治年間，清王朝正式建立了宦官制度。

一部中國歷史，無論是漢族貴族統治還是少數民族貴族統治，無論是正統的封建王朝還是封建割據，抑或是農民起義軍，只要存在專制統治，必然就有使用閹人的需求，並且隨著朝代的延續而不斷地完善其宦官制度。

第二節 皇室家奴

自夏禹傳位於兒子啓，中國歷史上再也沒有出現過眞正唯德唯功意義的禪讓制，完全是以家天下相爲傳承。維繫天下安危的不僅僅是帝王一人，而且包括整個皇室家族。所以，宦官不但要爲帝王一人服務，還要爲皇室家族服務。

在皇室成員中，有五部分人是非常重要的：一是太上皇；二是皇后、皇太后、太皇太后；三是後宮嬪妃宮女；四是皇子皇孫；五是宗室王侯。

古代的宦官機構設置，是按照皇室成員的地位不同而設計的。宦官根據服務對象不同而分屬各個系統。

秦漢時期，服務於帝王的宦官機構主要隸屬於少府系統，如中常侍、中黃門、小黃門、中書謁者、黃門、鉤盾、尙方、御府、永巷、內者、宦者、諸僕射、署長等職；服務於皇后的宦官機構，秦代有詹事和將行，漢代設大長秋，大長秋下屬的諸官署有大長秋丞、中太僕、中宮僕、中宮謁者、中宮尙書、中宮私府、私府、永巷、中宮永巷等。這些系統互不隸屬，地位亦不盡相同，其中皇太后三卿即衛尉、少府、太僕，位在朝廷同名卿之上。

曹魏時期，鑑於東漢外戚專權所引發的禍亂，不但限制皇太后的權力，還將皇太后諸卿的地位下降。這種變化並未一直堅持下去，在兩晉南北朝時，各機構中的宦官地位時起時伏。

自秦漢至隋，宮中各機構中還雜有士人，到唐代時，宦官機構完全衙門化，完全官僚化，宦官干政完全合法化。其後各朝的宦官制度大都沿襲唐制。

清代鑑於歷史上的宦禍，完全將宦官的身分降低到皇室家奴的地位。在所有朝代中，清代宦官的地位最低，待遇最差，所受管束最嚴。

因皇室成員的身分不同，享受的服務待遇和檔次不同，宦官在嚴格的宮禁制度中扮演著不同的角色。

壹

太上皇一般都是現任帝王的父親，大多曾經擔任過帝王，他們是宦官必須服侍的對象。古代的太上皇為數不多，總計共有十五個。（一）四七一年，北朝北魏顯祖拓跋弘（十九歲）傳位五歲的太子高祖元宏，自稱太上皇。（二）北朝北齊世祖高湛廿四歲當皇帝，五年後（五六五年）禪位給十歲的兒子高緯，自稱太上皇。（三）五七六年，北齊後主溫公高緯禪位給八歲的兒子高恆，自稱太上皇。（四）六一七年，李淵入長安，奉隋煬帝孫楊侑爲帝，遙尊煬帝楊廣爲太上皇。（五）六二六年，李世民發動玄武門兵變，即位爲帝，尊唐高祖李淵爲太上皇。（六）七一二年，唐睿宗李旦讓位於太子李隆基，自稱太上皇。（七）七五六年，唐玄宗因避安祿山之亂出逃，其第三子李亨即位，遙尊玄宗爲太上皇。（八）八〇五年，唐順宗即位不到八個月，就被宦官俱文珍等人逼迫退位，稱太上皇。（九）一一二六年宋徽宗趙佶禪位給太子趙桓，稱太上皇。（十）一一六二年，五十七歲的宋高宗趙構禪位給嗣子孝宗趙昚，是爲太上皇。（十一）一一八九年宋孝宗趙昚禪位與皇太子光宗趙惇，爲太上皇。（十二）一一九四年，光宗趙惇禪位與皇太子寧宗趙擴，爲太上皇。（十三）一二二三年，西夏神宗李遵頊傳位其子獻宗李德旺，自稱太上皇。（十四）一四四九年，明英宗朱祁鎮在土木堡被也先所俘，代宗朱祁鈺即位，遙尊英宗爲太上皇。（十五）一七九六年元旦，八十五歲的清高宗弘曆禪位於皇太子仁宗顒琰。

這些人當上太上皇，大致有五種原因：一是自己年事已高，力不從心，如宋高宗趙構、清高宗弘曆；二是厭政慕仙，如北魏顯祖拓跋弘、北齊世祖高湛。「魏顯祖聰睿夙成，剛毅有斷，而好黃、老、浮屠之學，每引朝士及沙門共談玄理，雅薄富貴，常有遺世之心」（《資治通鑑．宋紀十五》）；三是形勢所逼，迫於無奈，如北齊後主溫公高緯、宋徽宗趙佶，都是敵人兵臨城下，十分危急，才禪讓的。唐高祖則是爲唐太宗李世民所逼而讓位；

四是病弱不堪，欲享安逸，如宋孝宗趙眘禪位光宗，光宗讓位與寧宗；五是帝位已不保，被遙尊爲太上皇的，如隋煬帝、唐玄宗、明英宗。

太上皇大多都死得早，眞正得以長壽並且善終的只有唐高祖李淵、宋高宗趙構、清高宗弘曆三人。極個別的太上皇心有不甘，伺機東山再起，如明英宗退位九年後又再度復辟。

除了上述十五位太上皇外，也還有未當過皇帝而被尊爲太上皇的。如漢高祖劉邦稱帝後，「於是高祖乃尊太公爲太上皇」（《史記．高祖本紀》）。這些太上皇純屬顯尊顯貴的象徵意義了。

古之帝王常宣稱以孝治天下，講究對長輩盡孝道，以作天下的表率。因此，長輩有什麼要求和欲望，都會盡量去滿足他們。大量的具體的服侍工作則依靠宦官去完成。

宦官在服侍這些太上皇時，不僅要看太上皇的臉色行事，還要看皇上的臉色。相對而言，服侍太上皇遠比服侍皇上要輕鬆些，但也落寞得多。

貳

皇太后、太皇太后的數量遠比皇帝、太上皇要多得多，而且權力也很大。究其原因，大致因爲古代帝王多是短命皇帝，皇后的年齡大多小於皇帝，朝政更替頻繁的緣故。

這些帝王的母親、祖母以及太祖母，並不是好侍候的主。她們有的私欲強烈，圖享受圖快樂；有的還有強烈的政治野心，干預朝政，甚至自立為帝。侍奉強勢的主，雖然辛苦，但是地位卻比其他系統的宦官高，權力也要大些。

歷代多幼主臨朝，母后稱制，皇太后及太皇太后為了鞏固其權勢，多扶持外戚掌權，於是宦官與外戚形成了兩股不同的勢力。

儘管宮禁森嚴，以淫蕩留名的皇太后亦有之。如秦始皇的母親趙后，先是一直與相國呂不韋私通，後與假宦官嫪毒宣淫，並生有二子。元朝武宗海山一三〇七年繼位後，立其母為太后。「太后性聰慧，教宮中侍女皆執治女功。然不自檢飭，自正位東朝，淫恣日甚，內則赫嚕謨、伊勒色巴用事，外則幸臣實勒們、耨埒及宣徽使特們德爾相率為奸，以至濁亂朝政焉」（《續資治通鑑．元紀十三》）。

歷代皇后干政的事亦不少，最著名的有漢高祖劉邦的妻子呂雉、唐高宗李治的妻子武曌、清文宗之妻慈禧太后。慈禧太后從垂簾聽政到訓政，前後五十餘年，歷時最長。呂后臨制九年。而武曌則乾脆改國號為周，稱帝達十六年。

服侍如呂雉、武曌、慈禧這樣聰明強悍的女主，比服侍一般的皇帝還要難些，不是一般的宦官所能勝任的，而且風險很大，稍不小心得罪了女主，便有殺頭的危險。只有遇上皇帝幼小，而垂簾聽政的女主勢單力薄、缺少治政能力卻又想有所作爲的時候，便是宦官們發跡的大好時機。

參

在專制體制下，與宦官制度聯繫得最直接的，是后妃制度與宮女制度。遠祖黃帝時代，就是一個多妻時代。據《史記．五帝本紀》案：「黃帝立四妃，象后妃四星。」說明黃帝至少娶了四個妻子。

《禮記．昏義》記載：「古者天子后立六宮、三夫人、九嬪、二十七世婦、八十一御妻，以聽天下之內治。」這就是說，周朝的時候，一個帝王正式名分的妻子就有一百二十多人，還不包括宮女在內。

自古帝王多好色，他們遠不是一百多個妻子就能滿足和收心的。在瘋狂的占有欲的支配下，他們廣括天下美女，以充後宮。

秦始皇統一六國之後，將六國諸侯宮中的女性全部收集到阿房宮，「後宮列女萬餘人」（《史記．秦始皇本紀》注引《三輔舊事》）。大約實際數目還不止這些。據《史記》和《漢書》載，秦始皇死後，秦二世下令將咸陽宮中無子女的宮女妃嬪一萬餘人，全部生殉於驪山始皇陵中，可見其後宮佳麗之多。

後宮人數最多的，可能要算唐玄宗李隆基了。《舊唐書・宦官傳序》記載：「大率宮女四萬人。」

這麼多的宮女佳麗，憑專制君主一人是無論如何都無法應對得過來的。可是，即便自己應接不暇，也絕不允許他人染指。所以，歷代王朝都建立了嚴格的宮禁制度。據清朝末代廢帝溥儀回憶：清代紫禁城內，每天到一定時刻，上自王公大臣，下至最低賤的伕役，均全部離去，「除了皇帝自家人之外，再沒有一個眞正的男性」（《我的前半生》）。

正是出於隔絕宮廷女性的需要，才導致以閹人給使內廷雜役。專制君主的多妻制，造成了宮廷女性的雙重身分。作爲君主的妻妾，她們是宦官伺候侍奉的主子；作爲君主獨占的洩欲和傳宗接代的工具，她們又是宦官隔絕和監視的對象。

正因如此，古代的學者就認爲，君主的多妻制是造成中國宦官制度長期存在的重要原因之一。明清之際的著名學者顧炎武指出：「宦官之盛，由於宮嬪之多；而人主欲不近刑人，則當以遠色爲本」（《日知錄》卷九）。

肆

中華民族是一個崇尚多子多福的民族，帝王尤爲突出。多妻制、早婚制，使得古代帝王只要身體好，便可兒孫成群。

皇子皇孫生來就很珍貴，嬌貴任性，不易服侍，是典型的紈褲子弟。而且皇子皇孫有一病二痛，或者傷著痛著，都是政治大事。

並且，皇子皇孫與皇帝以及諸皇子之間，既有親情，又暗藏利害衝突，政治上來不得半點失誤，否則便有殺身之禍。

所以，服侍皇子皇孫並不是一件容易的事。

服侍皇子皇孫，如果皇子皇孫順利成了皇帝，宦官常常可以得到豐厚的回報。秦朝宦官趙高就是因爲服侍胡亥得勢的。許多宦官常常參與到皇帝的廢立大事中來，就是希望成爲策立新君的功臣，從而封王封侯。

在諸皇子之中，最爲重要的自然要算太子了。春秋戰國時期，就有宦官出任師傅性質的官職，承負輔佐教育太子之責。如宋國寺人惠牆伊戾曾任「太子內師」（《左傳·襄公二十六年》）；齊國寺人夙沙衛曾任「太子少傅」（《左傳·襄公十九年》）。兩晉時期，太子宮中亦有宦官，如「黃門董猛，始自（惠）帝之爲太子即爲寺人監，在（太子）東宮給事於（太子妃）賈后」（《晉書．楊駿傳》）。

宦官除了依賴君主寵信之外，還要在諸公子特別是儲君身上下工夫。秦朝宦官趙高，「始皇聞其強力，通於獄法，舉以爲中車府令，使教胡亥決獄。胡亥幸之」（《資治通鑑．秦紀二》）。正是因爲趙高與胡亥這種親密的關係，才有後來的沙丘之謀和趙高專權。

伍

家天下一直是中國古代帝王的統治模式。許多帝王都將宗室子弟封爲王。

西漢高祖劉邦末年，確立「非劉氏而王者，若無功上所不置而侯者，天下共誅之」的原則，封子弟同姓爲王者九國。劉邦死後，呂后大封外戚爲王。

西晉武帝司馬炎即位後，封宗室二十七人爲王，任諸王出鎮。

明太祖朱元璋把二十四個兒子和一個重孫分封到名城大都爲王。

這些皇帝宗室王侯也是宦官們的服務對象。有的朝代允許宗室王侯擁有宦官。

西周宦官的侍奉對象，除了周天子之外，還包括其他一定等級的貴族。西周後期，分封各地的諸侯亦開始使用宦官。《詩經．秦風．車鄰》云：「未見君子，寺人之令」，意思是說，沒有看見秦仲，必待宦者寺人的傳達。其時秦人尚未建國，首領秦仲的地位不過是「大夫」（《史記．秦本紀》），卻已經使用宦官。

東周時期，王權下移，各諸侯國君已開始普遍使用宦官。「平王東遷，諸侯力政，霸者間起，多僭王制；晉、宋、齊、楚、魯、衛諸國，皆有寺人；司宮、巷伯、太子內師、大閽、內豎之名，見於載籍」（《冊府元龜．內臣部總序》）。一些士大夫也使用宦官。如齊國大夫崔杼，「使圉人駕、寺人御」（《左傳．襄公二十七年》）。宋國司馬華費遂，其家亦有「侍人官僚」（《左傳．昭公二十一年》）。

兩晉時期，宗室諸王的王府中亦有宦官。如成都王司馬穎即有所「嬖寵」的「宦人孟玖」（《晉書．陸機傳》）。

按照清代制度，除了宮廷皇室之外，一定等級以上的王公大臣的私宅也允許使用數量不等的宦官。

但從史料上分析，大多數朝代是不允許宗室、王侯、貴族、藩鎮等擁有宦官的。宦官是君權的象徵，帝王是絕不能將君權與人分享的。

第三節 奴官一體

「宦」，是星座之名，四星在帝座之西，因用以爲帝王近幸者的名稱。古之稱宦者，是指星官之名，後來才引申爲閹人名稱。

早期的宦官，不具備官員身分，嚴格來講，是不能稱爲官，純粹是一種受過宮刑的奴隸而已。

最初稱宦官爲椓人、寺人。椓，就是古代的宮刑，其實施形式就是割去男性生殖器。據古文獻記載，夏商時期已設立了五刑：墨、劓、宮、臏、大辟。《周禮·秋官·司刑》鄭玄注記載：「夏刑，大辟二百，臏辟三百，宮辟五百，劓、墨各千。」處以宮刑的椓人即爲閹人。當時的奴隸大多來自戰俘，閹人的來源，主要來自於戰俘。少部分是罪犯。

寺，通侍。寺人，指專制時代宮廷供驅使的近侍閹人。椓人身分就是奴隸，是到宮廷中進行雜役勞動的，只有帝王信得過的椓人才可以成爲帝王的近侍。

除了椓人、寺人的稱呼外，先秦以前對宦官的稱呼還有：宦寺、閹寺、貂寺、婦寺、閹宦、宦奄、宦豎、閹豎、內豎、腐人、閽人、巷伯、司宮。這些稱呼各異，但實際意義是一樣的，其身分就是宮中的奴隸。這與滿族入關之前所使用被閹割的包衣是同一個性質。

如果歷史上的宦官只是奴隸，那麼，中國的歷史或許會是另一種演變方式。可是，歷史只能去解讀，卻不能被假設。

事實上，任何與權力接近的人都會得到權力的眷顧，任何與富貴貼近的人都會得到超乎自己想像的恩惠。這也是萬古不易的法則。

那些在宮廷中服侍帝王的閹人，因爲有很多的機會與帝王接近，有很多的機會去表現自己的勤奮和忠誠，這樣便容易得到帝王的賞識。在國即是家、家即是國的家天下體制下，爲帝王服務也就是爲國家服務，於是，宮廷的內設機構成了國家機構的一部分，少數得到帝王信賴的閹人也有了官的身分。所以，君主專制制度使得宦官們實現了從奴到官的轉變，使其成爲亦奴亦官，使得宦官制度成爲君權制度的重要組成部分。

中國的宦官制度有一個發展完善的過程，宦官成爲一種政治勢力，也經歷了興衰起伏的變遷。

夏商時代缺少可以考證的資料，據史料推測，宦官制度正式形成於西周時期。根據《周禮》記載，西周的王室內廷機構已非常完備，職責分工更明確。如太宰「掌建邦之六典，以佐王治邦國」；小宰「掌建邦之宮刑，以治王宮之政令，凡宮之糾禁」；宮正「掌王宮之戒令糾禁」；宮伯「掌王宮之士庶子凡在版者，掌其政令，行其秩敘，作其徒役之事」；

宮人「掌王之六寢之脩，凡寢中之事，掃除執燭，共（供）爐炭，凡勞事」；內宰「掌書版圖之法，以治王內之政令……佐后使治外內命婦」；內小臣「掌王后之命，正其服位」；閽人「掌守王宮之中門之禁」；寺人「掌王之內人及女宮之戒令」；內豎「掌內外之通令，凡小事」，等等。這些內廷職官，有的難以斷定其士閹身分，但可以肯定的是，有一部分職官是由閹人擔任的。

周王朝除少數閹人擔任地位較高的內廷職官外，大多數的閹人則在內廷充任各類雜役之職。《周禮》所記載的職務包括：酒人、漿人、籩人、醢人、醯人、鹽人、冪人、內司服、縫人、舂人、稾人、守祧等等。

西周時期宦官的職掌，主要是在內廷侍奉君主及家族。《資治通鑑・唐紀七十九》界定為：「謹閨闥之禁，通內外之言」；《冊府元龜・內臣部總序》記敘為：「給事左右，出入宮掖，典司糾禁，宣傳命令，凡中壼之庶務，禁庭之眾職，服位之別，囿遊之掌，靡不領焉」。

春秋戰國時期，諸侯普遍使用宦官，宦官的人數增多，社會地位逐步提高。宦官干預政事的現象時有發生。巨大的社會變革，使得宦官成為一支活躍的政治力量，開始在政治舞臺上發揮重要的作用。他們參與國家重大政務，包括國事決策、人才推薦、外交禮儀、軍事活動，甚至宮廷爭鬥、把持朝政。其中最爲著名的宦官是豎刁（即寺人貂）。齊桓公是何等傑出的人物！「管仲既用，任政於齊，齊桓公以霸，九合諸侯，一匡天下」（《史記．管晏列傳第二》）。可就是這樣一代霸主，晚年卻任用宦官豎刁。豎刁回報齊桓公「相與作亂，塞宮門，築高牆，不通人」，沒有水喝，沒有東西吃，無奈之下，「蒙衣袂而死乎壽宮。蟲流於戶，蓋以楊門之扇，二月不葬也」（《史記．齊太公世家》）。齊桓公死後，豎刁又「因內寵以殺群吏，而立公子無詭爲君」（《史記．齊太公世家》），導致齊諸公子互相殘殺，使齊國走向衰弱。

秦漢時期是君主專制政治進一步加強的時期，也是宦官勢力急劇膨脹時期，出現了中國歷史上宦官專權的第一次高潮。秦漢時期的宦官制度更爲「官化」，通過設機構、立官號、定職掌、分秩次、予俸祿，明確規定了宦官在整個官僚體系中的地位與作用。宦官機構的地位上升，職權範圍擴大，人數員額增加，內廷官職漸由宦官專任。宦官的實際權力不只是限於內廷供奉，更是極大地擴張到中樞機要、監議朝會、察舉用人、典領軍務、司法治獄、內廷財務、祭祀等方面，甚者連皇帝的廢立生死也掌握在他們手中。宦官的職位和勳爵更是耀目。秦王朝時，宦者嫪毐被封爲長信侯，「事皆決於嫪毐」（《史記．呂不韋傳》）；宦官趙高官至中丞相，封安武侯，權傾天下。東漢時期，宦官封侯已習以爲常，甚至成批地封侯。如中黃門孫程等十九名宦官，因擁立順帝有功，同時封侯，「是爲十九侯」（《後漢書．孫程傳》）。中常侍單超等五名宦官因助桓帝誅滅外戚梁冀，「五人同日封，故世謂之『五侯』，又封小黃門劉普、趙忠等八人爲鄉侯」（《後漢書．單超傳》）。東漢宦官封侯（含關內侯）可查知者，至少在七八十人以上。傳統上「刑人不宜君國」的制度已全部被踩在腳下。

秦漢以後，隨著宦官職掌的變化和人們對宦官的情感變化，出現了多種稱謂。一是中性稱謂。如宦者、內使、宮監、中官、中使、中人、中貴、中涓、內臣、內監、太監，等等；二是鄙視稱謂。如閹狗、逆種，閹豎等等；三是尊重稱謂。如公公、老爺、中貴人，等等；四是自卑稱謂。如刑人、刑餘、熏餘、淨身、私白，等等；五是宦職稱謂。如黃門令、中黃門、小黃門等等。

自秦漢以後，與封建君主專制體制相適應的宦官制度逐步完善，宦官機構也逐漸系統化和正規化。宦官於是有了宮奴與官僚的雙重身分，其活動範圍也不只是局限於宮內，而是走上廟堂，出將入相，參與朝政，甚至到了挾持君主、獨攬大權的地步。

秦漢以後，中國的宦官制度有打有壓、有起有伏，但多是在秦漢的基礎上進一步完善的。其後的朝代中，幾乎每個朝代都有宦官干政的事件，其中宦官最得勢的有三國蜀國後

主時期、兩晉時期、北魏時期、唐玄宗後期以後的晚唐、南漢時期和大明王朝。這些宦官專權時期，形成了主奴共治，甚至是奴才當家的局面。宦官不但「手握王爵，口含天憲」，擅權專政，連皇帝的小命都是在他們手中捏著。唐順宗以後的八位皇帝的廢立和性命全部掌握在宦官手中，有七位皇帝是被宦官殺害的。

可不管宦官怎樣的專權和干政，宦官畢竟是依附於皇權才能逞威的。歷史上，宦官專政最爲膨脹的時候，如明代權閹劉瑾勢焰熏天，當時京城內外紛紛傳言：目今天下有兩個皇帝，一個坐皇帝，一個立皇帝；一個朱皇帝，一個劉皇帝。明末權閹魏忠賢勢侔人主，君主稱「萬歲」，而魏忠賢被稱「九千歲」，甚者對其「行五拜三叩頭禮、呼九千九百歲爺爺」。可從古以來，沒有一個宦官敢自己去當皇帝。宦官擅謀廢立的畢竟是少數，但是，動用皇權去誅殺宦官，卻容易得多。

所以，不管宦官頭上戴了多麼榮耀的官帽子，其本質還是奴才，在皇帝面前仍需要百般的恭敬、順從、討好。只有低頭哈腰把皇帝哄好了，才能借著皇帝這張虎皮到外面人模狗樣去作威作福。

第四節 榮辱與共

一部中國歷史，歷經多少的變亂坎坷，難得有太平的日子。究其根本原因，就是君主專制制度造成的。在專制統治下，國家的權力集中在一人的身上，國家的財富用於滿足一人的需求。在行權斂財的過程中，統治階層可以橫徵暴斂，依附於皇權的宦官們可以恣意妄爲，君主得以窮奢極欲，於是國力日弱，內亂不已，外敵欺凌，新的朝代又在戰亂中興起。然而，改朝換代並沒有從體制上有任何改變，於是又循環地上演著同樣的悲喜劇。

歷史常常是驚人的相似。幾乎每一個朝代由興到衰，都是帝王貪圖享受和安逸的結果，都是宦官們得勢和專權的結果。昏主、奸臣、佞宦，三位一體的權力結構，是朝政荒亂、轉興爲衰的死結。

解讀中國歷史，不僅僅是歷代帝王傳承的歷史，也是歷代宦官弄權的歷史。

秦始皇死後，如果按嫡長制傳承，應該是扶蘇繼位。如果是扶蘇執政，就可能不會實施暴政。如果不是二世昏庸，趙高專權，秦王朝就不會垮得那麼快。

漢武帝後期，怠於政事，沉湎於後宮荒淫生活，「數宴後庭，或潛游離館，故請奏機事，多以宦人主之」（《後漢書．宦者傳序》）。從此，西漢王朝爲宦官干政提供了機遇。

自漢武帝以後的七位皇帝，最長的活了四十五歲，最短命的只活了十五歲。宦官弄權，導致帝王更替頻繁，皇宮裡一直是動態不安。最後被外戚王莽篡奪了皇位。

東漢多是少主臨朝，母后稱制，外戚掌權。一旦少主長大之後，便借助於宦官的力量，捕殺外戚及黨羽。事成之後，有功的宦官「遂享分土之封，超登宮卿之位，於是中官始盛焉」（《後漢書．宦者傳序》）。在此起彼伏的鬥爭中，最終是外戚與宦官兩個政治集團同歸於盡，地方軍閥董卓率兵以誅宦為名入京，其後專權，於是劉家王朝名存實亡。

唐朝宦官勢力的發展，「宦官之禍，始於明皇，盛於肅、代，成於德宗，極於昭宗」（《資治通鑑．唐紀七十九》）。唐玄宗當政日久，便縱欲奢淫而怠於政事，「每四方進奏文表，必先呈（高）力士，然後進御，小事便決之。玄宗常曰：『力士當上，我寢則穩。』故常止於宮中，稀出外宅」（《舊唐書．高力士傳》）。此後宦官干政便一發而不可收。唐朝後期，宦官執掌禁軍，威權已淩駕於君主之上，不僅能夠任意操縱擺布在位君主，而且廢置君主如制嬰兒，君主對宦官「畏之若乘虎狼而挾蛇虺」（《資治通鑑．唐紀七十九》）。唐昭宗時，「是時京師無天子，行在無宰相」（《資治通鑑．唐紀七十八》），宰相崔胤只好密召宣武節度使朱全忠進京誅宦。朱全忠與董卓是一路貨色，在誅宦的同時，連同唐王朝一鍋端掉了。

五代十國時期，宦禍最嚴重的是南漢，其政權堪稱一個獨特的宦官王國。一是宦官數量多。南漢末期，「宦者近二萬人」（《資治通鑑·後周紀五》），而所轄的嶺南人口總數只有一百萬左右。宦官的絕對數僅次於明朝，相對數則是空前絕後。二是宦官出任包括軍職在內的各種官職，而且最高職務是太師，品列一品，位極人臣。三是四任帝王都十分昏庸，宦官專權爲惡最卑劣，直接導致南漢政權的敗亡。

北宋後期，朝廷漸趨腐敗，宦官與權臣勾結，其勢力再度興盛。宋徽宗荒淫腐朽，所任用宦官童貫權傾一時，時稱「媼相」；宦官梁師成「善逢迎、希恩寵」，官拜太尉，時稱「隱相」。以他們爲首的宦官集團，驕奢淫逸，無惡不作，使得國家混亂不堪。金兵南侵時，北宋主兵的宦官們抱頭鼠竄，臨陣脫逃，很快就被金兵攻占都城，擄徽、欽二帝北歸。

南宋末期，皇帝們個個胸無大志，苟於安逸，任用奸相史彌遠、丁大全、賈似道和權閹董宋臣、盧允升等人，「表裡濁亂朝政」（《宋史·牟子才傳》），國力日弱，最終爲元所滅。

元朝的宦官雖然沒有形成大氣候，但在助桀爲虐方面也是挺賣力的。「時帝（元順帝）怠於政事，荒於遊宴，以宮女三聖奴、妙樂奴、文殊奴等一十六人按舞，名爲十六天魔，……又宮女一十一人，……以宦者長安迭不花管領，遇宮中讚佛，則按舞奏樂。宮官受祕密戒者得入，餘不得預」（《續資治通鑑．元紀三十》）。

明朝中後期，皇帝爲強化中央集權統治，極大地擴充了宦官的職權，涉及憲政、徵稅，宦官人數極度膨脹，最多時達十萬之眾。出現了幾個著名的宦官，英宗時有王振，憲宗時有汪直，武宗時有劉瑾，神宗時有馮保，熹宗時有魏忠賢。這些宦官專權時還掌握著東廠西廠，遍植死黨，殘害忠良，爲惡最爲慘烈，使明王朝的統治陷入內外交困、危機四伏的境地，最後被李自成的軍隊攻滅。

清朝統治者吸取歷代的教訓，採取嚴厲的措施，限制宦官的職權。與歷代皇帝相比較，清朝的君權不是掌握在帝王一人之手，而是掌握在皇族之手。清朝歷代帝王在歷史上不算太荒淫，所以在整個清王朝裡，宦官的地位都不高，一直沒有出現過宦官專權的局面。只是在慈禧太后把持朝政的五十多年裡，宦官勢力有所增長。著名的宦官有，慈禧太后的宦官安德海、李蓮英以及隆裕太后的宦官張蘭德。這些權閹雖也干政用事，但與明朝相比已有很大的差別。

歷史就是這樣嘲弄人，歷代帝王常常犯同樣的錯誤。秦朝宦官趙高擅權，漢代未能吸取教訓；漢代宦官專權，唐代未能吸取教訓；直至南漢、北宋、南宋、元朝、明朝。清末也有宦官勢力抬頭的勢頭。這種錯誤不但影響到一個朝代的更替，更重要的是影響到整個民族的發展和精神狀態。是帝之禍，還是宦之禍，或是兩者共之呢？我們分析歷史，會發現一些共同的現象：一是帝王私欲旺盛的時候，宦官最易專權；二是君主集權欲最強的時候，宦官最易擔重任；三是帝王年少時、母后稱制、外戚當政的時候，宦官最易得到帝王的信任；四是女主專政的時候，宦官最易得寵。這四種情況中，尤其是第一種現象最爲普遍。這些都是君主專制體制所不能克服的。所以，帝王爲惡與宦官爲惡，常常是同惡相濟，只是宦官爲惡時，極大地擴散了帝王的錯誤和惡行，使之更慘烈而已。

我們在評價宦官的功過時，並不是全盤地否定。也有個別宦官較正直，爲帝王出過一些好主意，進過一些諍言。有的宦官在操守、政績、科技等方面也有著良好的記錄。西漢司馬遷受宮刑後憤而著《史記》，東漢蔡倫發明造紙術，宋代程昉興修水利、治理黃河，明代宦官鄭和七下西洋，等等。故《廿二史箚記》卷五評述：「宦官中亦有賢者」，「不可一概抹殺也」。

但是，總體而言，歷朝歷代，宦官中爲賢者少，爲惡者多，演繹了一幕幕歷史悲劇。《三國志．吳書．陸抗傳》寫道：「春秋已來，爰及秦漢，傾覆之釁，未有不由斯者也。」《金史．宦者傳序》評論：「宦者之害，如毒藥猛虎之不可拯。」清〈康熙三十三年閏五月十四日清聖祖諭敕〉斷言：「古來太監良善者少」。

中國歷史上一向有君子與小人之分，有君子哲學與小人哲學之別。由於宦禍不斷，所以，歷朝正直之士都將宦官歸於小人之列，口誅筆伐，深惡痛絕。官宦之鬥從來沒有停止過，正直之士總是千方百計設法打壓宦官勢力。宦官一旦失勢，便受到嚴懲。

然而，在歷代的官場鬥爭中，宦官卻累累得勢。康熙帝認爲宦禍之源歸根到底在於帝王，「要在人主，防微杜漸。」故此，大多開國之君都想辦法控制宦官的權力。但是，每一個王朝，只要持久延續下去，宦官必有得勢之時，這也是被歷史反覆證實了的鐵的定律。

其實，歷朝皇帝對於宦禍並不是不懂，也並不是不防。問題的關鍵在於，帝王只有依靠宦官，才能滿足自己的一切私欲。投鼠忌器，割毒傷筋，這才是帝王眞正的軟肋。而宦官們則秉持著自己特有的人格和小人哲學，在權力場上趨利避害、翻雲覆雨、苦心鑽營，深刻地影響著朝代的更替和民族的興衰，在中國的歷史上留下了濃墨重彩的一筆。

一部幾千年的中國歷史，幾乎就是帝王與宦官共衰榮的歷史。

第二章　機構職掌

機構設置與其職能變化，最能反映出宦官的政治地位和活動空間。先秦時期還沒有專門的宦官機構。秦朝時開始根據宦官服侍對象不同，分設不同的系統。漢代宦官機構迅速得到加強，其職能得到擴展。此後，凡宦官得勢的朝代，如唐朝、明朝等，不僅宦官機構龐大，其職能也被無限度地被放大。

在中國的政治架構之中，任何一種政治勢力，最能反映其政治地位和社會影響力的，是其所屬的機構及職能。

作爲一個群體，閹人從宮奴轉變成爲宦官，至關重要的前提條件就是設立了宦官機構，有了各種職掌。在此基礎上，閹人才會同朝廷官員一樣，有了宦職、品秩、官階、祿位乃至爵位。

中國歷代的宦官機構的發展演變過程，就是宦官勢力興衰起伏變遷的歷史。從宦官機構的設置、職能的設定、員額的配置、品秩官階的劃定中，可以看出古代宦官對當時政治、經濟、軍事等各個方面的影響程度。

宦官由帝王所設。但凡直接爲帝王服務的機構，其規格要比一般的官僚機構高，其職能隨著專制統治的加強而不斷強化，其人員升遷速度也比一般的官僚要快得多。

第一節　先秦時代

夏商時代，隨著后妃制度與宮殿制度逐步建立，深宮內廷成爲宦官生存和活動的基本舞臺。內廷機構因爲各自工作性質不同，肯定作了分工，因爲年代久遠，資料欠缺，所以無法考證。那時的宦官應是奴隸身分，官的色彩還很淡，主要是負責內廷雜役。

西周時期，專制王權得到進一步加強，與此相適應的內廷宦官機構的設置趨於明確化和系統化。這些史料依據主要來自《周禮》，其中有關宦官制度的記載主要集中在《周禮・天官冢宰》，其他部分也有少量的記載。

西周王室內廷中的高級職官設有太宰、小宰兩種，太宰「掌建邦之六典，以佐王治邦國」，小宰協助太宰「掌建邦之宮刑，以治王宮之政令，凡宮之糾禁」。較高的職官有宮正、宮伯、宮人、內宰、閽人、寺人、內豎等職。這些內廷職官，有的明確規定由閹人擔任，有的則難以斷定其士閹身分。

明確由奄人在內廷充雜役之職務的，主要有十三種：一、酒人：「奄十人，女酒三十人，奚三百人」；二、漿人：「奄五人，女漿十有五人，奚百有五十人」；三、籩人：「奄一人，女籩十人，奚二十人」；四、醢人：「奄一人，女醢二十人，奚四十人」；五、醯人：「奄二人，女醯二十人，奚四十人」；六、鹽人：「奄二人，女鹽二十人，奚四十人」；七、冪人：「奄一人，女冪十人，奚二十人」；八、內司服：「奄一人，女御二人，奚八人」；九、縫人：「奄二人，女御八人，女工八十人，奚三十人」；十、舂人：「奄二人，女舂抌二人，奚五人」；十一、饎人：「奄二人，女饎八人，奚四十人」；十二、稾人：「奄八人，女稾每奄二人，奚五人」；十三、守祧：「奄八人，女祧每廟二人，奚四人。」

從上述職官設置，我們可以看出西周時期內廷使用閹人方面的特點：第一，在宮廷雜役中，由閹人、宮女與奴隸三部分人共同承擔；第二，閹人在雜役中的人數遠遠少於宮女和奴隸；第三，從對閹人記敘中可以看出，閹人肯定比婦女和奴隸的地位要高一些。

西周宦官的職掌主要有四項：其一是掌內廷雜役。即侍奉君主及其家族的生活起居，這是宦官的基本職能；其二是掌內廷糾禁。即「典司糾禁」、「謹閨闥之禁」，也就是糾禁內廷，隔絕內外；其三是掌總領宮務。即地位較高的宦官執掌總領內廷事務；其四是掌通令內外。即負責君主與后妃之間、君主后妃與朝臣之間的內外資訊傳達交通事項。

春秋戰國時期，由於各國戰亂頻繁，各諸侯國君勢力日趨強大，普遍使用宦官。「諸侯力政，霸者間起，多僭王制；晉、宋、齊、楚、魯、衛諸國，皆有寺人」（《冊府元龜·內臣部總序》）。宦官遂爲各派政治力量所借重，這就爲宦官干預政治、攫取權力提供了機會。宦官的地位不斷提高，除了擔任內廷職務外，還承擔教育與輔導太子之責，甚至出外任朝廷大員，代表國家出使諸侯各國。

春秋戰國時期，宦官亦可受封一定的爵位。西周時期所制定的爵位制度是與分封制、宗法制緊密聯繫在一起的，「王者之制祿爵，公、侯、伯、子、男凡五等，諸侯之上大夫卿、下大夫、上士、中士、下士凡五等」（《禮記‧王制》）。

秦國自商鞅變法後實行二十級軍功爵制，一級公士是最低爵級，二十級徹侯爲最高爵級。《秦律‧傳食律》記載：「宦奄如不更」。不更之爵在秦爵中排在第四級，說明宦官受爵的起點比一般的人要高。

春秋戰國時期，宦官之中受高爵者，最出名的兩人：一是楚國的宦官管蘇。楚恭王臨終前遺囑褒獎管蘇，「其功不細，必厚爵之」。恭王死後，管蘇被拜爲「上卿」；二是秦國的宦官嫪毒，因「太后私與通，絕愛之」（《史記‧呂不韋列傳》），被封爲長信侯，以河西太原郡爲毒國，開創了宦官封侯立國的先例。

從總體上看，先秦時期，王宮中已大量地使用閹人，一些有才能的閹人也會改變身分成爲官員，不過這只是個別現象。由於宦官制度還未完全建立起來，大量的閹人還只是宮奴的身分，還沒有成爲一支重要的政治力量。

第二節　秦漢時期

中國古代宦官制度的建立，始於秦朝。

秦朝建立後，宦官人數劇增，活動範圍擴張，有帝宮、皇后宮、皇太后宮、太子宮及諸侯王府。宦官機構的設置趨於系統化和正規化。其宦職大致分三類：一是少府之屬，有中書謁者、黃門、鉤盾、尚方、御府、永巷、內者、宦者七官令丞、諸僕射、署長、中黃門，職責是爲君主服務。二是詹事之屬，有中長秋、私府、永巷、宮廄、祠祀、食官令長丞等，職責是「掌皇后、太子家」。三是將行。將行爲皇后卿及中常侍之職，主要掌皇后官屬。

秦朝的宦官干政現象非常突出，除了所擔任的宦職之外，還出任朝官。宦官趙高在誅除左丞相李斯、右丞相馮去疾後，官拜中丞相，爵封安武侯，獨攬朝政大權。

漢朝在承傳秦朝宦官機構的基礎上又有新的發展。宦官機構主要分爲不相隸屬的三大系統：爲君主服務的少府系統、爲皇后服務的大長秋系統和爲皇太后服務的宮卿系統。

壹、少府系統宦官機構及職掌

少府系統宦官機構有兩種職能：其一是侍從左右、顧問應對、承宣傳達、關通中外；

其二是負責內廷供養雜役事務。前者地位一般較高，但無下屬機構；後者地位雖低，卻掌握實際職事、轄有從官屬吏。因此，當時的宦官常以前者的身分兼領後者的職事。

一、中常侍。中常侍爲秦時所設。西漢時以中常侍作爲皇帝恩寵加官稱號，均爲士人。東漢自和熹太后之後，「女主稱制，不接公卿，乃以閹人爲常侍」（《後漢書·朱穆傳》），從此，中常侍成爲宦官專任的官職。東漢中後期，中常侍職任漸重，「掌侍左右，從入內宮，贊導內眾事，顧問應對給事」（《後漢書·百官志》），其秩由最初的千石增至二千石，可以兼領卿署之職，並且可以由多個權閹同時出任此職。

二、小黃門。小黃門爲東漢時所置，地位次於中常侍，諸多中常侍常由小黃門遷任。小黃門的職掌爲「掌侍左右，受尚書事，上在內宮，關通中外，及中宮已下眾事，諸公主及王太妃等有疾苦，則使問之」（《後漢書·百官志》）。官秩六百石。

三、中黃門。中黃門掌給事禁中，爲宦官專任，員額沒有限制，東漢時職任稍增。秩初爲比百石，後增爲比三百石。

四、中書謁者。漢初即有中謁者，武帝以宦官典事尚書，始加中謁者令爲中書謁者令，並增置副職僕射，其職掌爲典領機要、出入奏事。司馬遷、弘恭、石顯等人先後任過中書令。漢成帝改中書謁者令爲中謁者令，以士人爲之。宣、元帝時，中書謁者及僕射一度權重。

自改為中謁者令後，其權漸衰。

五、黃門。「黃門」即內廷禁門。其職因親近天子而顯貴，「黃門之署，職任親近，以供天子，百物在焉」（《漢書．霍光傳》顏師古注）。西漢黃門屬吏甚多，或用士人。東漢黃門令丞由宦官專任，常由中常侍兼領。

六、鉤盾。主要職掌為典領諸近池苑囿遊觀之處以及宮內繕修事務。西漢鉤盾令之下有五丞兩尉。東漢鉤盾令丞為宦官專任，屬官員額有所增加。

七、尚方。職掌為典造宮內器用及兵器。東漢宦官蔡倫官任中常侍，加位尚方令，「監作祕劍及諸器械，莫不精工堅密」（《後漢書．蔡倫傳》）。

八、御府。職掌為典藏宮內衣物財寶。東漢御府令丞為宦官專任。

九、永巷、掖庭。西漢初期，永巷令丞掌管后妃宮女及宮中獄事。漢武帝時，改名永巷為掖庭。東漢將永巷與掖庭分置，永巷「典官婢侍使」，掖庭「掌後宮貴人采女事」（《後漢書．百官志》）。

十、內者。職掌為典領宮內帷帳臥具等器物。

十一、諸僕射、署長：西漢即有諸僕射、署長，東漢此類官職明確由宦官擔任。

十二、其他如尚藥、太官、御者、考工、別作等官署。

貳、大長秋系統的宦官機構及職掌

漢代的大長秋是由秦代的詹事和將行兩職演化合併而來的。秦代的將行，至漢景帝時更名為大長秋。秦代的詹事，至漢成帝時「省詹事官，並屬大長秋」。大長秋的職責就是「職掌奉宣中宮命，凡給賜宗親，及宗親當謁見者關通之，中宮出則從」（《後漢書‧百官志》）。

大長秋主管皇后宮事，大多由宦官擔任，其屬官則均為宦官專任，其秩次均為二千石。至東漢時，大長秋由宦官專任之。東漢時大長秋官位尊顯，常由受到寵信的中常侍遷任，其職掌範圍擴大，常處在能夠專權擅政的地位。權閹鄭眾、良賀、江京、曹騰、曹節、趙忠等人，均曾先後就任過此職。

大長秋下屬的諸官署包括：大長秋丞、中太僕、中宮僕、中宮謁者、中宮尚書、私府、中宮私府、永巷、中宮永巷、中宮黃門冗從僕射、中宮署、中宮藥長、倉、廄、祠祀、食官令長丞等職。其秩次大致與少府系統各官署相等，令一般為六百石，長一般為四百石。

參、皇太后宮的宦官機構

在漢代，皇太后的地位非常高，其原因有三：一是很多皇帝都是英年早逝，幼主繼位，

皇太后聽政；二是自西漢以來帝王都強調以孝治天下，皇帝對皇太后尊重有加；三是西漢呂后專制，爲後來的皇太后樹立了榜樣。

侍奉皇太后的官屬最高職位的稱爲太后三卿。據《通典．職官九》記載：「漢制：太后三卿」，三卿即爲太僕、衛尉、少府。其官名前常冠以宮名，屬官則以宮名爲號。其職掌大致與皇后宮官機構相同。

皇太后宮官屬於非常設機構，有太后則置，無太后則缺，「崩則省，不常置」（《後漢書．百官志》）。事實上，兩漢的皇后們都比皇帝們要長壽，故無皇太后的時期極爲少見，甚至出現幾代太后並存的現象。漢哀帝時期，有太皇太后王氏、皇太太后傅氏、皇太后趙氏、帝太后丁氏，四太后同時並立。因此，漢代時的皇太后宮官實際上成了常設機構。

自來都是主尊奴貴。因爲皇太后的地位高，故皇太后的宮官們地位要高於皇后宮官。漢哀帝時，四太后並立，「各置少府、太僕，秩皆中二千石」（《漢書．孝元傅昭儀傳》）。皇太后三卿與朝廷正卿的衛尉、太僕、少府三卿官名相同、官職相等，但其地位卻在正卿之上。

西漢時期，太后三卿多以士人任之，亦有由宦官擔任的實例。東漢則常用宦官，有時也參用士人，其屬官則都是宦官。

肆、皇太子宮的宦官機構

史料對於太子宮中的宦官機構設置及職掌記載不詳，但可以肯定，在太子宮官機構中任職的應多由宦官典領。如據《後漢書．孫程傳》記載，漢順帝爲太子時，宦官籍建、高梵、趙熹、良賀、夏珍、王康等人在太子宮中任小黃門、傅、長秋長、長秋丞、藥長、太子府史等職。

漢代帝王極少高壽者，尤其是東漢中後期。東漢總共有十三位皇帝，從漢章帝劉炟至少帝劉辯，共十位皇帝，平均繼位年齡爲十點六歲，而且大多都不是以太子身分嗣位的，年齡最小的漢殤帝即位時僅三個月大。平均在位時間爲十二年，平均壽命爲廿二歲。因此，東漢帝王極少有能夠預立太子的，太子宮中的宦官均未能形成活躍的政治勢力。

伍、諸侯王宮的宦官機構

兩漢皇子封爲王者，稱作諸侯王。西漢初期，諸侯王國的百官如朝廷之制。其後，中央政府通過裁減王國的官吏、降黜其秩位等方式，縮減王國的官制，以削弱諸侯王國的勢力。

兩漢諸侯王宮裡的宦官機構的規模和員數遠遜於漢廷。其職官有王國長秋、長秋官丞、

永巷僕射、永巷丞、宦者丞、內官丞、中謁者等。

陸、其他使用宦官的特例

使用宦官一向是專制君主及家族成員的特權，但是，也偶有例外。漢哀帝時，外戚大司馬王莽因得罪傅太后被罷就第。時公卿大夫多稱譽王莽，「上乃加恩寵，置中黃門，爲莽家給使」，「使黃門在其家爲使令」（《資治通鑑．漢紀二十五》及注引蘇林曰）。這是漢代歷史上非皇族使用宦官的特例。

漢代，宦官的數量和政治地位普遍提高，其秩等與爵位也水漲船高。尤其是東漢時期，對宦官賜爵最爲輕濫，可查知封侯者在七八十人以上。

第三節　三國兩晉南北朝時期

三國兩晉南北朝時期，宦官機構及職掌在漢制基礎上有揚有抑，各具特色。其中最具代表性的，一是曹魏政權時期，二是北魏時期。他們屬於兩種不同類型，對後世影響十分深刻。

曹魏政權時期，儘管其君主與宦官有很深的歷史淵源，但是他們吸取了東漢中後期宦官專權的歷史教訓，對宦官的防範裁抑頗爲重視。因此，在其政權生存的四十多年間，宦官始終未能在政治舞臺上扮演重要角色。曹魏政權時期的宦官機構及職掌有四個方面的特點：一是省併中常侍。取消了由宦官專任的中常侍之職，改散騎常侍爲專由士人擔任的一種官。二是設置中書監令。增設中書機構，以士人擔任，以掌樞機之任。三是降低皇太后諸卿地位。據《通典．職官九》記載：「魏改漢制，太后三卿在九卿下。」四是限定宦官最高官職。限定宦官不得出任朝廷外官，只能在內廷諸署任職。創立九品官人之法，規定主管宮禁事務的高級官職只能由士人擔任，嚴令「其宦人爲官者不得過諸署令，爲金策，藏之石室」（《資治通鑑．魏紀一》）。

北魏是由鮮卑族拓跋部建立的政權，是由早期奴隸制急轉爲封建制的。北魏宦官制度迅速發展，宦官勢力急劇擴張，源於三個方面原因：一是宦官機構及職掌的擴大。北魏所建立的包括宦官機構在內的君主專制制度，完全仿照漢朝；二是帝王對宦官的依信。那些來自敵國的宦官和被閹割的戰俘，大都具有一定的文化、閱歷和才能，常常能夠因緣際會，受到君主的賞識和重用；三是母后臨朝。北魏出現過文明太后和靈太后兩次母后專權，文明太后專權聽政長達二十年，靈太后則荒淫失道，使一大批宦官得到重用。

北魏宦官的任職範圍很廣，不僅可以擔任各種宮職，而且可以擔任朝職、軍職以及地方官職。所充任的近侍官職有中侍中、中常侍、中給事中、中謁者、中謁者僕射、中謁者大夫、中祕書、中尚食、中尚藥典御等職。給事內廷雜務的宦官機構主要是大長秋，其正副長官分別稱爲長秋卿和中尹，下轄中黃門、掖庭、鉤盾等署。

北魏宦官所任宮職的品秩和地位都較曹魏兩晉時期有較大的提高。孝文帝時期，中侍中居正二品上階，大長秋卿居從二品上階，中常侍、中尹爲正三品上階，中給事中爲從三品中階，中謁者大夫爲正四品上階，中黃門令與諸署令爲正四品中階，等等。

北魏宦官充任朝職及軍職非常普遍，遠勝於宦官最爲活躍的漢、唐、明三代。朝職中的光祿勳、太僕、儀曹、駕部、庫部、內藏曹等機構中均有宦官充任，具有一品或二品職銜的宦官爲數不少，有張祐、抱嶷、劉騰、成軌、王溫、平季、封津等人。亦有位極人臣者，如大宦官宗愛曾官任大司馬、大將軍、太師、都督中外諸軍事、領中祕書。宦官亦可如同朝官一樣膺受虛銜，如使持節、儀同三司、左右光祿大夫等，並且可以同時進封各類將軍名號，如驃騎將軍、征東將軍、鎮南將軍、撫軍將軍等。一些宦官還實授軍職，領兵出征，能鎮守一方。

北魏宦官常常備受寵愛，由宮官空降出任州刺史重任的事例屢見不鮮，如仇洛齊曾任冀州刺史，段霸曾任定州刺史，王琚曾任冀州刺史，趙黑曾任定州刺史，孫小曾任幷州刺史，張宗之曾任東雍州刺史，等等。

宦官出任郡太守或縣令，則大多帶有貶斥降徙性質。如小黃門平季「以忤旨出為潞縣令」（《魏書·平季傳》）。這種事例在北魏較常見。

由於北魏宦官得勢，宦官受爵為王、公、侯、伯、子、男開國食邑者眾，為歷史上一大奇觀。即使在太和十六年規定非太祖子孫不得封王的禁令後，宦官仍可被封為除王爵之外的最高等級的公爵。如宗愛被封為馮翊王，王琚被封為高平王，趙黑被封為河內王，張祐被封為新平王。封為公爵的宦官在十人以上。

宦官不但是受爵位高、受爵者眾，而且其晉爵速度之快、程式之簡，亦極為驚人。文明太后當政時期，張祐、抱嶷、王遇、苻承祖等宦官，「拔自微閹，歲中而至王公」。這些權閹發跡可謂是火箭式的，一年之間即由「微閹」驟升為「王公」。

第四節　隋唐時期

隋朝是外戚篡奪建立起來的政權，其統治前後維持不足四十年就滅亡了。隋朝的歷史雖然短暫，但是，其包括宦官制度在內的官僚制度改革卻對後世影響深遠。

隋文帝時期，在中央職官方面，廢除了北周模仿《周禮》所置的六官，建立了三省六部制度。宮廷事務則專門設立內侍省進行集中統一管理。據《隋書·百官志》記載，內侍省包括「內侍、內常侍各二人，內給事四人，內謁者監六人，內寺伯二人，內謁者十二人，寺人六人，伺非八人，並用宦者。領內尚食、掖庭、宮闈、奚官、內僕、內府等官。」

內侍省的設置，改變了自秦漢以來的宦官機構的傳統格局，使得原先由中常侍和大長秋分別執掌的宦官事務趨於統一。這種制度設置，後來為唐代所承襲。

隋煬帝即位後，對宦官機構進行了改革，將內侍省改為長秋監。「長秋監置令一人，正四品；少令一人，從五品；丞二人，正七品。並用士人。」其下屬機構也有所收縮，「領掖庭、宮闈、奚官等三署，並參用士人。」對宦官的職數與官品也進行了限制：「改內常侍為內承奉，置二人，正五品；給事為內承直，置四人，從五品。並用宦者」（《隋書·百官志》）。

由上可知，整個隋代儘管享祚時短，特別是後期朝政腐敗，宦官人數較多，但因對宦官的地位和政治影響力採取了有效的限制措施，因此沒有出現過宦官專權的局面。

唐朝初期多承隋朝舊制，改長秋監爲「內侍省，皆用宦者」（《通典・職官九》）。唐代宦官機構設置最大的特點就是設置了促進宦官干政擅權的諸內司使。

壹、內侍省

唐初規定內侍省不立三品官。唐玄宗天寶年間，始置內侍監二人，掌內侍奉、宣制令，官秩爲從三品，爲內侍省最高長官。設少監二人、內侍四人爲之副，官秩爲從四品上。內侍省依據其職能下設六類職官：一、內常侍，員六人，正五品下，掌通判省事；二、內給事，員十人，從五品下，掌承旨勞問、分判省事。下有主事二人，從九品下。又有令史、書令史等佐吏；三、內謁者監，員十人，正六品下，掌儀法、宣奏、承敕令及外命婦名帳；四、內謁者，員十二人，從八品下，掌諸親命婦朝集班位；五、內寺伯，員六人，正七品，掌糾察宮內不法；六、寺人，員六人，從七品下，掌皇后出入執御刀冗從。

內侍省統領掖庭、宮闈、奚官、內僕、內府、內坊等六局。掖庭局掌宮禁女工、宮人名籍等事；宮闈局掌侍宮闈、出入管鑰等事；奚官局掌奚隸工役、宮官品命、宮人醫藥喪葬等事；內僕局掌中宮后妃車乘出入導引等事；內府局掌中藏寶貨給納之數以及供燈燭、湯沐、張設等事；內坊局掌東宮閤內及宮人糧稟。

唐代的內侍省制度為五代和宋王朝所繼承和發展。

貳、宦官職差

唐代自玄宗以後，宦官勢力逐漸壯大。宦官掠奪內廷外朝大權，並形成了一個由宦官把持的內諸司使行政系統，即北衙諸司使。北衙諸司使與朝廷大臣所在的南衙三省六部平起平坐，在職掌方面形成了南衙北司抗衡的局面。

宦官所掌控的北衙諸司使，大致分五個方面使職：

一是執掌中樞機要。設有樞密使、宣徽使、學士使、閤門使。樞密使與宣徽使的地位極為顯要，其權勢甚於宰相。

二是掌控重要兵權。唐代君主直轄的侍衛禁軍，時稱「北軍」，包括左右羽林、左右龍武、左右神武、左右神策、左右神威等軍。其中神策軍勢力在諸禁軍之上，是中央禁軍中的嫡系主力。神策軍的統領權完全由宦官把持。除了權閹出任神策軍中尉之外，還有一些軍職由宦官出任或專任，包括：監軍使、觀軍容使、招討使、排陣使、護駕使、館驛使、糧料使、內飛龍使、內射生使、軍器使、弓箭庫使、擗仗使等職。

三是管理經營與皇宮運轉有關的各種經濟事務。設有市舶使、內莊宅使、如京使、營田使、群牧使、鑄錢使、閑廄使、中尙使、染坊使、內作使、和糴使，這些使職旨在增加皇宮的收入和物資供應。

四是管理宮苑事務。設宮苑使、栽接使、總監使、五坊使、小馬坊使、教坊使、御廚使、御食使、翰林使、監醫官院使、豐德庫使、大盈庫使、瓊林庫使、市鳥獸使、三宮檢責使、少陽院使、十王宅使、會仙院使、長春宮使、橋陵使等職。

五是其他使職，包括鴻臚禮賓使、客省使、皇城使、功德使等職。

唐代宦官所任各種職差，有的是臨時因事而立，事畢即罷，但多數的使職成爲常設的定官。除了「使」之外，還出現了副使、判官、小使等副佐屬吏。所任使職有內職外職之分，外使主要是監軍、館驛、糧草、市舶等職事，內使指內諸司使，其組織龐大、分工嚴密，自成體系。

從總體上看，唐代的宦官機構設置具有三個方面的特點：一是集中統一管理。這與秦漢時期少府、大長秋分設有很大的區別，其結果是更大程度地促使了宦官力量的集中，形成一個利益集團；二是宦官機構職掌涉及國家樞機。特別是樞密使、宣徽使和禁軍中尉的設置，位高權重，爲宦官把持朝政提供了合法的身分；三是宦官的職差門類多，範圍廣，員額多，這就使得宦官更大程度地參與政治、經濟、軍事、社會等諸多事務中去，其政治地位和社會影響度進一步提高。

唐末昭宗李曄時期，曾大誅宦官，下詔停廢諸司使，唯留宣徽等九使，然已積重難返。終因引梁王朱全忠入京誅宦而致唐滅亡。

第五節　五代十國時期

五代十國時期，諸侯割據混戰，政權更替極爲頻繁。尤其是北方相互承傳的五個朝代，自九〇七年至九六〇年，總共才維持五十四年，最長的十七年，最短的不到四年。南方並存的十國也大多維繫在四十年左右，最長的是吳越國達七十二年。

五代十國的宦官機構及職掌大多沿襲唐代，以內侍省爲主，其職官包括內侍監、內侍、內給事、內謁者、內府局令丞等名稱。宦官亦多是唐末的餘孽。

與唐代不同的是，五代十國的內諸司使的變化較大。

後梁政權建立後，恢復和承襲諸司使機構，包括崇政院使、宣徽院使、飛龍使、莊宅使、弓箭庫使等三十個左右的使名（見《五代會要》）。與唐不同的是，後梁諸使大多使用士人充任。後梁太祖朱全忠曾大肆誅殺宦官，對用宦官有所忌諱，但內心仍有戀宦情結，「此屬（指宦官）吾知其無罪，但今革弊之初，不欲置之禁掖」（《資治通鑑．後梁紀二》）。

北方五代多鑑於唐代宦禍慘烈，重要職官多用文武重臣，唯後唐宦官勢力最盛，其他四代都未出現宦官專權局面。

後唐傳四帝，歷十四年而亡。其立國之君莊宗李存勗稱帝之初就大量地使用宦官，「時在上左右者已五百人，至是殆及千人，皆給贍優厚，委之事任，以為腹心」（《資治通鑑．後唐紀二》）。後唐宦官機構、宦官的階勳爵等基本上沿襲唐代，所用宦者亦多是唐末殘餘宦官，宦官權勢漸張。宦官張居翰「加驃騎大將軍，知內侍省事，依前充樞密使」（《舊五代史．張居翰傳》）。

莊宗李存勗在位三年後因兵變被殺，養子李嗣源稱帝，為明帝。明帝即位後，「以莊宗由宦官亡國，命諸道盡殺之」，「量留後宮百人，宦官三十人，教坊百人，鷹坊二十人，御廚五十人，自餘任從所適，諸司使務有名無實者皆廢之」（《資治通鑑．後唐紀四》）。然而，明帝晚年多病，寵姬王淑妃專內干政，宦官孟漢瓊侍寵用事。閔帝即位，孟漢瓊「尤恃恩寵，期月之內，累加開府儀同三司、驃騎大將軍」（《舊五代史．孟漢瓊傳》）。其後三年，後唐政權遂爲後晉所滅。

南方十國之中，南漢和前蜀仍重演唐朝宦官專權悲劇。

南漢政權時期，大量地使用宦官。所轄境內只有百萬人口左右，宦官竟有近兩萬人。宦官所任使名大量的增加，設了諸多以宮名使，如甘泉宮使、秀華宮使、太微宮使、玉清宮使，等等，「諸使名多至二百」（《南漢書．後主紀》）。爲提高宦官的職權，南漢還專爲權閹設置了「內三師」、「內三公」之職，權閹龔澄樞、李托都曾官拜內太師。

南漢政權大肆排斥士人武將，各種重要文職武職多由宦官擔任，滿朝皆以宦官爲榮。「凡群臣有才能及進士狀頭，或僧道可與談者，皆先下蠶室，然後得進」，「貴顯用事之人，大抵皆宦者」（《資治通鑑．後周紀五》）。特別是宦官擔任軍職極爲普遍，不僅可以擔任監軍、內中尉、觀軍容使等類職務，而且多有直接出任方面軍隊主帥者，如宦官吳懷恩、邵廷琄、潘崇徹、郭崇岳等都曾任過方面招討使之職。

南漢宦官專權，挾持君主爲傀儡，以致後主劉鋹被宋君俘獲後有「在國時臣是臣下，（龔）澄樞是國主」（《宋史．南漢世家》）之語。

前蜀政權歷兩世而亡。建國之主王建原爲唐代宦官田令孜的養子，與宦官有不解之緣。

王建立國後，多內寵，任宦寺，任宦官唐文扆「判六軍，事無大小，皆決於文扆」。死時亦聽信寵妃與宦官之言，立幼子王衍爲太子，並以宦官宋光嗣受遺詔輔政。王衍即位後，「年少荒淫，委其政於宦者宋光嗣、光葆、景潤澄、王承休、歐陽晃、田魯儔等」（《新五代史·前蜀世家》），宋光嗣任樞密使，總內任，判六軍事；景潤澄並任樞密使；歐陽晃等宦官任宣徽使；王承休出任節度使。前蜀因君主荒淫，宦官弄政，迅速走向衰亡。

第六節 兩宋時期

宋代的宦官機構大體沿用隋唐五代舊制，在此基礎上又有新的發展。其最大的特點就是將內侍省的核心近侍職能分離出來，設立了「入內內侍省」，形成兩省並立局面。

內侍省時稱「前省」，掌拱侍殿中、備灑掃之職、役使雜品。設有左右班都知、副都知、押班等職，其官秩均爲正六品。紹興三十年（一一六〇年），宋高宗因內侍省所掌職務不多、徒有冗費，故下詔將其併歸「入內內侍省」。

入內內侍省時稱「後省」，是由宋初的內中高品班院、入內內班院、入內黃門班院、內侍省入內內侍班院、內東門都知司演化而來，掌通侍禁中、役服褻近，與帝王后妃尤爲親近。設有都都知、都知、副都知、押班等職，宦秩爲正六品。

宋代吸取唐代宦官專權的教訓，因此對宦官的官秩設置雖細但不高。宋代爲宦官專門設置了自供奉官、左侍禁、右侍禁、左班殿直、右班殿直、黃門、祗候侍禁、祗候殿直、祗候黃門、內品、祗候內品、貼祗候內品的十二階內侍官階，最高爲正六品，最低爲從九品。爲了酬謝有功的宦官，宋代特增設宣慶使、宣政使、昭宣使、景福殿使等官稱，並且將上層宦官的官階歸入到武臣官階系列，以提高其官品，按敘遷最高的多爲正五品，個別特例只有童貫、梁師成、楊戩三人曾官居一品。

入內內侍省與內侍省的下屬官署主要包括：御藥院、內東門司、合同憑由司、管勾往來國信所、後苑勾當、後苑造作所、龍圖勾當、天章勾當、寶文閣勾當、軍頭引見司、翰林院勾當。

宋承唐制，設置諸司使，分爲東西二班，每班各二十使。東班包括皇城使、翰林使、尚食使、御廚使、軍器庫使、儀鸞使、弓箭庫使、衣庫使、東綾錦院使、西綾錦院使、東八作使、西八作使、牛羊使、香藥庫使、榷易使、氈毯使、鞍轡庫使、酒坊使、法酒庫使、翰林醫官使。西班包括宮苑使、左騏驥使、右騏驥使、內藏庫使、左藏庫使、東作坊使、西作坊使、莊宅使、六宅使、文思使、內園使、洛苑使、如京使、崇儀使、西京左藏庫使、西京作坊使、東染院使、西染院使、禮賓使、供備庫使。以上諸使均有副使。

宦官的外派職差種類亦多，如走馬承受公事、各種武職、提舉京師諸司庫務、管勾左右春坊、元帥府主管機宜文字、經略安撫制置使、宣撫使、宣撫制置使、監某州酒稅、山陵都監、外都水丞、某路勾當公事、監在京榷貨務、各個機構的承受等。

較前代而言，宋代宦官任職最大的特點，就是擔任實際軍職的現象比較普遍。宋朝皇權是以兵權篡奪得來的，因此不放心讓文臣武將擁有長久的兵權，對宦官則相對放心些。北宋時期多是委派宦官擔任軍職。

宋代宦官機構及職能，相對唐代而言有所削弱，對宦官員額也控制較嚴，宦官的升遷受到嚴格的限制，其職任高官者極少，監察糾彈機制亦較健全。故終兩宋時代，沒有出現過宦官專權局面。然而，宋代權宦往往是與朝廷佞臣相互勾結，狼狽爲奸，擾亂朝政，從而削弱了國力，加速了宋朝的滅亡。

第七節　遼金元時期

遼、金、元三朝都是由北方的遊牧民族建立的政權，本身均無使用宦官的傳統。他們所建立的政權，初始都爲奴隸制，君主內侍並不使用宦官。遼朝以承擔內侍服役事務的奴隸稱著帳戶，元朝則以貴族子弟給事內廷。他們都是在覆滅漢族或入主中原之後，開始加速其政治制度及宗法觀念的「漢化」（即封建化），建立了宦官機構及相應的制度。

在宦官機構設置方面，三朝仿漢制，又有所改革，各具特色。遼朝宦官機構主要是內侍省，其職官有內謁者、黃門令、內侍左右廂押班、內侍都知等等。執掌範圍與前代宦官無異。遼朝宦官可充任與內廷管理有關的官職，如尚衣庫使、內庫都提點等。金朝的宦官機構是在中央官制改革的過程中產生的。金熙宗改革官制時，「大率皆循遼、宋之舊」，其宦官機構爲尚書省，「建立尚書省，遂有三省之制」。海陵王廢中書省和門下省，只置尚書省，直屬於皇帝。尚書省成爲皇帝直接控制的唯一政權機構。其屬下與宦官有關的機構主要包括：近侍局、內侍局、衛尉司、中侍局。元朝沒有設立專門的宦官機構，根據《元史．百官志》記載，由宦官負責的內廷機構主要有：大都留守司下轄的儀鸞局、長信寺、太府監、中尚監、章佩監、祕書監。其他有關宮廷事務的機構中亦有宦官存在，如利用監、長秋寺、承徽寺、寧徽寺、中政院、徽政院、資政院等。

遼、金、元三朝的宦官最初都是來自漢族王朝的宮中，這些俘獲來的宦官，因為文化層次相對較高，熟悉原朝宮中舊制和掌故，因此，有一部分宦者為新朝君主所倚重。但是，三朝君主在漢化過程中，對歷代宦禍大都保持清醒的認識，因此在宦官機構設置、職掌和活動範圍都加以限制。並且在宮廷內侍制度方面還在一定程度上保留了本民族的傳統舊制，如遼朝內廷使用著帳戶，元朝由貴臣子弟給事內廷。

正因為在宦官機構設置等方面的限制，遼金元三朝的宦官雖有個別人得寵，但從總體上均未形成大氣候。

第八節　明代

明王朝建立之初，就已開始設立內廷宦官機構，其後幾經變更，至洪武末年，遂成定制。明代宦官機構之龐大，宦官員額之多，影響程度之深，在中國歷代上極為罕見，可謂是空前絕後。

明代的宦官機構及職官設置，大致分為四種類型：

壹、二十四衙門

二十四衙門為明代宦官機構的基本主體，包括十二監、四司、八局。

一、十二監。根據明初舊制，各監均設正四品太監一員，從四品左、右少監各一員，正五品左、右監丞各一員，正六品典簿一員，從六品長隨、奉御無定員。其後各監的設置漸有變更。

司禮監：司禮監為明代宦官二十四衙門中的首席衙門，在整個宦官系統中權勢地位最高，不僅總管內廷宦官事務，而且職涉外廷朝政，「無宰相之名、有宰相之實」（黃宗羲《明夷待訪錄．置相》），可見其地位之尊、權勢之大。明代著名的權閹，如王振、劉瑾、馮保、魏忠賢等均曾掌控司禮監。

司禮監主要有三項職權：一是批答奏章、傳宣諭旨；二是總管宦官事務；三是兼領如東廠提督、南京守備等其他重要官職。設有提督太監一員，掌印太監一員，秉筆太監、隨堂太監無定員。太監之下設左右少監、左右監丞等。司禮監下設有若干附屬機構，包括文書房、內書堂、禮儀房、中書房、御前作等職。

內官監：設掌印太監一員，下設總理、管理、僉書、典簿、掌司、寫字、監工無定員，主要負責宮殿、陵寢、府第等項目的修造。

御用監：設掌印太監一員，裡外監把總二員，典簿、掌司、寫字、監工無定員，主要負責造辦御用物資。

司設監：官職設置同內官監。掌鹵簿、儀仗、帷幙、褥墊、簾席、帳幔、雨具、大傘等諸煩瑣之事。

御馬監：設掌印、監督太監各一員，四衛營各設監官、掌司、典簿、寫字、拏馬等員，象房設掌司等員。

神宮監：設掌印太監一員，僉書、掌司、管理無定員。掌太廟各廟灑掃、香燈等事。

尚膳監：設掌印太監一員，光祿寺西門提督太監一員，西門總理太監一員，管理、僉書、掌司、寫字、監工及各牛羊等房廠監工無定員。掌御膳及宮內食用並筵宴諸事。

尚寶監：設掌印太監一員，僉書、掌司無定員。掌御用寶璽、敕符、將軍印信。

印綬監：官職設置同尚寶監。掌古今通集庫並鐵券、誥敕、貼黃、印信、圖書、勘合、符驗、信符諸事。

直殿監：官職設置同尙寶監。掌各殿及廊廡掃除事。

尙衣監：官職設置大致同尙寶監。掌造御用冠冕、袍服、履舃、靴襪之事。

都知監：官職設置大致同尙寶監。掌各監行移、關知、勘合之事，後唯隨駕前導警蹕。

二、四司：惜薪司、鐘鼓司、寶鈔司、混堂司。明初舊制，每司各設正五品一員，從五品左、右司副各一員。後漸更易。掌宮中炭柴、鐘鼓雜戲、粗細草紙、沐浴等事。

三、八局：兵仗局、銀作局、浣衣局、巾帽局、鍼工局、內織染局、酒醋麵局、司苑局。明初每局各設正五品大使一員，從五品左、右副使各一人，其後漸更易。掌造兵器、火藥、法器、金銀器飾、衣服等諸事。

貳、二十四衙之外的宦官機構

二十四衙之外還設有諸多宦官機構，主要有內府供用庫、司鑰庫、內承運庫、甲字形檔、乙字形檔、丙字形檔、丁字形檔、戊字形檔、承運庫、廣盈庫、廣惠庫、廣積庫、贓罰庫、御酒房、御藥房、御茶房、牲口房、刻漏房、更鼓房、甜食房、彈子房、靈臺、條作、盔甲廠、安民廠、裡草欄草場、漢經廠、番經廠、道經廠、南海子、林衡署、蕃毓署、嘉蔬署、良牧署、織染所、篦頭房、安樂堂、皇城京城內外諸門、寶和等店、西山陵墳、御前近侍、在京府第等等。

參、宦官提督的特務機構

明代盛行特務政治。最早的特務機構是錦衣衛，成立於洪武十五年（一三八二年）。原爲護衛皇宮的親軍，後被特令兼管刑獄，賦予巡察緝捕的權力，其長官常由皇帝親信的功臣、外戚充任。此後又陸續設置了一些由宦官提督的特務機構，稱爲東廠、西廠、內行廠。因錦衣衛與廠的關係密切，故並稱爲廠衛。而廠的實際權力在衛之上。

一、東廠。東廠係明代設置最早、規模最大、持續最久的宦官特務機構。明成祖永樂七年（一四〇九年）已開始授命宦官進行特務活動，「始命中官刺事」。永樂十八年（一四二〇年）成立東廠，「命內官一人主之。刺大小事情以聞」（《弇山堂別集．中官考一》）。

東廠最高長官爲掌印太監一員，全稱爲欽差總督東廠官校辦事太監，簡稱提督東廠，尊稱爲督主、廠公。提督東廠的掌印太監，初選各監中一人提督，後專用司禮監秉筆太監之第二人或第三人充任。掌印太監之下設有掌刑千戶、理刑百戶各一員，謂之貼刑，均由錦衣衛轉撥而來。又有掌班、領班、司房四十餘名，分爲十二顆；檔頭（役長）辦事百餘名，分爲子丑寅卯十二顆；番役（番子）千餘名。東廠的人員都是從錦衣衛轉來的，「隸役悉取給於（錦衣）衛，最輕黠猾巧者乃撥充之」。隨著宦官權勢的增長，錦衣衛的長官大多由權閹的黨羽充任，出現了「衛使無不競趨廠門甘為役隸」（《明史．刑法志》）的局面。

東廠的職掌為「刺緝刑獄之事」（《明史．職官志》）。在進行特務活動時，東廠被賦予了多方面特權。一是直接對皇帝負責。「凡各處辦事打來事件，皆到內署，先見廠公心腹內官，發司房刪潤奏之」（《明宮史．內府職掌》）。二是職察偵訪的範圍廣。幾乎無事不在其內。三是地位顯赫特殊，權力很大，強制手段突出。

二、西廠。西廠成立於明憲宗成化十三年（一四七七年），「太監汪直提督官校刺事」（《明史．憲宗本紀》）。汪直提督西廠後，任用錦衣衛百戶為心腹，屢興大獄，人情大擾，數月之後，一度被罷撤，不久又復開。西廠「中廢復用，先後凡六年，冤死者相屬，勢遠出（錦衣）衛上」（《明史．刑法志》），成化十八年（一四八二年）汪直失寵，西廠再度被罷。

明武宗正德元年（一五〇六年），權閹劉瑾掌司禮監，復置西廠，以其黨羽丘聚、谷大用分別提督東廠、西廠。「兩廠爭用事，遣邏卒刺事四方」，以致「天下皆重足立」（《明史．刑法志》）。五年後，劉瑾被誅，西廠即被罷撤，後再未復置。

提督西廠的太監並非專由司禮太監兼領，汪直與谷大用均是以御馬監太監的身分提督西廠的。提督之下又有鎮撫、官校、邏卒、緹騎等官職隸役。與東廠一樣，西廠的職官隸役多由錦衣衛轉撥而來。

三、內行廠。內行廠設立於正德年間。劉瑾專權時，除以親信黨羽提督東廠和西廠之外，又在榮府舊倉地設內辦事廠，京師謂之內行廠。內行廠由劉瑾自領，「尤酷烈，中人以微法，無得全者」（《明史．劉瑾傳》）。內行廠偵緝範圍甚廣，「雖東、西廠皆在伺察中」。至正德五年（一五一〇年），劉瑾被誅，「西廠、內行廠俱革，獨東廠如故」（《明史．刑法志》）。內行廠被廢後再未復置。

肆、宦官外派機構

明代還在京城之外設立了不少常駐或臨時的宦官機構。大致有六種類型：

一、少數特殊地區的守備太監。明王朝在南京、天壽山、鳳陽、湖廣承天府等少數具有特殊政治意義的地區，設置常駐的守備太監。這些地區的特殊性在於：南京係明初都城，在遷都北京後仍為留都，是當時江南地區政治、軍事、經濟中心，又是明代開國君主朱元璋的陵墓孝陵所在地；天壽山係明代諸皇陵的集中之地；鳳陽係明太祖朱元璋的故鄉，亦是其祖陵所在地；湖廣承天府係明世宗朱厚熜為藩王時藩府以及其父陵墓所在地。

派駐這些地方的守備太監主要有三項職能：一是護衛皇陵；二是承辦貢物；三是管轄境內的所有宦官。除此之外，還兼管高牆犯罪宗室等事務。

二、分駐各地的鎮守太監、分守太監、守備太監。鎮守、分守、守備，本爲武官職銜，奉派負責監督防地軍事的宦官亦襲用，稱爲鎮守太監、分守太監、守備太監。此外，還有監槍。大致在永樂年間，就出現許多宦官出鎮的現象。自洪熙之後，宦官具銜出鎮者人數不斷增加，出鎮地區漸趨廣泛。此後雖有反覆，但從未斷絕過。

出鎮宦官的職務範圍，本爲監督防區軍事，「恣睢專軍務」，位在「諸軍上」，但同時還從事監視防區內的民情政事的特務活動，甚至直接干預地方刑名政事，權力很大，成爲事實上的地方最高長官。

出鎮宦官的舉用派遣事務，由司禮監主持。出鎮的宦官，有太監，有諸監左右少監，也有諸監左右監丞等。明代後期，因宦官勢盛，主事者「獻媚」，凡出鎮宦官「俱票注太監二字，遂以爲例」（《三朝野記》卷二）。

三、與軍事有關的其他名目的派駐宦官。其他名目派駐軍隊的宦官還有三種類型：一是提督京營；二是出任監軍；三是總督軍務。

提督京營。京營即爲負責守衛京城的京軍，是明代征伐用兵時的主力部隊。明英宗時，委派宦官曹吉祥「總督三大營」。此後，京軍主要由宦官專掌。提督京營的提督太監、坐營太監、監槍太監，均由司禮監負責揀選，京營的檢閱事務，亦由司禮太監負責，司禮監實際掌控京軍。提督京營的宦官多是司禮監派宦官兼領。

監軍。明代的監軍始於永樂年間，主要是對出征軍隊進行監督，其職名有觀軍、巡視、監視、勞軍、監餉等等。爲強化監軍宦官的地位，明代還設有總監，「以總督體統行事」（《明季北略》卷十三）。

總督軍務。明代還委派宦官直接統兵出征。如永樂三年，「遣中官鄭和等率兵二萬七千餘人，遍歷西洋諸國。復遣中官山壽帥師出雲州。此（宦官）將兵之始」（《明會要·職官十一》）。此後，常有宦官直接率兵者，這些宦官常被加授「總督軍務」頭銜。

四、與經濟有關的各類派駐宦官。明代與經濟事務有關的派駐宦官名目甚多，主要有市舶太監、監督倉場太監、稅使、礦監、採辦、織造、燒造等。此外，還有充使主持茶馬貿易、監視鹽務等。

提督市舶太監。明初即在東南沿海地區設置了市舶提舉司，命宦官提督。市舶太監的職掌主要是管理海外貿易事務、掌管有關造辦進貢事務，還一度具有提督沿海、調動官軍之權，並可獲取沿海任職的權限。

監督倉場太監。明代中央政府直轄的漕倉，初由戶部管理，後加派宦官監督。

稅使。明初即委遣宦官監督核查各地稅務。至萬曆年間，更是大量派遣宦官出任榷稅之使，直接控制各地的稅收事務，以至出現了「各省皆設稅使」、「通都大邑皆稅監」的局面。這些稅使恃勢巧取豪奪，激起民憤，明光宗繼位之時，按照神宗遺詔「撤回稅監」（《明史．食貨志》）。

礦監。明初永樂年間即開始派遣宦官核查礦務。至萬曆年間，則大規模地派遣宦官主持各地採礦事務。其後與稅監同罷。

採辦。自明初至明末，都派遣宦官到各地採辦各類物資。宦官採辦物資的範圍甚廣，大凡宮廷衣食住行所需要的一切物資幾乎無所不包。各地進貢朝廷的物品亦由管運內官負責押運。

織造。負責生產宮廷所需紡織品的各地織造，亦派駐宦官監管。明初即在蘇杭等地設織造局，自永樂年間始遣宦官監督織造，其後遂成慣例。至崇禎初年，停止宦官提督織造。

燒造。明代多委派宦官管理監督宮廷所需的磚瓦瓷器的燒製。至萬曆末年之後，「役亦漸寢」。

五、各藩王府的宦官機構。明代的各藩王府亦設有宦官機構。據《明史．職官志》記載，明初即置王府宦官機構承奉司，洪武二十八年重定其職秩。親王府承奉司設承奉正（正六品）、承奉副（從六品）。另有典寶、典膳、典服三所，各設正（正六品）一人、副（從六品）一人；門官設門正（正六品）一人、門副（從六品）一人。又設內使十人，有司冠、司衣、司佩、司履、司藥、司矢等名號。

六、其他外派宦官。其他臨時因事外派使職差遣不少，如奉使外國等。

從上述的宦官機構設置和職掌可以看出，明代上層宦官所實際掌握的權力範圍非常廣，涉及朝政事務、宮廷事務、軍事、司法、經濟等各個方面，爲宦官專權提供了廣闊的空間。

第九節 清代

與遼金元一樣，清王朝亦是由北方的少數民族建立起來的政權。清太祖努爾哈赤於明萬曆四十四年（一六一六年）建立後金政權，仍屬奴隸制，宮中普遍使用奴隸服役，這種宮奴滿語稱之爲「包衣」。至太宗皇太極統治期間，宮中雖然也使用閹人，但一直都是實行包衣制度，沒有建立宦官制度。

清初宦官制度的建立，是在清軍大舉入關之後，承襲明代宮廷舊制的基礎上建立的。清朝君主對於明廷的宦官制度抱有高度的警惕，所以在接受漢族宦官制度方面有所更新和裁抑。

清初的宮禁事務歸內務府管轄。順治十年（一六五三年）建立了宦官機構十三衙門，內務府被裁撤。十三衙門是明代二十四衙門的縮影。「首爲乾清宮執事官，次爲司禮監、御用監、內官監、司設監、尙膳監、尙衣監、尙寶監、御馬監、惜薪司、鐘鼓司、直殿局、兵仗局，滿洲近臣與寺人兼用」（《欽定大清會典事例》卷一二一六）。

清聖祖玄燁繼位後，尊世祖遺旨，裁撤十三衙門，恢復內務府，將十三衙門職能由內務府承接。內務府由朝廷流官所掌控，總管宮廷事務，許多雜役仍由包衣承擔。爲了加強對宦官的管理，康熙十六年（一六七七年）始增設了敬事房，屬內務府管轄，其職掌主要是管理宮內各處太監的甄別、調補、賞罰諸事以及宮內其他雜務。敬事房的設置，爲其後歷朝清帝所沿襲，是清代自清聖祖之後唯一的宦官機構。

敬事房作爲清朝唯一的宦官機構，其職能與明代的宦官機構已不可同日而語。敬事房隸屬於內務府管轄，其本身無權對外行文，行文須經內務府轉發。其基本職掌爲：管理皇帝、后妃及其子女的生活，負責宮內陳設、灑掃、守衛等雜務，傳奉內務方面的諭旨，辦理與內務府各機構的往來文件，管理宮內及各處宦官事務，等等。

乾隆年間對敬事房宦官的職官設置及職掌規定：總管三員，內宮殿監督領侍一員，宮殿監正侍二員，俱爲四品；副總管六員，俱爲六品宮殿監；委署總管無定額，以七品執守侍委署；首領二名，俱爲七品執守侍；筆帖式四名，俱八品侍監；太監二十六名。專司奉諭辦理宮內一切事務及應行禮儀、承行內務府各衙門文移、收取外庫錢糧、甄別調補宮內太監、查視各門啓閉、巡察火燭關防等事。首領、筆帖式以下，專司掌案辦事、承辦內務府來文、巡防火燭坐更等事。

除了敬事房是專門的宦官機構之外，內務府的其他下屬機構有不少與宦官管理有關。如掌儀司，其職掌包括管理宦官選驗、補放、發放銀米等事務；會計司辦理選驗太監事；慎刑司負責處理犯罪太監案件事。

宦官從事各內廷機構雜役的現象則普遍存在。皇宮裡幾乎處處都安排了宦官服役，如乾清宮、乾清門、昭仁殿兼龍光門、弘德殿兼鳳彩門、端凝殿兼自鳴鐘、懋勤殿兼本房、四執事、四執事庫、奏事處、日精門、月華門、南書房、上書房、尙乘轎、御藥房、交泰殿、坤寧宮兼永祥門、東暖殿兼永祥門、西暖殿兼增瑞門、景和門、內左門、內右門、景仁宮，等等。在這些機構中從事雜役的宦官，其職官有的設有總管，有的設有首領，有的設有侍監，最多的職官爲太監。這些宦職大多數都在七品以下。

清代的宦官品級職銜大致分爲大總管、總管、副總管、首領、副首領、一般太監等若干等級，首領以上宦職的地位較高。一般太監又分為御前太監、殿上太監、宮內太監、宮外太監等，因其服役的場所不同，其待遇地位也有所不同，層級非常嚴格。除等級差別之外，太監之間還實行師徒制度。

除了宮廷皇室之外，一定等級以上的王公大臣私宅也允許使用數量不等的宦官。

清初宦官不設官階品級，其後雖設官階品級，但規定最高為四品，永不加至三品以上，成為清代的定制。直至晚清，才有個別深受當政的皇太后或在位君主寵信的宦官總管，漸次被加至三品乃至二品頂戴。

整個清代，宦官機構受到壓縮，其職掌範圍只限於備內廷灑掃供役，沒有出任朝職外官、典兵監軍、充使外出、撰擬諭旨、總管內廷財務、干預過問朝政等職權，其政治交往、身分地位、員數定額等亦受到嚴格的限制，宦官的地位相對較為卑微，能夠加授官職品銜的上層宦官極為少數，絕大多數宦官均為純粹的宮廷奴僕。儘管清末慈禧太后垂簾聽政，使宦官勢力乘勢擴張，但就整體而言，清代的宦官勢力與歷代相比較，顯得衰弱得多。

與宦官制度並存的是，清王朝一直保持清貴族子弟侍衛制度，這種制度也與宦官制度同出一脈。清代最著名的大貪官和珅就是出身於侍衛，因近侍之便，得到乾隆帝弘曆的寵信而迅速得勢的。

第三章　宦職抉擇

古代的閹割術是最令人恐懼和痛苦的。如果說戰俘、罪犯或罪犯子孫、山獠、外國進貢者，他們被閹是被迫無奈的話，那麼那些自願閹割為宦的，則需要有堅忍之心。從當時諸多職業來抉擇，當宦官比一般的百姓則要強得多：衣食無憂，有一定的政治地位，還有少數人可以出人頭地，恩榮無比，福澤鄉鄰。所以，忍痛一割，回報常常是豐厚的。

歷史上，宦官也曾風光過、榮耀過。透過風光的背後，我們探求宦官的來源及心理經歷，便可以對其群體行爲和性格有更深刻的了解。

沒有性能力，使男人失去了性生活和傳宗接代的工具，從生理上、心理上都必然要經歷許多常人難以想像的痛楚。那麼，歷史上這些宦官是怎麼來的？爲什麼自漢朝以後會有許多人自願去當宦官呢？這些都是史學家們需要去考證的事。我們只是從社會大背景來探尋這些宦官們所作出的痛苦的抉擇。

第一節　割宮的痛楚

原始社會，人類最初閹割男性生殖器的行爲，同動物界性競爭的本能有某些淵源關係。至遲在殷商時代就存在著閹割術。據有關學者考證，在新石器時代晚期遺址中，發現母畜的數量比公畜多。說明那時人們爲了飼養和繁殖肉用牲畜，注重牲畜的性別比例搭配和生殖能力的控制。殷商甲骨文用「豕」，意義就是去勢之豬。通用於人，與劅、椓同義。

原始氏族部落之間的戰爭，使得勝利者將戰俘當做奴隸進行役使。爲了剝奪戰俘婚姻交配和繁衍後代的權力，就開始出現了最初的閹割術。奴隸社會時期，役使奴隸的現象十分普遍，閹割奴隸以服侍王侯家族，成了一種正常現象。由於當時閹割術易致人死亡，故殷商甲骨文發現有商王占卜閹割戰俘能否存活的卜辭。

對於古代的閹割術，史料記載方法不一。大略最初閹割方式，如同現代人閹豬、雞等動物一樣，只是取出其睪丸即可，不傷其陰莖（《夷堅志》卷八）。這種閹割方法尚不會傷人性命。

據〈男性太監酷刑考〉述，閹割方法有四種：一是割去全部陰莖和睪丸；二是只割睪丸；三是將睪丸壓碎；四是割去輸精管。《末代太監祕聞》一書還介紹有「繩繫法」，即用麻繩將幼兒睪丸根部死死繫住，久而久之生殖器就失去功能，並逐漸壞死了。另一種方法是給幼兒服用一種麻醉藥，然後用針不間斷地扎刺睪丸，使之逐漸失去功能。

古代醫術不發達，連根割去的手術，使得被閹割者的死亡率相當高。明朝天順年間，鎮守湖廣貴州太監阮讓，將俘獲的東苗童稚一千五百六十五人進行閹割，「既奏聞，病死者三百二十九人，復買之以足數，仍閹之」（《萬曆野獲編補遺》）。

正因爲閹割時死亡率高，所以，大凡自願受宮者都要與淨身師簽訂生死合同。合同大意是：我某某，自願淨身，生死不論，我若死了，分文不取。合同一簽，生死就掌握在淨身師手裡了。

男性被閹割之後，在生理上會出現雌性化特徵。古代史籍記載，成年男性閹割後，原有的鬍鬚就會脫落。無鬚，便成了閹人宦官最明顯的外在特徵。宋朝著名的宦官童貫因爲「頤下生鬚十數」，被時人視爲「不類閹人」（見《宋史．童貫傳》）。閹人的聲音也會發生變化，說話的腔調尖銳刺耳，猶如半泣。由於閹割時正常尿道受損，宦官的下身處極易發出惡臭，清洗和熏香成了宦官的日常功課。宦官到中年以後，肌膚極易鬆弛，面部皺紋較多，一般比實際的年齡更顯衰老，其形態更像婦人，給人整體形象便是不男不女狀。這些生理上的變化，給宦官本人帶來精神上的屈辱甚至扭曲。

因爲宦官具有無鬚這一表徵，所以，古時在製造假宦官時，必須拔鬚。《史記．呂不韋列傳》記載嫪毒成爲假宦官以性得寵的過程，「始皇帝益壯，太后淫不止。呂不韋恐覺禍及己，乃私求大陰人嫪毒以爲舍人，時縱倡樂，使毒以其陰關桐輪而行，令太后聞之，以啗太后。太后聞，果欲私得之。呂不韋乃進嫪毒，詐令人以腐罪告之。不韋又陰謂太后曰：『可事詐腐，則得給事中。』太后乃陰厚賜主腐者吏，詐論之，拔其鬚眉爲宦者，遂得侍太后。」

第二節　宮刑的屈辱

宮刑，是出於君主宮廷役使的需要，將戰俘或犯罪的男性或者其子弟進行閹割。宮刑，對被閹割對象而言，是一種僅次於死刑的殘酷懲罰。

古代非出自願而遭閹割的，主要有下述六種情況：

一是閹割奴隸和戰俘。遠古的時候，宦官的主要來源是因戰敗被俘獲的奴隸。通過強制的方式進行閹割，然後送進宮廷中服務。《左傳．襄公二十九年》記載：「吳人伐楚，獲俘焉，以爲閽，使守舟。吳子餘祭觀舟，閽以刀弒之」。這就是漢代人所說的「吳使刑人，身遘其禍」（《後漢書．宦者列傳》）。

進入封建社會後，這種現象還偶有發生。隋代時「多捕山獠充宦者」（《資治通鑑．隋紀三》）。明永樂年間，英國公張輔出征交趾，「以交童之美秀者還，選爲奄」（《明史．范弘傳》）。英宗天順年間，鎮守湖廣貴州太監阮讓征伐東苗，將俘獲的東苗童稚強行閹割充當宦者，並呈報云：「用兵誅叛，剪其逆種」（《萬曆野獲編補遺》卷一）。

清初入關之前，滿族貴族實行的是「包衣」（即家奴）制度。包衣被滿族貴族所占有，世代爲奴，沒有人身自由。爲避免其成年後與府中婦女私通，努爾哈赤曾下達汗諭，將那此接近女眷的男性家奴自幼進行閹割。

在朝代變更和征伐過程中，戰敗方君主宮中的宦官，常常與宮女一樣成爲「戰利品」爲戰勝方所擁有。秦國在兼併六國時，「秦每破諸侯，寫放其宮室，作之咸陽北阪上……殿屋複道周閣相屬，所得諸侯美人鍾鼓，以充入之」（《史記．秦始皇本紀》）。

隋初的宦官大多來自舊朝，原北周、後梁、陳朝在滅亡過程中，其內廷宦官都成了隋朝的俘虜，絕大多數被留用。

二是閹割罪犯。將閹割列爲一個刑罰，對嚴重觸犯奴隸制社會或封建社會刑律的犯人進行處罰。這種刑罰叫做宮刑。這是隋朝以前宦官的另一個重要來源。

宮刑又叫淫刑，大約起初是用以懲罰男女偷情所犯的淫罪。「男女不以義交者其刑宮」（《周禮．秋官．司刑》鄭玄注）。遼穆宗時，判決一起凌辱幼女案，「以法無文，加之宮刑」，並「因著爲令」（《遼史．刑法志》）。這說明宮刑在遼代主要用於懲治男女之間不正當的行爲，並成爲了官方正式認可的法定刑罰方式之一。

其後，宮刑的施行範圍不斷擴大到其他各類犯罪。因爲宮刑所獨具的殘酷性，故在奴隸制時代的五刑中，僅次於死刑。西漢早期的法律規定，官吏「死罪欲腐者，許之」（《漢書．景帝紀》）。由於當時的刑法濫酷苛密，犯罪當死的官吏人數甚多，往往以宮刑作爲其免死的代價。如太史令司馬遷遭宮刑後爲宦官，後任中書令。太子家吏張賀因受株連當死，「得下蠶室，後爲掖庭令」（《漢書．張安世傳》）。

歷史上，宮刑的設置和實施也經歷過起伏變遷。秦代法令嚴密，刑罰殘酷，罹遭宮刑的人數甚多。西漢文帝下詔令「去肉刑」、「除宮刑」，不久後又恢復。東漢安帝採納三公曹尚書陳忠「除蠶室刑」的建議，「事皆施行」（《後漢書．陳忠傳》）。南北朝時期的北魏政權又恢復了宮刑，規定：「大逆不道腰斬，誅其同籍，年十四已下腐刑，女子沒縣官」（《魏書．刑罰志》）。隋代初年，詔令廢除包括宮刑在內的其他一些肉刑。

唐、宋、元、明的法定刑罰方式大致沿襲隋朝的死、流、徒、杖、笞「五刑」，但宮刑實際並未禁絕。唐初，齊王李元吉的僚屬崔季舒等三人「以極言蒙難」，三人之子「並及淫刑」（《新唐書．太宗紀》）。明太祖朱元璋、宣宗朱瞻基、英宗朱祁鎮均曾下令將犯罪或有過失的官吏或工匠判處宮刑。

奴隸制時代講究禮儀尊卑，「刑不上大夫」（《禮記．曲禮上》），「公族無宮刑，不翦其類也」（《禮記．文王世子》）。可見，古代貴族中的「公族」和「大夫」享有不受宮刑的特權。但在貴族階級的中下層出現遭受宮刑的現象。寺人孟子「傷於讒，故作是詩」，孟子是周幽王時期的宦官，爲諷刺周幽王而寫了一首〈巷伯〉，收錄《詩經》中。

秦漢以後，隨著君主集權制的加強，「刑不上大夫」這個傳統被破壞掉了。帝王一不高興，王公貴族隨時都可能有性命之憂，何況是受宮刑。西漢太史令司馬遷就是為李陵降匈奴一事辯白，惹得漢武帝生氣，一怒之下將司馬遷處以宮刑。

所有被迫閹割的人，都會有強烈的屈辱感。尤其是一向受人尊敬的士大夫突遭此變，更是心身遭受重挫。

司馬遷在遭受宮刑後，自述其痛不欲生的心境：「人固有一死，死有重於泰山，或輕於鴻毛，用之所趨異也。太上不辱先，其次不辱身，其次不辱理色，其次不辱辭令，其次詘體受辱，其次易服受辱，其次關木索被箠楚受辱，其次鬄毛髮嬰金鐵受辱，其次毀肌膚斷支體受辱，最下腐刑，極矣。」「僕以口語遇遭此禍，重為鄉黨戮笑，汙辱先人，亦何面目復上父母之丘墓乎？雖累百世，垢彌甚耳！是以腸一日而九回，居則忽忽若有所亡，出則不知所如往。每念斯恥，汗未嘗不發背霑衣也」（《漢書．司馬遷傳》）。

從這段話中，我們可以感受到，司馬遷作為一個士大夫所遭受割宮之痛，不僅身體上受殘酷折磨，心理上更蒙受極恥大辱，終生備受煎熬。

三是閹割重犯的子弟。受宮刑的不只是罪犯本人，歷朝對重犯的無辜子弟也處以宮刑。

秦朝的權閹趙高兄弟就是罪犯之子。《資治通鑑．秦紀二》記載：「趙高者，生而隱宮。」這種隱宮並不是我們現代人從字面上去理解和想像的，趙高一生下來，其陰莖和睪丸就隱進去了，而是宮刑。司馬康注釋：「餘刑顯於市朝，宮刑在於隱室，故曰隱宮。」趙高原爲「諸趙疏遠屬」，「昆弟數人，皆生隱宮，其母被刑戮，世世卑賤」。注家云：「蓋其父犯宮刑，妻子沒爲官奴婢，妻後野合所生子皆承趙姓，並宮之，故云『兄弟生隱宮』。謂隱宮者，宦之謂也」（《史記・蒙恬列傳》及《索隱》引劉氏云）。父親犯罪，禍及兒子，這種屈辱是多麼的讓人難以承受。如果說，趙高專權搞垮秦王朝的行徑是惡劣的，但從其年幼所蒙受的屈辱而引發出瘋狂的報復心理來理解，我們似乎又無話可說了。

清朝雖未明令恢復宮刑，但卻適用慣例法，明確了適用宮刑的對象和實施辦法。道光十三年（一八三三年）奉旨規定：「嗣後逆案律應擬凌遲之犯，其子孫訊明實係不知謀逆情事者，無論已未成年丁，均照乾隆五十四年之例，解交內務府閹割」（《欽定大清會典事例》）。可見，清王朝仍將宮刑作爲處罰謀逆案中不知情子孫的慣例。

四是閹割拐騙而來的小孩。古時，宮廷中需求宦官來源不足時，朝廷就會提出一些獎勵措施，於是一些利慾薰心的人到處拐騙兒童進行閹割後再送給皇宮以獲利。

據清朝末年的太監回憶：「歹人拐騙人家的小孩圖得一筆身價，這是一條；專門包辦施行『閹割』手術的人家，誘騙苦寒人，把當太監的好處說得天花亂墜，鼓動他們把孩子

送進宮裡去，這是第二條；有的人犯了重罪，用『淨身』來逃避刑罰，這又是一條。千條萬條，被送上這條斷子絕孫的絕路上的，大都是貧苦人家的子弟。」

五是進獻。王公、將領、地方長官以及附屬國，爲了討好皇帝，或者是爲了在宮中安插心腹之人，主動進獻宦官。一些權閹爲固位壯勢，也想方設法進獻閹兒。

唐代的內廷宦官，主要來自各地所進獻的「閹兒」。「是時，諸道歲進閹兒，號『私白』」（《新唐書‧吐突承璀傳》）。例如，權閹高力士就是在聖曆年間由嶺南討擊使李千里所進獻的「閹兒」，同時被進獻的還有一名叫「金剛」的閹兒（《新唐書‧高力士傳》）。當時各地進獻的閹兒，以「閩、嶺最多，後皆任事，當時謂閩爲中官區藪」（《新唐書‧吐突承璀傳》）。大閹吐突承璀、楊復光等即是閩人。

元、明時期有不少的宦官是由朝鮮、越南等附屬國進獻的。

元世祖時期，附屬國高麗開始向朝廷獻納閹人，以後歷代元朝帝王普遍使用高麗籍宦官。《高麗史‧忠宣王世家》對此多有記載：「詣闕獻女二閹豎三」，「如元獻童女閹人」，「如元獻閹人」。這些閹人最初都是高麗國最下層的人，「高麗閹人其本係非氓則賤隸也」，他們被迫無奈才成爲閹人的。後來元宮中高麗籍宦官得勢，才誘導高麗國中追慕富貴者自宮爲宦。

這些進獻來的宦官，來源較複雜，其中大多數是其父兄貪圖富貴或迫於生計。資深的宦官則收養閹童，進獻皇宮，以擴充自己的勢力。唐中期以後，宦官養子的現象非常突出。宦官的養子多進獻爲宦官，養子的養子復又爲宦官，於是形成世代相承的宦官家族。唐德宗貞元年間，宦官楊志廉任左神策中尉，恃寵驕恣，權傾一時。自楊志廉起，楊氏宦官家族五代養父養子先後活躍在唐朝政治舞臺上約一百年左右，號稱「世爲權家」（《新唐書．楊復恭傳》）。

六是閹割賢才引爲同類。最典型的是南漢時期。南漢政權是宦官的天下。朝廷用人亦以宦者爲用。「凡群臣有才能及進士狀頭，或僧道可與談者，皆先下蠶室，然後得進。」凡有才可用之人，均先閹後用，從而形成「貴顯用事之人，大抵皆宦者」的局面。由於朝政掌權者多是宦官，士人反被視爲「門外人」，甚至要求其「不得預事」（《資治通鑑．後周紀五》）。這種情況在歷史上並不多見。

第三節　自宮的無奈

儘管當宦官要經歷割宮之痛，身心都受到摧殘，而且不能如正常男人一樣娶妻生子，過正常的生活，但是，在封建時代當宦官相對比當農民、商人、小手工業者、士兵、僧侶、讀書人、甚至是一般的小官吏都要過得好些。

在中國歷史上的諸多職業當中，生活在社會最底層的人們，他們所承受的苦難是我們現代人無法想像的。

一是戰亂。審視幾千年的中國歷史，極少看到政權和平地轉移或民族和平地融合，征戰與戰亂幾乎從沒有間斷過，極少出現較長時間的太平日子。夏、商、周、春秋戰國、三國、魏晉南北朝、五代十國時期，幾乎年年有戰爭，到處是戰火。秦朝歷國十五年，隋朝歷國三十八年，元朝歷國一百六十三年（從統一到滅亡實際上只有九十八年），戰火連綿，一直沒有太平過。漢代歷經四百二十六年，唐朝歷經二百八十九年，宋朝歷經三百一十九年，明朝歷經二百六十七年，清朝歷經二百七十五年，皇族內戰、王侯爭戰、民族征戰、農民起義、匪禍等等，此起彼伏，難得有幾年清靜。

戰爭的破壞性最大。到處是殺伐，生靈被塗炭。卜辭記載，商代對外戰爭十分頻繁，將俘獲的敵人轉化爲奴隸或者屠殺，一次便殺掉了二千六百多人。

戰爭不只是軍隊之間的殺伐，更是影響到整個國家經濟的發展和人們的生產生活。三國時期，軍閥混戰，北方農村到處是「田無常主，民無常居」（《三國志・魏志》），大量田地荒蕪，人民生活在饑餓之中。

《續資治通鑑・宋紀一百六十六》記載，宋紹定五年（一二三二年）九月，蒙古兵進攻金汴京，「金主以和議既絕，懼兵再至，遂括汴京粟，且賣官及令民買進士第。完顏玖珠尤酷暴，有寡婦二人，實豆六斗，餘有蓬子約三升，玖珠笑曰：『吾得之矣！』執婦以令於眾。婦泣訴曰：『妾夫死於兵，姑老不能爲養，故雜蓬秕以自食，非敢爲軍儲。且三升，六斗餘也。』玖珠不聽，竟杖死，聞者股栗。白（前御史大夫完顏）哈昭，哈昭曰：人云：『花又不損，蜜又得成。花不損何由成蜜？且京城危急，今欲存社稷耶？存百姓耶？』眾莫敢言。所括不能三萬斛，滿城蕭然，死者相枕，貧富束手待斃，遂至人相食。」

戰亂不但耗費大量的人力、財力，極大地破壞了正常的社會生產生活秩序，更是加重了底層人們的災難和負擔。

北宋和南宋大多是苟安之主，每次戰爭之後，不管是勝是敗（大多是敗），都要以歲幣布帛換和平，對西夏、遼、金、元都是如此。宋景德元年（一〇〇四年），遼師南侵，寇準力主抗戰，逆轉形勢，然而，宋眞宗求和心切，遂有澶淵之盟。「以曹利用爲東上閤門使、忠州刺史，賜第京師。利用之再使也，面請歲賂金帛之數，帝曰：『必不得已，雖百萬亦可。』」在寇準的約束下，終以三十萬成約。「帝不覺喜甚，故利用被賞特厚」（《續資治通鑑・宋紀二十五》）。遼兵在宋兵的抗擊下，本已奪氣，宋眞宗卻害怕得不得了，許歲幣三十萬議和，還以爲撿了個大便宜！這三十萬歲幣卻又成了百姓身上的重負。

清朝被列強侵略，戰爭賠償非常巨大，據統計爲四億五千萬兩白銀。單是甲午戰爭後所簽訂的《馬關條約》，就賠償日本軍費二萬萬兩，還有割讓遼東半島、臺灣、澎湖列島等苛刻的條件。四億多兩白銀，如果按一：二〇〇折算成今天的幣值，相當於九百億。九百億在今天來講也是一筆巨大的財富，何況於當時。被掠奪的財富更是不計其數。列強的聯合侵略和恣意掠奪，將災難深重的中華民族推進了苦難的深淵。

二是天災。在幅員遼闊的中華大地上，歷史上地震、旱災、水災、蝗災、疾疫、火災、冰雪災害等天災，經常發生。

歷史上雨旱災害幾乎年年都有。據古書載，周宣王元年大旱，二年不雨，至六年乃雨。《詩・大雅・雲漢》曰：「周餘黎民，靡有孑遺」。

旱災之年，往往有蝗災。《續資治通鑑・宋紀三十三》記載，宋大中祥符九年（一〇一六年），飛蝗過京畿、京東、西、河北路，「連雲障日，莫見其際。」

疾疫災害也極具殺傷力。《續資治通鑑．宋紀一百六十六》記載，紹定五年（一二三二年）五月，「金汴京大寒如冬，因大疫，凡五十日，諸門出柩九十餘萬，貧不能葬者不在此數。尋以疫後園戶、僧道、醫師、鬻棺者擅厚利，命有司倍徵之以助國用。」

火災也時有發生。嘉熙元年（一二三七年）五月，壬申。行都（臨安城）大火，延燒民廬五十三萬（《續資治通鑑．宋紀一百六十九》）。

古代的生產力落後，人們抵抗自然災害的能力本身十分脆弱，一遇天災，便是饑寒交迫，流離失所，生命賤如螻蟻。

周幽王即位第二年，發生大地震，「岐山崩，三川竭」（《史記．周本紀第四》）。《詩．大雅．召旻》哀歎道：「民卒流亡，我居圉卒荒」。

元順帝元統元年（一三三三年），京畿大雨，饑民達四十萬。次年，江浙被災，饑民多至五十九萬。至元三年（一三三七年），江浙又災，饑民四十餘萬。至正四年（一三四四年），黃河連決三次，饑民遍野（《續資治通鑑．元紀二十五》）。

這一切天災人禍使得普通的農民深受其害，生命沒有保障，生活十分艱苦。大量的農民結隊流亡。

三是橫徵暴斂。「苛政猛如虎」，在中國歷史上，以天下奉養於一人、一家，加之層層盤剝，租稅、苛捐雜稅、勞役、兵役使農民不堪重負。

歷朝經常性租稅都是很重的，加上歲幣等苛捐雜稅，在生產力低下、財物極爲匱乏的情況下，廣大百姓難以承受其重。

宋朝時的官僚豪紳大地主階層都享有免稅免役的特權，這些沉重的負擔都落在小地主和農民的身上。

明朝中葉江浙一帶，農民地租很重，每畝所得不過數斗，而地租卻至一石二三斗，「至有今日完租而明日乞貸者」（《日知錄集釋》卷十）。「孤寡老幼皆不免差，空閒人戶亦令出銀，故一里之中，甲無一戶之閑，十年之內，人無一歲之息，甚至一家當三五役，一戶遍三四處。」「供稅不足，則鬻男賣女」（《明憲宗成化實錄》）

歷代的勞役和兵役也是很繁重的。秦朝時，最大的項目是修長城，其次是修建阿房宮、帝王陵墓、運河。《資治通鑑．秦紀二》記載：「復作阿房宮，盡徵材士五萬人爲屯衛咸陽，令教射。狗馬禽獸當食者多，度不足，下調郡縣，轉輸菽粟、芻槀。皆令自賫糧食；咸陽三百里不得食其穀。」

元泰定四年（一三二七年）正月，丁卯，「浚會通河。築漷州護倉堤，役丁夫三萬人」

（《續資治通鑑．元紀二十一》）。

一些農民爲了逃避重負，求得生存，或爲商賈僧道，或流亡傭作，或「詭名寄產、分戶匿稅」，或入宮爲宦。

四是豪強掠奪。歷代豪強權勢都是放肆掠奪尋常百姓的。

宋徽宗時，蔡京、童貫、朱勔、李彥等人依仗權勢，掠奪了大量的田園房舍。朱勔的田產「跨連郡邑，歲收租課十餘萬石，甲第名園幾半吳郡」（《玉照新志》），宋欽宗籍沒朱勔的家產之時，僅田地一項就有三十萬畝。蔡京的土地也很多，在江南的永豐圩就有水田近千頃。南宋大將張俊解除兵權家居後，歲收租米六十萬斛（《通考．市糴考》），估計其所占有的土地不下六七十萬畝。

元朝時，蒙古貴族恣意廣占田土。《元史．武宗紀》記載：「富室有蔽占王民役使之者，動至百千家，有多至萬家者」，而江浙寺院所占佃戶竟達五十萬家。有些漢族豪強在蒙古貴族的保護下，「廣占農地，驅役佃戶，無爵邑而有封君之貴，無印節而有官府之權，恣縱良爲，靡所不至」（《歷代名臣奏議．治道》）。

明朝中葉，皇帝、王公、勳戚、宦官大肆兼併農民的土地。明正德十六年（一五二一年），順天府至北直隸的莊田達二十點九萬餘頃。他們在占田的過程中，強奪農民的產業，燒毀房屋，鏟平墳墓，砍伐樹木，逼得許多農民流離失所。明朝末年，土地集中到了空前的程度，王公勳戚和地主豪紳瘋狂地兼併，「求田問舍而無所底止」，使大多數農民相繼失去土地。萬曆時，福王封藩河南，明神宗一次就賜給他田地二百萬畝，河南土地不夠，「並取山東、湖廣田益之」。天啓時，明熹宗下令撥給桂、惠、瑞三王和遂平、寧德二公主的莊田，少者七八十萬畝，多者三百萬畝。各州縣已至無田可撥，於是勒令各地人民分攤銀租，叫做「無地之租」。清乾隆時，懷柔地主郝氏占田至「膏腴萬頃」，寵臣和珅占田八千頃。嘉慶時，廣東巡撫百齡到任不足一年，占田達五千頃。

眾多的重負和災難，使平常百姓尋求安穩和溫飽的生活都成了一種奢望。

春秋戰國時期，魏國李悝曾對農民的收支情況做過計算，他說五口之家的小農，種田百畝，年收一百五十石粟，交納十一之稅需要十五石，五人每年口糧共需九十石，餘下的四十五石出售後可得一千三百五十錢，而全家衣著、祭祀兩項支出就須一千八百錢，這樣每年尚虧空四百五十錢，至於疾病、喪葬之費以及其他的苛捐雜稅還未計算在內。還要承擔繁重的力役。遇凶年饑歲，老弱多凍餓而死，壯者流散於四方。

李悝所處的時代，農民尚有田百畝可種，其後的封建社會，農民大多只有少量的田，或者自己沒有田，只能租種地主或寺院的田，還要承擔租稅。農民的苦難遠比春秋戰國時期更甚。

正因爲中國歷史上老百姓備受壓迫和欺凌，所以陶淵明在〈桃花源記〉裡記敘的世外桃源便成了人們神往之地。

可現實不是世外桃源，人們還得爲生存而努力，於是人們有了不同的活法。

在眾多的職業中，最受壓榨的是農民或農奴，小手工業者也是十分艱難的，商人是歷朝抑制的對象，讀書求仕則不是一般人能實現的夢想。實在無生處了，強梁一點的就去當強盜土匪。可當強盜土匪也不容易。歷朝歷代都有迫於無奈而當土匪的，都有起義造反的。起義造反在刑法中是最大的罪，常常要受到官府殘酷的鎮壓。

相對而言，當和尚道士又稍好一些。僧尼立僧籍，由僧官管理，不列入國家戶籍，完全脫離了國家的控制。故北魏僧尼最多時達二三百萬人。武則天、唐中宗時，「度人不休，免租庸者數十萬」（《舊唐書·辛替否傳》）。針對其弊，唐玄宗下令減汰僧尼，然全國仍有僧尼十三萬人。唐武宗下令滅佛，還俗僧尼二十六萬人，放爲兩稅戶的寺院奴婢十五萬人。元朝時僧道也比較盛行。

所以說，從男性的角度來觀察，作爲窮苦的百姓，最無奈的職業選擇就是當宦官。選擇宦官職業，至少有五種比較優勢：一是不需要承擔徭役，勞動強度不大，生活較安穩，生存下來沒問題；二是不需要十年苦讀，不需要高深的文化，不需要更多的技藝，成長和生存的成本較低；三是入宮之後就是皇家的人，可以福澤家人，一旦掌權弄勢，親戚朋友都跟著沾光；四是當了宦官之後，提升的機會比普通的官員要多得多，只要是爲人巧佞，機緣相投，則可步步高升，甚至一步登天，爲將爲相，高官厚祿，氣焰熏天；五是即便朝代更替，宦官常常又爲新主子所用，好日子照樣過。元朝有一個較著名的宦員，叫李邦寧，原是南宋的宦官。他在元朝也很得勢，位登極品，生活得很滋潤。

雖然從傳統的宗法制度來看，當宦官有些卑賤。但是，從生存的角度來看，當宦官顯然比從事其他職業要優越。

一九六四年，全國政經文史資料研究會爲徵集晚清史料，曾邀集在北京附近的老年太監開了一次座談會，到會者有十五人，他們都有這方面的切身體驗。

太監任福田說：「那年頭，河北省的青縣、靜海、滄州、任丘、河間、南皮、涿縣、棗強、交河、大城、霸縣、文安、慶雲、東光，現在北京郊區的昌平、平谷，還有山東省的樂陵，都是出太監的地方。太監都是勞苦人出身，被生活所迫，指望把孩子送進宮裡，有條活路，將來也得些好處。」

太監馬德清說：「我是天津南青縣窯子口人。父親是個賣膏藥的，母親是窮人家的女兒。拿『房無一間，地無一壟，吃上頓沒下頓』來形容我的家，也就夠了。」「當太監眞正『出息』了的，一千里難挑一個，可人總是往亮處看啊！我有個姑母，她有個遠房侄兒叫李玉廷，李玉廷的父親也是窮人，可是自從李玉廷當上了太監，十幾年以後，這一家便發了，買了地，拴上了幾頭大騾子。我父親常常提到這個李家，下狠心也讓我走李玉廷那條路。」

從這兩個太監的談話中，我們就可以眞切地感受到，中國歷史是一部苦難的歷史，只有當了太監，窮苦人才能有活路。不只是窮苦人，還有破產商賈，「行賈多折閱」，「自閹爲寺人」。做生意虧損了，於是去當宦官。失意秀才，因「墨汙其卷」「恚而自宮」（見《清稗類鈔．閹寺類》）。有犯重罪以淨身入宮而逃避刑罰者，等等。可見，歷史上許多窮困末路之人，爲了生存，所選擇的就是自宮當宦官。

因此，從西漢宦官得勢時起，其示範效應使得百姓中自宮現象逐漸增多，以致朝廷不得不發布禁令。《續資治通鑑．元紀十六》記載，延祐元年（一三一四年）三月，「敕：『奸民宮其子爲閹宦，謀避傜役者，罪之。』」

明清兩朝也曾三令五申禁止民間私自淨身。

明代自宮最盛，有相當數量的自宮者不能進用。正德十一年（一五一六年）五月，明宮廷一次即錄用了「自宮男子三千四百六十人充海戶」，「時有無票貼不錄者尚千人，復扣禮部門求錄用」（《明通鑑》卷四十六）。未能入選錄用的自宮者，生計沒有著落，有的滯留京師，「倖圖進用」（《明通鑑》卷三十三）。有的流落四方，沿途求乞。有的「群聚乞錢」，搶掠商旅（《萬曆野獲編》卷六）

這便是歷史上最爲殘酷的生活寫照。

第四節　富貴的誘惑

常人孜孜以求的，最突出的爲三樣：權、錢、名。因爲有了這三樣東西，於是人們可以充分地去展現自己的特長，最大限度地滿足自己的各種欲望。

如果說，窮苦的百姓、破產的商人、犯案的罪人、落魄的秀才去當宦官是爲求生存的話，那麼還有相當多的人是爲富貴所誘惑。因爲，當宦官比從事其他任何職業都更容易獲取權、錢、名。

一是權力。自秦漢以後，宦官的權力日益膨脹。唐朝中後期，宦官干政完全合法化。

明朝中後期，宦官的權力達到了極致。自唐伊始，入宮爲宦即爲「入仕」。這是許多貧寒的讀書人一輩子所無法企求的。范進趕考考到了老，才中到舉人，最後興奮得瘋了。清朝時期，廣東三水人陸雲從，一〇三歲才以舉人身分入京參加丙戌科會試。由此可見讀書入仕之艱難。而閹人只要進宮爲宦便是官，奮鬥五至十年就可食祿，宦官職位設計很多，提拔的機會比文臣武將都多得多。所形成的局面是，文臣武將所擔任的職務，宦官都可以擔任；文臣武將所不能擔任的職務，宦官亦可擔任。

權力與職位有一定的相關性。從歷朝宦官所任的職務來看，職務最高的有秦朝宦官趙高任中丞相；唐朝宦官李輔國任司空兼中書令；北宋宦官童貫累進太尉、太傅、太師，梁師成官拜太尉。

歷史上爲臣者通常能到達宰相的職位，那便是最高的榮耀。然而，有的朝代，位居宰相之職者，其職權還不如一些宦官職位。如明朝宦官二十四衙中的司禮監，是二十四衙中的首席衙門，職權所至，不僅總管內廷宦官事務，而且廣泛地涉及外廷朝政。黃宗羲在《明夷待訪錄·置相》中評價司禮監太監：「無宰相之名，有宰相之實」。明代歷朝擅政的權閹，如王振、劉瑾、馮保、魏忠賢等，均爲司禮監太監。

位高不如權重，官大不如權大，官職與實權沒有絕對的對應性。歷朝的宦官，不管其職位是多麼的不顯眼，但是，其實際權力卻是常人、甚至高級官員都無法企及的。明代權閹的威權遠在公卿朝臣之上，「國朝文武大臣見王振跪者十之五，見汪直而跪者十之三，見劉瑾而跪者十之八」。神宗朝首輔張居正權重位尊，聲望極高，居然也向權閹馮保投「晚生」帖（王世貞《觚不觚錄》）。魏忠賢專權時，舉凡天下之事，都出自於他，有功則統統歸於他的名下，任何人一有反抗則必加殘害，其權勢到了極致。

宦官權力所及，涉及軍事、經濟、官吏任免、外交禮儀、重大建設專案的管理等等，其中最爲重要的是君主的廢立大權。在君主專制時期，君權是至高無上的，然而，宦官卻挾持君主，甚至擅謀廢立，以至君主們或尊之如父，或畏之如虎。在這種情況下，宦官們權力所及，天下還有什麼事辦不到？宦官中的高層人物翻雲覆雨、威勢顯赫，中下層宦官則是倚仗權勢、率意而爲、氣焰囂張，就是朝臣貴戚都不在話下。明萬曆四十年（一六一二年），宦官趙進朝因私忿「結其黨數十人」，群毆駙馬於內廷，致其「衣冠破壞，血肉狼藉」（《萬曆野獲編》卷五）。明朝的廠衛和派往各地的礦監稅使常常肆無忌憚，欺壓百姓、草菅人命的事例數不勝數。

捨得一割，正是野心家們所付出的痛。然而，就是這種堅忍和付出使他們得到了十分豐厚的回報。從這種意義上說，當宦官恰恰是野心家們謀取最大權勢的最佳選擇。

最突出的例子是春秋戰國時期齊國的豎刁。豎刁本是一個巧佞的官吏，齊桓公很喜歡他。但儘管如此，齊國朝政是由管仲主持，管仲等重臣是豎刁政治上無論如何都難以逾越的障礙。要進一步獲取權勢，唯一的辦法就是貼近齊桓公，充分獲取齊桓公的信任和依賴。《管子・小稱》記載：「（齊桓）公喜宮而妒，豎刁自刑而爲公治內」。豎刁是投桓公所好而自宮的。《史記・齊太公世家》說豎刁也是「自宮以適君」。管仲深知豎刁之奸，曾勸說桓公遠離豎刁，「管仲遂盡逐之，而公食不甘心不怡者三年。公曰：『仲父不已過乎？』於是皆即召反」（《史記・齊太公世家》）。管仲死後，桓公將豎刁、易牙全部召到身邊。豎刁等趁機執掌齊國的朝政大權。

二是錢財。宦官掌權後，所獲取的財富的速度和數量是十分驚人的。《後漢書・宦者列傳》描寫當時宦官的生活狀況：「南金、和寶、冰紈、霧縠之積，盈仞珍臧；嬙媛、侍兒、歌童、舞女之玩，充備綺室。狗馬飾雕文，土木被緹繡。皆剝割萌黎，競恣奢欲。」

北宋宦官楊戩，至宣和三年（一一二一年）止，共掠奪民田達三萬四千三百多頃（《宋史・食貨志》）。明朝宦官王振家產有金銀六十餘庫，這些大都是文武官僚所敬奉。

不僅宦官所積錢財巨大，而且其親屬亦是深受其惠。東漢權閹侯覽之兄侯參，仗勢掠奪民間財物「前後累億計」，當其案發被檻徵入京時，其家產尚有「車三百餘輛，皆金銀錦帛珍玩，不可勝數」（《後漢書．侯覽傳》）。

權閹所積累的鉅額財富，不僅是尋常百姓所欽羨的，就是王公貴戚亦爲之嘆服。因此，那些即使生活還算安穩，但不安於現狀，欲求捷徑以獲取鉅額財富的人，最佳的途徑還是去宮中當宦官。

三是名位。周朝以前，名爵常爲王公貴族所承襲。春秋戰國時期，「任賢」觀念迅速興起，一批出身低賤的社會下層人士開始登上各國的政治舞臺，這無疑是對封建時代的世卿世祿制度和宗法等級觀念的巨大衝擊。任賢不避「刑人」現象的出現，對宦官身分地位的變化產生了有利的影響。但是，歷代的賢者還是推崇「獎有功」，希望君主能珍惜國家名器以激勵天下賢能。

歷史上有許多文臣武將終生克勤克儉地努力著，捨生忘死地戰鬥著，結局往往如李廣一樣至死爲不得封侯而遺恨。而那些宦官們卻視王侯勳爵如探囊取物，隨手拈來。

秦時，假宦者嫪毒因被王太后寵愛，得封長信侯。秦王嬴政平息嫪毒作亂時，「戰咸陽，斬首數百，皆拜爵，及宦者皆在戰中，亦拜爵一級」（《史記．秦始皇本紀》）。宦官趙高因策立有功，故封爲安武侯。

西漢少帝弘時，宦官張釋因力主封諸呂爲王，深得呂后寵愛，被封爲建陵侯。宦官趙婕妤父就是因爲女兒嫁給了皇帝，所以得封順成侯。東漢封侯者更是氾濫。

人們廣泛地認同、羨慕宦官的權勢和富貴是自東漢開始的。東漢中後期，宦官勢力急劇膨脹，其政治地位和經濟地位迅速上升。「豎宦充朝，重封累職，傾動朝廷，卿校牧守之選，皆出其門，羽毛齒革、明珠南金之寶，殷滿其室，富擬王府，勢回天地，言之者必族，附之者必榮」（《後漢書·黃瓊傳》）。

正是歷史上宦官們所擁有那種無所不能的權力、鉅額的財富、耀眼的爵位和品秩，不能不讓一些貪圖權勢的人眼紅心熒，如蠅逐臭，將「腐身」視作「銜達」的捷徑，自願割宮，以圖躋身於宦官之列。東漢時就有一些官吏爲追求權勢和地位，「其更相援引、希附權強者，皆腐身熏子，以自銜達，同敝相濟，故其徒有繁」（《後漢書·宦者列傳序》）。唐、宋、明等朝代都時有「自殘求進」的現職官吏（《弇山堂別集·中官考二》），人們也見多不怪了。

社會風氣常常爲強者所主導。當朝野上下都爲宦官榮華富貴所迷失的時候，爭當宦官以追逐權勢富貴也成了一種時尚。明正德十一年（一五一六年）就一次錄用自宮者三千多人，從萬曆元年至萬曆六年之間，兩次從自宮者中就錄用了六千多名宦官。市井無賴、游惰之人亦競相爲之。明代後期權宦魏忠賢，「少無賴，與群惡少博，不勝，爲所苦，恚而自宮」（《明史．魏忠賢傳》）。魏忠賢本是無賴，當他窮困時，毫不猶豫地選擇了去當宦官，從而大發利市，成爲一代巨閹。

第五節　另有他圖

歷史上捨身一割去當宦官的，也有不是因爲被逼無奈，或者是傾慕富貴的，而是有其他的目的。

一種情況是出於復仇的目的而自願爲宦的。

戰國初期，趙、魏、韓三家消滅智伯，曾經受到智伯恩惠和寵任的士人豫讓很有士爲知己者死的志氣，決心爲智伯報仇。豫讓報仇的第一個目標是趙襄子，於是「乃變名姓爲刑人，入宮塗廁，欲以刺（趙）襄子」。在初次行刺失敗後，他又「滅鬚去眉，自刑以變其容」（《戰國策．趙策一》），繼續尋求新的行刺機會。

還有一種爲展現自己政治抱負而爲宦的。

《史記．殷本紀第三》用較多的筆墨記載了伊尹的故事。

夏朝最後一個帝王叫做桀，「爲虐政淫荒」，諸侯中商湯的勢力日漸強大。這時，一個非常有政治抱負叫伊尹的人出現了。「伊尹名阿衡」，注解者說，伊尹本是擔任阿衡這一職務的官吏。「阿衡欲奸湯而無由」，伊尹想去接近商湯以施展自己的才能，卻沒有機會。「乃爲有莘氏媵臣，負鼎俎，以滋味說湯，致於王道。」商湯娶了有莘氏爲妻，於是，伊尹變身爲奴，作爲有莘氏的隨嫁的廚師進了宮。能夠進宮侍奉女主的奴隸，只能是閹人，所以，我們推斷伊尹是自宮後變身爲奴的。伊尹不僅很有政治才能，而且廚藝也是非常了得。商湯是首先品嚐了伊尹出眾的廚藝，而後才發現伊尹的政治才能的。商湯對伊尹的才能非常賞識，「湯舉任以國政」，將國家大事都交給伊尹來處理。

伊尹出任商湯的輔弼之時，「湯始居亳，從先王居，作〈帝誥〉。」商湯還是剛遷居到亳的小諸侯。在伊尹的輔佐下，「湯征諸侯，葛伯不祀，湯始伐之」。征服諸侯後，「湯乃興師率諸侯，伊尹從湯，湯自把鉞以伐昆吾，遂伐桀」，「湯既勝夏……諸侯畢服，湯乃踐天子位，平定海內。」

伊尹不但幫助商湯平定天下，而且還是帝外丙、中壬、太甲、沃丁四位君主執政的依靠。帝太甲暴虐不法時，伊尹將他幽禁桐宮，自行攝政，三年後，太甲悔過自新後才讓他歸政。

到底伊尹是不是閹人，畢竟時代久遠了，司馬遷也是拿捏不準。「或曰，伊尹處士，湯使人聘迎之，五反然後肯往從湯，言素王及九主之事。」《史記．殷本紀第三》裡給出了第二種說法，說伊尹是一個遠近聞名精通王道的處士，而不是一個閹人。商湯聞其賢，遣人五次才將他請出來。

不管怎麼說，即便伊尹是爲了一展自己治國幹才而自宮爲宦，歷朝歷代也並沒因此鄙視過他。相反，後世的人們都是非常認可伊尹的才能、操守和貢獻，對其推崇備至，將其視爲宰相的典型。

這在中國歷史上也是絕無僅有的現象！

第四章 縱帝私欲

宦官是帝王私欲膨脹的產物，亦是帝王窮奢極欲的工具。在宦官的慫恿下，古代帝王將人性中的荒淫逸樂推向了極致。宦官們則是在縱帝私欲中獲取常人難以企及的權勢、財富和榮耀。

古之智明之士將君主與民眾的關係喻爲舟與水的關係，君爲舟，民爲水，水能載舟，亦能覆舟。從道理上講，人民群眾是物質資料的生產者和社會運行的承載者，君主所有的享受都來源於民眾，所有的權力的實施都由民眾來荷載。所以，君主應當惜民力，養民息，護民生。只有民眾過得穩當，君主才坐得長久。

然而，古代絕大部分君主並不理會舟水哲理，他們視天下爲一人之私產，是以天下之蒼生奉一己之私念，忘乎所以地窮奢極欲，並不把百姓的生死存亡放在心頭。

君主之所以要依賴宦官，不只是爲了專制統治的需要，最主要的還是君主享受特權的需要，滿足其私欲的需要。

歷代君主，除了一部分起於艱難的創業之君外，大多數帝王都是貪圖享受的。尤其是傳承之主，能夠潔身自愛、克勤克儉之人甚少。

爲什麼歷代皇帝喜歡宦官，最根本的原因就是皇帝本人是一個最大的紈褲子弟。他們生下來就封王封侯，自幼過著珠圍翠繞、衣紫腰黃、日食萬錢的奢侈生活，說不盡的榮華富貴。周圍不是宮娥就是宦官，終日生長在阿諛奉承之中，不識創業之艱辛。許多人還是頑童時，就登上了皇帝的寶座，面臨著太多的誘惑，要想他們能夠成爲明君，幾不可得。

專制的權力讓君主擁有放縱一切私欲的條件。宦官們爲討好君主、迷惑君主和操縱君主，更是處心積慮地誘惑君主，無限制地放大了帝王的私欲。

第一節 性色之惑

歷代君主都享有一夫多妻的合法權利。

據考證，從夏代開始，君王就擁有多個妻子。「天子娶十二女即夏制也」，「殷人又增以三九二十七，合三十九人」（《通典》）。《周禮》記載：「王者立后，三夫人，九嬪，二十七世婦，八十一女御。」除此以外，還有眾多的宮女也是君主隨時可以臨幸的對象。

可是，歷代帝王並不滿足於已有的后妃制度，對於性有著特別的愛好。

中國歷史上以好色聞名的君主很多。

夏代孔甲和夏桀兩個帝王特別好色。《史記·夏本紀》記載：「帝孔甲立，好方鬼神，事淫亂。」「夏桀為虐政淫荒」（《史記·殷本紀》）。

其後如漢成帝，南北朝時期的宋少帝劉義符、前廢帝劉子業、後廢帝劉昱，齊廢帝鬱

林王蕭昭業、東昏侯蕭寶卷，隋煬帝楊廣，五代十國時期後蜀主孟昶，後唐莊宗李存勖，金朝海陵王完顏亮，南宋度宗趙禥，元順帝妥懽帖睦爾，明武宗朱厚照，等等。這些帝王都是迷戀女色，淫亂宮廷，荒怠朝政，恣意嬉樂之主。

性色之惑成了古代許多帝王難以自拔的魔障。而宦官們則成了帝王獵色的幫兇和工具，甚至是引導者、教唆者。

壹、古代帝王尚色的特點

古代帝王好色，具有二個方面的特點：

一是有著貪色心理和瘋狂的性欲。

由於早婚制，歷代傳承之主，從性發育之時起，初嚐性愛之滋味，於是一發不可收拾，樂此不疲，毫無節制，沉湎於宣洩性欲而不能自控。

北朝北周宣帝宇文贇「采擇天下子女，以充後宮」；「躭酗於後宮，或旬日不出，公卿近臣請事者，皆附奄官奏之」（《周書．宣帝紀》）。

專制天下的特權，使得君主們欲閱盡天下美色。

西晉開國之君武帝司馬炎荒淫無度，「多內寵」，這在歷代開國之主中是少有的。

二是有強烈的占有欲。在君權至上的時代，君主對女色有著強烈的占有欲望，欲使天下美色盡歸於己。

秦始皇在征滅六國時，將六國後宮上萬名女子悉收歸己用。

西漢初期，統治者奉行「與民休息」政策，「至高祖、孝文、孝景皇帝，循古節儉，宮女不過十餘」；「武帝時，又多取好女至數千人，以塡後宮」（《漢書．貢禹傳》）。漢武帝後期亦怠於政事，沉湎於後宮荒淫生活。其後的漢代帝王多爲安逸好色之徒。東漢桓帝時，「帝多內幸，博採宮女至五六千人」（《後漢書．皇后紀》）。

貳、帝王縱色與宦官制度

君主多妻制以及貪色縱樂的特性與宦官制度有著密切的關係。顧炎武認爲：「宦官之盛，由於宮嬪之多；而人主欲不近刑人，則當以遠色爲本」（《日知錄》）。這句話足以說明宦官在君主的多妻制中有著特別重要的作用，在帝王縱己中扮演著重要的角色。

一是侍奉。古代君主大肆地搜括天下美女充塞後宮，多的達到四五萬人，甚者十萬之眾，這是歷史上宦官數量開始激增的主要因素。宮中眾多的嬪妃依靠宦官們的服侍。

二是監護。后妃宮女都是君主的禁臠，不容他人染指。宦官們還要負責對宮中婦女進

行監護，防止任何出軌行爲。

三是採選。君主在獵色過程中，常常差派宦官外出執行採選美女。三國時期吳國主孫皓有萬多名宮女尚不滿足，「皓又使黃門備行州郡，科取將吏家女……後宮千數，而採擇無已」（《三國志．吳書》裴注引《江表傳》）。

四是誘導。君主在年幼時，奸佞的宦官便開始引導他享樂。成年即位之後，更是慫恿其放縱於女色之中。

五代十國時期的前蜀，後主王衍係高祖王建的幼子，年少時就在宦官的慫恿下窮奢極欲。宦官王承休欲任秦州節度使，就勸誘王衍說：「秦州多美婦人，請爲陛下采擇以獻」（《資治通鑑．後唐紀二》）。王衍果然授其爲節度使，並封魯國公。

金主完顏亮舉兵南侵，與宦官梁珫稱讚南宋劉妃絕色傾國有關。「紹興二十七年（一一五七年）十二月。金主（完顏亮）恃累世強盛，欲用兵以一天下，吏部尚書李通揣知其意，遂與張仲軻及右補闕馬欽等，盛談江南富庶，子女玉帛之多，以逢其意。宦者梁珫因極稱宋劉妃絕色傾國，金主大喜，命縣君高蘇庫爾貯褥之新潔者，俟得劉貴妃用之」（《續資治通鑑．宋紀一百三十一》）。

性色是人之常情，然而，中國古代的君主卻因其特權而放縱其中，宦官的產生、發展、乃至得勢專權，都與君主好色有著必然的因果關係。

第二節 杜康之惑

酒與色常常分不開。古代帝王中，有許多人嗜酒成性。

史籍對於歷代君主縱酒亦多有記載。

早在夏代就有君主及大臣縱酒爲樂的史實。《史記·夏本紀》記載，「帝中康時，羲、和湎淫，廢時亂日。」就是說，當時兩位天官羲與和，都沉湎於酒，以致廢天時亂甲乙。

商朝武丁以後，統治階級奢侈腐化，常以縱酒爲樂。《尚書·無逸》記載，「自時厥後，立王，生則逸，生則逸不知稼穡之艱難，不聞小人之勞，惟耽樂之從。」

商紂王是中國歷史上最爲嗜酒好色縱樂的君主之一。「帝紂……好酒淫樂，嬖於婦人……大冣樂戲於沙丘，以酒爲池，縣肉爲林，使男女倮相逐其間，爲長夜之飲」（《史記·殷本紀》）。

帝王嗜酒，至少有五害：

一是亂性。酒與色常常是連在一起的。酒能助性，亦能亂性。貪圖女色的帝王往往是以酒助性，肆意淫樂。這方面的例子不勝枚舉。

二是濫刑。一些君主毫無酒德，往往酗酒濫刑。最典型的要算遼穆宗耶律璟。《續資治通鑑．宋紀二》記載：「遼主嗜酒，用刑多濫，諸王多坐事繫獄。」繫獄都還在其次，濫殺無辜則死者更冤。《續資治通鑑．宋紀四》記載：「宋乾德四年（九六六年），遼主酗酒，數以細故殺人。有監雉者，因傷雉而亡，獲之，欲誅，伊賴哈（殿前都點檢，遼主引為布衣交）諫曰：『是罪不應死。』遼主竟殺之，以屍付伊賴哈曰：『收汝故人。』」

三是怠政。許多嗜酒的君主往往荒於政事。金熙宗完顏亶嗜酒，很長時間不理朝政。《續資治通鑑．宋紀一百二十五》記載：「紹興十二年（一一四二年），五月，癸巳朔，金主不視朝。金主自去年荒於酒，與群臣飲，或繼以夜，宰相入諫，或飲以酒，曰：『知卿等意，明日當戒。』因復飲。」

四是傷身。一些嗜酒的君主往往英年早死，或者因酒誤事被殺。元太祖死於飲酒。遼穆宗耶律璟因酗酒濫刑，被近侍小哥等人所弒。金熙宗完顏亶嗜酒荒於政事，被海陵王完顏亮所弒。

五是傷民。上有所好，下必從之。帝王縱酒，影響民風民俗。西周時銅器銘文說「唯殷邊侯、甸雩殷正百辟，率肄於酒」。可見當時的大小官僚無不沉湎於酒。一部分平民也不例外，「庶群自酒，腥聞在上」。

君主嗜酒，這對侍奉君主的宦官而言，大多的時候還是好事。一是善飲者常得到特別的寵信；二是君主荒於飲酒作樂時，權閹則可趁機操縱朝政；三是宦官中善釀酒的常受器重；四是宦官可以借釀酒四處斂財。

第三節　土木之惑

古代帝王多喜歡大興土木，修治都城、宮殿、陵墓、寺院等。其目的有三：一是顯示皇族的氣勢、尊貴與功德，是專制王權威嚴的象徵；二是貪圖自己的享受。殿閣高聳、深宮如海，是君主及其家族奢侈淫佚生活的需要；三是可以趁機聚斂財富。

壹、都城之雄

歷史上每一朝代都有自己的都城，甚至還有陪都。中國歷史上有許多稱帝稱王者，每一個立國之君所要做的第一件大事就是要建立都城。因爲朝代更替，兵火相接，許多前朝都城被毀，需要重建，有些則需要大量地修繕，其工程十分浩大。

都城是國家的象徵，是皇權的象徵，是軍事重鎮，所以必須雄偉而堅固。

中國歷史是一部多災多難的歷史，這些曾經輝煌燦爛過的都城，能完整保存下來的極少。但從現有的都城遺址來看，我們就完全可以領略到當時的雄偉與氣派。

貳、宮殿之尊

歷代皇帝，無不崇宮室以示威重。他們通過建造宏偉壯麗的皇宮，以展示君權的至高無上。

據考古發現，在今河南偃師二里頭的夏代文化或先商文化遺址中，有一處總面積達一萬平方公尺的大型宮殿建築群基礎。以此發掘判斷，夏商時期已開始出現了大規模的宮殿建築（參見鄒衡〈試論夏文化〉）。

秦始皇時期，「每破諸侯，寫放其宮室，作之咸陽北阪上。南臨渭，自雍門以東至涇、渭，殿屋複道周閣相屬」。西元前二一二年，他又「以咸陽人多，先王之宮廷小」爲藉口，「乃營作朝宮渭南上林苑中」。因爲他在征戰中將六國諸侯的後宮婦女全都擄到了咸陽，爲了安置這些婦女和徵求更多的美人，他又大興土木，營建阿房宮，「作阿房宮前殿，東西五十步，南北五十丈，上可坐萬人，下建五丈旗」（《三輔黃圖．咸陽故城》）。秦二世胡亥即位後，徵集幾十萬民夫、工匠雲集咸陽，繼續修建阿房宮。爲了不引起騷亂，胡亥遂下令徵五萬兵士屯戍咸陽，教射狗馬禽獸。

漢高祖劉邦取得天下後，第一件大事就是興建規模宏大的宮殿。據《三輔黃圖》記載，「長安城中，經緯各長三十二里十八步，地九百七十三頃，八街九陌，三宮九府，三廟，十二門，九市，十六橋」。又復修長樂宮，有鴻臺、臨華殿、溫室殿、長定殿、長秋殿、永壽殿、永寧殿，其前殿「東西長四十九丈七尺，兩杼中三十五丈，深十二丈」。

北宋的皇帝們亦喜大規模地興建宮殿。宋眞宗時期，「天禧元年（一〇一七年）五月，西京應天禪院太祖皇帝神御殿成，爲屋凡九百九十一區。己未，命宰相向敏中爲奉安聖容禮儀使，入內都知張景宗管句迎奉，左諫議大夫戚綸告永昌陵」（《續資治通鑑．宋紀三十三》）。

參、陵園之偉

古代帝王陵墓，實際上包括陵墓及其附屬建築，合稱為陵寢。

我國從第一個王朝夏到最後一個封建王朝，歷時三千餘年，其間，漢族和其他少數民族建立的統一王朝和地方政權，共有帝王五百餘人。至今地面有跡可尋、時代明確的帝王陵寢共有一百多座，分布在全國半數以上的省區。所以我國的帝王陵寢不僅數量眾多、歷史悠久，而且布局嚴謹、建築宏偉、工藝精湛，具有獨特的風格，在世界文化史上占有重要的地位。

古代帝王非常重視陵墓建設，有的生前就開始預建，有的死後才建，其設置極為雄偉而又精巧無比。

商代晚期就有陵區。現在發現最早的陵區是安陽恆水北岸的王陵區，係商代盤庚東遷後的帝王葬地。現發現十三座大墓，還有陪葬墓、殉葬坑和大量的祭祀葬坑。規模非常大。

秦始皇陵，在今天陝西臨潼縣城東的驪山北麓，是保存至今的中國最大的帝王陵墓之一。秦始皇即位之初就開始營治陵墓，畢其一生，極為壯觀與機巧。「始皇初即位，穿治驪山，及并天下，天下徒送詣七十餘萬人，穿三泉，下銅而致槨，宮觀百官奇器珍怪徙臧滿之。令匠作機弩矢，有所穿近者輒射之。以水銀為百川江河大海，機相灌輸，上具天文，下具地理……樹草木以象山」（《史記·秦始皇本紀》）。秦陵兵馬俑可謂世界一大奇觀。

肆、寺觀之盛

中國歷史上最興盛的宗教爲道教和佛教。

道教是中國本土的宗教，源於古代的巫術、神仙思想、黃老哲學、圖讖學說。東漢順帝時，張陵就在西蜀創立五斗米道，又稱天師道。東漢靈帝時，張角創立太平道，宋明之時最爲鼎盛。道教的傳播場地稱爲道觀或道宮。漢武帝時就建有道觀，用於祭祀迎候神仙。隨著道教的興旺，道觀建築也逐漸普遍，唐宋時期更達到空前的規模。現存最著名的道觀有：北京的白雲觀、山西的永樂宮。

北宋徽宗時，道觀更是遍布全國。其中最爲有名的是玉清昭應宮。「大中祥符七年（一〇一四年）十月，甲子，玉清昭應宮成，總二千六百一十區。初料功須十五年，修宮使丁謂以夜繼晝，每繪一壁給二燭，遂七年而成。軍校工匠，第賞者九百餘人」（《續資治通鑑·宋紀三十一》）。

佛教東傳，按正史記載始於東漢明帝永平年間。漢明帝曾派十八名使者出使西域求佛法，取得佛經《四十二章經》而歸。漢明帝派人建造佛寺。最早興建的佛寺，就是洛陽的

白馬寺。

北魏後期，佛教寺院遍布北方各地。孝文帝遷都洛陽後二十餘年中，北魏寺院增至一萬三千七百所，洛陽城內即達五百所；北魏末年，更激增至三萬所，洛陽就有一千三百多所。個人建寺之風盛行，馮熙一人在各州鎮建寺即達三十二所。北魏僧尼最多的時候達到二三百萬人。寺院經濟成了北魏經濟的一個重要組成部分。

東晉南朝以來，江南佛教迅速發展，王公貴族競造寺院浮屠，僅建康一地，佛寺即達五百餘所。許多寺院金碧輝煌，華麗無比，費極奢侈。僧尼數量與日俱增，東晉末年僧尼「一縣數千，猥成屯落」（《弘明集》）。梁武帝時建康僧尼達十餘萬人，郡縣更不可勝言，「天下戶口，幾亡其半」（《南史．郭祖深傳》）

宋太宗亦崇佛。「宋端拱二年（九八九年），先是，帝（太宗）遣使取杭州釋迦佛舍利塔置闕下，度開寶寺西北隅地，造浮圖十一級以藏之，上下三百六十尺，所費億萬計，前後逾八年。癸亥，工畢，備極巧麗」（《續資治通鑑．宋紀十五》）。

元朝最崇尚佛教，動用大量的人力物力大修寺廟。「十一月，癸未。皇太后造寺五臺山，摘軍六千五百人供其役」（《續資治通鑑．元紀十四》）。「至治元年（一三二一年）二月，辛亥，調三千五百人修上都華嚴寺。大永福寺成，賜金銀鈔幣」（《續資治通鑑．

元紀十九》）。

古代許多帝王既崇佛，又崇道，還崇儒，形成儒、釋、道三教並存共榮的局面。儘管歷朝累遭戰亂，但天下道觀、寺院仍是眾多。

伍、其他項目

古代帝王除了修建都城、皇宮、陵墓、寺院之外，還大修行宮、遊苑、獵場、驛道、運河等項目。如果說，修建長城是為了軍事需要，興修水利是為了發展農業生產，那麼，其他的建設項目則絕大部分是為了滿足皇帝的私欲。

最為典型的是隋煬帝楊廣。楊廣以觀風俗為藉口，即位後就開始籌畫巡遊。為了巡遊的便利，楊廣下令挖運河、修馳道。大業元年（六〇五年）三月，「發河南諸郡男女百餘萬，開通濟渠」，謂之御河。又徵發淮南民工十數萬，疏浚邗溝。從東都到江都，運河全長二千餘里，河寬四十步，兩岸築為御道，栽植柳樹。自長安至江都，沿途建離宮四十餘所。大業四年至大業六年，再次興役修運河，至此，北通涿郡，南達餘杭，西通洛陽的大運河全部挖通了。楊廣上臺五、六年間，「土木之功不息」，掘長塹、營東都、建宮室、挖運河、修馳道、築長城，可謂「百役繁興」。這些巨大的工程，幾乎是同時或者交叉開工，民夫少則幾十萬，多則幾百萬，遠遠超出了當時人民的承受能力，造成「行者不歸，居者失業，人飢相食，邑落爲墟」（《隋書・煬帝紀》）的局面。

清朝中後期，統治者不顧國力，亦大興土木。高宗弘曆，後世稱之爲乾隆大帝，僅建避暑山莊和圓明園就費銀達二億多兩，後世稱之爲「散財童子」。慈禧太后不顧嚴重的民族危機和財政危機，竟挪用海軍急需的軍費二千萬兩白銀和其他經費二千多萬兩白銀，修建頤和園。

古代帝王在大興土木過程中，宦官發揮著重要作用。

一是誘導、慫恿帝王大興土木。

前蜀宦官王承休得任節度使之後，「到官即毀府署，作行宮，大興力役，強取民間女子教歌舞」，「又獻花木圖，盛稱秦州山川土風之美」（《資治通鑑・後唐紀二》），極力慫恿蜀國主王衍東遊秦州。就在王衍東遊途中，後唐大軍直撲成都，結果導致前蜀的滅亡。

五代時期後唐莊宗大興土木與宦官的挑動分不開。當時，全國大面積遭受水旱災害，軍隊吃飯都困難，宦官卻不顧時艱，對莊宗說：「臣見長安全盛時，大明、興慶宮樓觀以百數。今日宅家曾無避暑之所，宮殿之盛曾不及當時公卿第舍耳。」大臣郭崇韜進諫，宦官則趁機挑撥離間說：「崇韜之第，無異皇居，宜其不知至尊之熱也。」莊宗遂不聽大臣的勸阻，執意大規模地營繕樓觀（《資治通鑑．後唐紀二》）。

二是直接或協助負責大型工程項目建設。

秦漢以前，對於具體負責土木建設的人員記載不詳，漢高祖劉邦修建長樂宮時，是委派丞相蕭何負責的。以後的建設都有宦官的參與，特別是唐中葉以後，宦官在各項建設中擔當重任，甚至唱主角，發揮主導作用。

歷史上由宦官負責的工程項目很多。宦官在土木建設之中，不計民力與耗費，往往以刻剝掠奪爲能事。「（宋）用臣興土木之役，無時休息，榷舟船，置堆垛，網市井之微利，奪細民之衣食，專事刻剝，爲國斂怨」（范祖禹〈論宦官箚子〉）。

三是藉機斂財，巧取豪奪以中飽私囊。宦官在負責土木建設工程時，常常藉機虛報冒領、貪汙官錢、從中漁利。如明熹宗朝宦官李永貞，「性貪，督三殿工，治信王邸，所侵沒無算」（《明史．宦官傳》）。甚者更是藉機偷盜宮中及陵墓之物以中飽私囊。

第四節　玩樂之惑

古代帝王因爲權力沒有約束，其頑劣之心、縱情遊樂之意，在宦官的恣意奉承下，被無限地放大。

一是縱情遊獵。古代帝王多自年少時爲帝，頑劣好獵爲其本性。

漢代最爲荒淫好獵的是漢成帝。成帝的苑囿之麗，遊獵之靡，是史無前例的。每次出獵，都有浩大的隨從隊伍，隆重的儀式。據《漢書．揚雄傳》記載，成帝出獵時，方馳千駟，校騎萬師，飆風虎嘯，地動天搖。漢成帝就在這種驚心動魄的場景中尋找樂趣。

二是奇珍異物。許多皇帝有戀物之癖，欲盡收天下奇珍異寶歸爲己有，以逞其私好。

宦官童貫借此討徽宗歡心而發跡。「供奉官童貫，開封人，性巧媚，善測人主微旨，先事順承，以故得幸。及使三吳，訪書畫奇巧，留杭累月，京與之遊，不捨晝夜，凡所畫屛障扇帶之屬，貫日以達禁中，且附言語論奏於帝所，由是屬意用京。左階道錄徐知常，以符水出入元符皇后所，太學博士范致虛與之厚，因薦京才可相。知常入宮言之，已而宮妾、宦官合詞譽之，遂起京知定州」（《續資治通鑑．宋紀八十七》）。

三是遊嬉玩樂。古帝王中承傳之主多貪圖嬉玩，其花樣百出，窮其想像與私好。種種玩樂之舉，歷史上多有記載，不勝枚舉。

唐代自玄宗之後，多是少年優樂天子。繼任的唐肅宗李亨嗜好下象棋，即使是在兵荒馬亂的逃亡途中，照玩不誤。唐穆宗李恆每三日必看一次「角抵、雜戲」，並酷愛蹴球。唐敬宗李湛比其父李恆更甚，晝夜打獵、蹴球、飲酒為樂，後為宦官所殺。

侍候優樂天子，對於宦官而言則是美差。一些權閹誘導帝王醉心於玩樂。漢元帝耽於享樂，隆好音樂。於是，「為人巧慧習事、能探得人主微指」的宦官石顯大受寵信，「事無小大，因（石）顯白決，貴幸傾朝，百僚皆敬事顯」（《漢書．佞幸傳》）。

歷史上有許多宦官因為精於玩樂而得寵。唐僖宗李儇酷愛鬥鵝、擊球博彩，宦官田令孜的哥哥因球藝高超贏了球，竟被封為西川節度使。這樣的例子在歷史上是不勝枚舉。

第五節 技藝之惑

古代帝王中，亦不乏多才多藝之人。

一是文章天子。古代承傳之主從小就得讀書寫文章，雖然大多數人書讀得不怎麼樣，文章亦無名傳，但其中亦有文章寫得好的。

隋煬帝楊廣爲晉王時，「美姿儀，性敏慧，沈深嚴重，好學，善屬文，敬接朝士，禮極卑屈；由是聲名籍甚，冠於諸王」（《資治通鑑·隋紀三》）。時人絕對想不到，就是這樣一個好學善文的謙謙君子日後會成爲一代暴君。

南唐主李璟、李煜父子好讀書，詩詞歌賦都寫得非常好。《續資治通鑑·宋紀一》記載：「南唐主（璟）多才藝，好讀書，在位慈儉，有君人之度。然自附爲唐室苗裔……會周師大舉，寄任多非其人，折北不支，至於蹙國降號，憂悔而殂。」李煜在被北宋俘獲後，他的詞更是淒麗委婉，千古傳誦。

明世宗不僅崇敬道教，而且精於文章。諸大臣亦均以撰寫華麗駢文「青詞」盛讚玄機爲務，著名的奸臣嚴嵩因有宦官爲其通風報信，所撰青詞多稱旨，故得寵信。嚴嵩之子嚴世蕃寫青詞尤勝乃父。嚴嵩失勢亦因文章。因世宗所下詔書常語句晦澀難懂，嚴嵩都難於揣摩聖意，唯嚴世蕃一覽了然，批答合旨。後因嚴世蕃守母喪離京，嚴嵩自擬批答，多不稱旨，遂失寵。以嚴嵩對文章精通尤不合旨意，由此可見明世宗文字功底之深。

二是藝術天才。古帝王中，有少數人雖然沒有治國之才，但卻極富藝術天賦。

後唐莊宗很有音樂天賦，而且喜歡演戲。「帝幼善音律，故伶人多有寵，常侍左右。帝或時自傅粉墨，與優人共戲於庭，以悅劉夫人，優名謂之『李天下』」（《資治通鑑・後唐紀一》）。

最具藝術天賦的皇帝要算宋徽宗。宋徽宗長於書法，字寫得非常好，創「瘦金體」。繪畫造詣很深，尤以花鳥畫最爲上乘。他畫的《柳鴉蘆雁圖》和《芙蓉錦雞圖》，都是用精煉的筆墨，準確地畫出了花鳥的外形，在工整之中達到形神俱妙的境地。在宮廷中成立了翰林圖畫院，聚集了一大批優秀畫工。這些畫工所畫山水人物花木鳥獸也都能「種種臻妙」。

三是技藝高手。古人將能工巧匠所做的各項技藝看成是下作之事，爲君者更是不屑一顧。然而，有個別帝王偏好於此。

古代有兩個帝王最喜造作和木工，一個是元順帝，一個是明熹宗。

元朝末代皇帝順帝是一個獨具匠心靈巧之人。《續資治通鑑・元紀三十》記載：至正十四年（一三五四年）十二月。「帝（元順帝）於內苑造龍船，命內官供奉少監塔斯布哈董其事。帝自製船樣，首尾長一百二十尺，廣二十尺，前瓦簾棚、穿廊、兩暖閣，後吾殿樓子，龍身並殿宇用五彩金妝，前有兩爪。上用水手二十四人，紫衫，金荔枝帶，四帶頭巾，於船兩旁下各執篙一。自後宮至前宮山下海子內，往來遊戲，行時，其龍首眼口爪尾皆動。

又自製宮漏，約高六七尺，廣半之，造木爲櫃，陰藏諸壺其中，運水上下。……，其精巧絕出，人謂前代所未有。」

明熹宗做木工更是親力親爲，極爲精巧。《明史演義》第八十四回記載：「原來熹宗頗有小慧，喜弄機巧，刀鋸斧鑿，丹表髹漆等件，往往親自動手，嘗於庭院中作小宮殿，形式仿乾清宮，高不過三四尺，曲折微妙，幾奪天工。宮中舊有蹴圓亭，他又手造蹴圓堂五間，此外如種種玩具，俱造得異樣玲瓏，絕不憚煩。惟把國家要政，反置諸腦後，無暇考詢。」

帝王醉心於技藝者，常不理朝政，政事依賴宦官們去料理。宦官們求之不得，一方面對帝王極窮吹拍之能事，另一方面則趁機攬權。

明熹宗時期，朝中宦官恃勢專權，尤以魏忠賢爲烈。魏忠賢伺熹宗醉心做木工時奏事，熹宗不勝其煩，授權魏忠賢全權處理。《明史演義》第八十四回記載：「（魏）忠賢嘗趁他（熹宗）引繩削墨的時候，因事奏請，熹宗未免厭恨，隨口還報道：『朕知道了，你去照章辦理就是。』至如廷臣奏本，舊制於所關緊要，必由御筆親批；若例行文書，由司禮監代擬批詞，亦書『遵閣票』字樣，或奉旨更改，用朱筆批，號爲『批紅』。熹宗一概委任魏閹，以此魏閹得上下其手，報怨雪恨，無所不爲。」

第六節　利物之惑

古帝王將天下視爲其家產。漢高祖劉邦曾對其父太公誇耀：「始大人常以臣無賴，不能治產業，不如仲力。今某之業所就孰與仲多？」（《史記‧高祖本紀》）。劉邦之言，最能代表古代帝王家天下的心態。

古帝王極少視財富爲國用，他們之中大多數爲驕奢淫逸之主，爲滿足其荒淫之欲，多掠取民財以充己用。

漢靈帝劉宏即位後，不擇手段地聚斂財富，把大量屬於國家財政收入的部分劃歸私藏，「多蓄私藏，收天下之珍，每郡國貢獻，先輸中署，名爲『導行費』」（《後漢書‧宦者列傳》）。靈帝還以國家的名義斂財，「令斂天下田畝稅十錢，以修宮室」，名爲「助軍修宮錢」。爲斂財，靈帝還大肆賣官鬻爵，「時賣官，二千石二千萬，四百石四百萬，其以德次應選者半之，或三分之一，於西園立庫以貯之」（《山陽公載記》）。

五代時期，後唐莊宗李存勖在宦官們的勸說下，不顧天下百姓艱辛，貪於財利。「宦官勸帝分天下財賦爲內外府。州縣上供者入外府，充經費；方鎮貢獻者入內府，充宴遊及給賜左右。於是外府常虛竭無餘而內府山積。及有司辦郊祀，乏勞軍錢……軍士皆不滿望，始怨恨，有離心矣」（《資治通鑑．後唐紀二》）。

歷代帝王在搜刮民脂民膏時，最信任最賣力的是宦官。宦官們常被委以重任去徵糧徵稅、搜尋奇珍異寶。宦官們則以此為美差，趁機聚斂財富，中飽私囊。

第七節　神鬼之惑

人類對於大自然的認識是隨著科學技術的發展而逐步深化的。在古代，人們對大自然的認知十分有限，於是有了神靈、有了宗教、有了迷信。

這些神鬼之事，對於常人而言，只是個人的信仰。對於帝王而言，則事關治道。古代一些明君對此有清醒的認識，一方面利用讖讖、祥瑞、傳說來美化自己，大力宣揚君權神授，自稱天子；另一方面將宗教當做治國安邦的良藥，大力推崇宗教，以證實現實存在的客觀必然性與合理性，維護社會的穩定。

孫中山先生曾評價說：「政治能治外在，宗教能治人心。宗教能輔助政治，政治能擁護宗教。」

但是，並不是所有古代帝王都能明白宗教治人心的政治意義，有的是半信半疑，有的則深陷其中，不能自拔，以致貽誤朝政，傷害自身。

壹、迷信鬼神

古人自原始社會時就開始相信鬼神的存在。他們將日月星辰、河海山嶽和祖先都視爲神靈，非常崇拜，予以祭祀和祈禱。在此基礎上，逐步形成了一個天神、地祇和人鬼的神靈系統。

最早的記載是占卜與封禪。《史記．五帝本紀》開篇記敘的是中華民族的開山遠祖黃帝軒轅的故事。黃帝「生而神靈」，成人後，以武力征服諸侯，「而諸侯咸尊軒轅爲天子」。天下太平之後，則四海遊歷封禪，「合符釜山」，「萬國和，而鬼神山川封禪與爲多焉。獲寶鼎，迎日推筴」，「順天地之紀，幽明之占，死生之說，存亡之難」。

後世的封禪、占卜、信祥瑞，大約是源自黃帝。但黃帝最初的出發點是敬天地，探求日月星辰運行規律，以利於生產生活。後世也多有其事，而意義則大相徑庭。

夏代有一個帝王孔甲迷信鬼神，行爲放蕩。「好方鬼神，事淫亂」（《史記．夏本紀》）。

封禪，在帝王而言，是太平盛世的盛典。秦始皇東封泰山則爲了顯示天下太平，炫耀其功德。後代君主多有封禪之事。

巫術，在殷代時頗爲盛行。殷人認爲巫是神與人鬼之間的仲介，能降神、解夢、預言、祈雨、醫病、占星，巫師可以運用巫術爲人們祈福禳災。周代及春秋戰國時期亦重巫。《國語．楚語》記載觀射父讚美巫覡之語，《楚辭》中更有許多巫覡降神的描述。古帝王之中，常有信巫之人。漢武帝晚年迷信方士神巫，繡衣使者江充利用「巫蠱」構陷太子，引發了一起「巫蠱之禍」的大冤案，太子劉據自殺，士衆死者上萬人。元憲宗最信巫術與卜筮。《續資治通鑑．宋紀一百七十五》記載：「憲宗沈斷寡言，不樂宴飲，不好侈靡，雖后妃亦不許之過制。……喜畋獵，自謂遵祖宗之法。……然酷信巫覡、卜筮之術，凡行事必謹叩之，殆無虛日。」

祥瑞，爲古帝王粉飾太平、尙慕虛榮的重要表像。歷代帝王中最迷信祥瑞的要算宋朝的宋眞宗趙恆了。其祥瑞之物非常之廣，芝草、祥雲、仙鶴等無不在內。最爲荒誕的是，當時蝗災嚴重，遮天蔽日，而諛佞之臣竟拿死蝗呈獻，說是皇恩浩蕩，蝗蟲自己都死了。宋眞宗還將年號改爲「大中祥符、天禧」，其謚號還有「膺符稽古」之語。

貳、欲求長生

古代帝王非常眷戀人世間的榮華富貴，做了皇帝想成仙，相信術士方士之言，花費很多人力物力，以求長生不老之術。

古代帝王中，秦始皇是大規模尋仙的第一人。「既已，齊人徐市等上書，言海中有三神山，名曰蓬萊、方丈、瀛洲，仙人居之。請得齋戒，與童男女求之。於是遣徐市發童男女數千人，入海求仙人」。除了派徐市入海求仙外，還四處派人求不死之藥。「因使韓終、侯公、石生求仙人不死之藥」。

仙亦不可求，藥亦無處覓，這些方士只有以謊言塞責，然而秦始皇卻堅信不疑。「方士徐市等入海求神藥，數歲不得，費多，恐譴，乃詐曰：『蓬萊藥可得，然常爲大鮫魚所苦，故不得至，願請善射與俱，見則以連弩射之。』始皇夢與海神戰，如人狀」（《史記・秦始皇本紀第六》）。秦始皇連做夢都在與海神打仗，可見其癡迷到了何種程度。

秦始皇正是在這種神仙思想的支配下，即使病了，也「惡言死」，不相信自己會死，最終導致死後發生政變。

漢武帝非常迷信方士神仙，曾幾次親自去尋仙，「春，正月，上行幸東萊，臨大海，欲浮海求神山，群臣諫，上弗聽；而大風晦冥；海水沸湧，上留十餘日，不得御樓船，乃還」

（《資治通鑑．漢紀十四》）。

爲了滿足帝王的長生夢，中國古代的煉丹術非常出名。唐末的幾個皇帝的死與服用丹藥有關。明代的帝王亦喜服丹藥，求長生。

參、沉湎佛道

中國的宗教種類較多，有佛、道、儒、伊斯蘭、基督等教，而佛教與道教是中國宗教中的主流，它們的傳播得益於古代帝王代代推崇。如果只是作爲個人一種信仰與精神依託，或者是作爲治國安民的一種精神工具，佛道就會沿著一種正確的方向發展。問題在於，古代許多帝王往往不知立身之本，癡迷於佛道，走火入魔，身陷其中。

一是佛教。佛教東傳，按正史記載始於東漢明帝時。漢明帝派人去西域求經，並建造佛寺，從此佛教開始在中原流傳。魏晉南北朝佛教迅速發展，隋唐時最爲鼎盛，宋元明清時期，時衰時盛，一直是綿綿不絕地延續著。

佛教認爲，人人皆有佛性，事事皆有因果輪迴，主張入世修行，兼濟天下。

古代帝王崇尚佛教，主要表現在四個方面：

一、廣建佛寺，廣度僧侶，廣塑佛像。歷代所建佛寺眾多，所度僧侶無數，所建佛像數量多，而且極爲壯觀。南北朝時期南朝梁武帝崇佛，僅當時首都建康一處就有佛寺五百多所，僧尼十多萬人。五代十國南唐的僧人也很多。「南唐主（煜）酷信浮屠法，出禁中金錢募人爲僧，時都下僧及萬人，皆仰給縣官」《續資治通鑑·宋紀四》。一個小小的南唐國，其都城之內竟有萬多名僧人，而且還是吃皇糧，可謂一大奇觀。

古帝王所造佛像亦非常壯觀。最著名的有敦煌莫高窟、龍門石窟、雲岡石窟等。

二、自結佛緣，以身事佛。古代帝王中，有出身是和尚的，有半道出家爲僧的。明代開國之君朱元璋曾出家當和尚。明憲宗沉溺於神仙佛老，不理朝政。明武宗尊崇佛教，於佛經梵語無不通曉，經常在宮內頂禮事佛，並自稱「大慶法王西天覺道圓明自在大定慧佛」，鑄成印章，詔旨常以「大慶法王與聖旨」名義並下。清高宗弘曆自稱「十全老人」，認爲自己是五百羅漢之一轉世。

三、崇佛禮法，常作法事。古帝王中，有一些帝王對佛法極爲崇信和執著。最爲突出的是南北朝時期南朝梁武帝。即位第三年，他正式宣布自己捨道歸佛。曾三次放下帝王身分，到同泰寺爲僧眾執役。還下詔禁止僧人吃肉喝酒。

在古帝王中，南唐主李煜禮佛最爲虔誠。「南唐主退朝，與后服僧衣，誦佛書，拜跪手足成贅」。因拜跪致手足成贅的帝王，唯李煜一人。「僧有罪，命禮佛而釋之。帝（宋太祖）聞其惑，乃選少年有口辯者，南渡見南唐主，論性命之說，南唐主信之，謂之一佛出世，由是不復以治國守邊爲意」（《續資治通鑑．宋紀四》）。對於賢能之士，李煜是不問蒼生問鬼神。「南唐命兩省侍郎、諫議、給事中、中書舍人、集賢、勤政殿學士更直光政殿，召對咨訪，率至夜分。南唐主事佛甚謹，中書舍人全椒張洎，每見輒談佛法，由是驟有寵。當時大臣亦多蔬食持戒以奉佛，中書舍人會稽徐鉉獨否，然絕好鬼神之說」（《續資治通鑑．宋紀五》）。

元朝尚佛，其佛事極爲頻繁，費用巨大。「泰定元年（一三二四年）九月，乙巳，昭聖元獻皇后忌日，修佛事，飯僧萬人」（《續資治通鑑．元紀二十》）；「至正十一年（一三五一年）二月，帝（元順帝）師、僧眾作佛事，至十六日罷散，謂之遊皇城」（《續資治通鑑．元紀二十八》）。

四、以佛治國，以施捨安民心。佛教主張三世因果、六道輪迴、逆來順受，不主張暴力反抗，基於這一點，歷代的統治階級都將佛教作爲教化和引導人們向善，幫助人們從罪惡中解脫，維護現有社會秩序的一種政治工具加以利用。

用佛教麻醉人的心靈也不失爲治國之道。因此，歷代君主多宣敬佛教，並且作些佛事和施捨等善舉，以感化民心。

遼興宗耶律宗眞非常崇佛，喜做善事。「唯一歲飯僧三十六萬，一日而祝髮者三千，崇尚佛教，罔知國恤，遼亡徵見矣」（《續資治通鑑．宋紀八十七》）。

帝王不但信佛，而且還不時提攜僧侶爲官。北宋開寶六年（九七三年），「北漢成德節度使、太師兼中書令劉繼容，自以沙門位兼將相，頗爲時論所薄，數上表求罷，不許。是歲，繼容卒，追封定王」（《續資治通鑑．宋紀七》）。

遼興宗也是大量地任用僧侶爲官治政。遼主重佛教，僧有正拜三公、三師兼政事令者凡二十人」（《續資治通鑑．宋紀四十二》）。「遼重熙八年（一〇三九年）十一月，戊戌，遼命皇子梁王召僧論佛法。

二是道教。道教源於古代的神靈、巫術、方術、黃老思想以及神化了的儒家讖緯神學，形成於東漢至南北朝時期，發展於隋唐北宋，盛行於南宋與明朝中葉。

道教信仰的宗旨是重生惡死，追求長生不死，得道成仙；看重個體生命的價值，相信經過一定的修煉，世間的個人可以脫胎換骨，不必等死後超度靈魂，就可以直接超凡入仙；主張天道循環，善惡承負，因果報應。

古代帝王崇信道教，最有名的有北魏太武帝、唐玄宗、宋眞宗、宋徽宗、明世宗。他們崇信道教主要出自三個方面的原因：

一、強化君權神授。古帝王利用道教編造神話，神化自己是受命於天，以征服人心。

魏太武帝改年號爲太平眞君，受天師符籙，成爲道教信徒。此後北魏歷代君主傳位後都受符籙，成爲慣例。

唐高祖父子起兵時期，多次得到道教教士精神和人力幫助。李淵尊老子李耼爲唐王室祖先，宣稱自己是神仙苗裔，將道教定爲唐朝的國教。唐高宗於乾封元年（六六六年）遊亳州老君廟，追封老君爲「太上玄元皇帝」，這是老子第一次被冠以「皇帝」之名。唐玄宗時期最盛。天寶二年（七四三年）追尊老子爲「大聖祖玄元皇帝」，天寶八載（七四九年）又尊爲「聖祖大道玄元皇帝」，天寶十三載（七五四年）再尊爲「大聖祖高上大道金闕玄元天皇大帝」。

北宋時期，宋眞宗再掀高潮，多次導演「天書下降」，其受天書的儀式極爲隆重。

宋徽宗更是一位狂熱崇奉道教的昏君。政和元年（一一一一年），宋徽宗病癒後，託夢得到玉帝諭旨，於是大興道教，並在福寧宮東建起專門供奉道家諸仙的玉清和陽宮，「下詔天下訪求道教仙經」。政和六年（一一一六年）九月，詣玉清和陽宮，上「太上開天執符御曆含眞體道昊天玉皇上帝」徽號寶冊，詔通眞先生林靈素論以帝君降臨事。

宋徽宗當世俗的皇帝尚不滿足，還要當道教皇帝，古今唯此一人。政和七年（一一一七年）四月，宋徽宗讓道籙院上章，「冊己為教主道君皇帝」。「大觀元年（一一〇七年）二月，己未，詔令道士序位在僧上，女冠在尼上」（《續資治通鑑．宋紀九十》）。

經宋徽宗的宣崇，一時間，道教成為宋朝國教。朝官需習道教經書，設置道官二十六等，道職八等，道士林靈素、張虛白、王仔昔、劉混康、張繼元、王老志、程若虛及女冠于仙姑等眾多道士、女冠受冊封。舉國之內更是道觀遍布，僅拿俸祿的道官就有七八萬人之眾，林靈素的徒弟，在京城裡就有兩萬餘人。「時道士有俸，每一齋施，動獲數十萬；每一觀，給田亦不下數百千頃。貧下之人，多買青布幅巾以赴，日得一飯餐及襯施錢三百」（《續資治通鑑．宋紀九十三》）。結果弄得國庫耗盡，民力困竭。

二、追求長生不老。古帝王多為煉丹術所迷惑。唐玄宗晚年推崇煉丹術，憲宗、穆宗、敬宗、武宗及一大批重臣名士都樂於此道而不知疲倦，以致誤吃丹藥中毒而死，卻百死而不悔。明朝皇帝大多服用道士所煉的金丹，其中以明世宗最為癡迷。世宗自幼多病，即位後幾乎一生都在追求仙藥金丹，派遣官吏到全國各地去搜求仙方祕法、金丹靈露，花費大量的人力和物力讓道士、術士去煉丹製藥。

三、祈福祛災治平。祛災文化在中國歷史上源遠流長。古時人們抵禦自然災害的能力極低，而天災年年都有發生，農民常常流離失所，國家極不安寧。於是，古代君主每遇災害，

則大設道場，設醮祛災祈福求太平。

古君主遇朝政大事難決斷時，還常求教於有名望的道士，甚至請道士出山任職。南北朝時，道士寇謙之受北魏太武帝器重，被尊爲國師，每有軍國大事，太武帝常向他詢問「天意」。南朝梁武帝常就軍國大事諮詢隱居茅山的道士陶弘景，陶被稱爲「山中宰相」。唐高祖李淵詔授道教宗師岐暉爲紫金光祿大夫。

古代帝王崇信鬼神，宦官們則在其中起到推波助瀾的作用。

一是宦官本身多迷信鬼神。宦官因爲閹割後，其人生觀與價値觀常被扭曲，極易相信星占、卜筮、命相、鬼神之說。

二是宦官大量地參與宗教活動。據史料記載，北魏時期，宦官們崇信佛教、修建寺院。

三是宦官引薦教士以自重。北宋眞宗趙恆崇好祥瑞，其起因是宦者劉承珪引薦道士王捷所致。《續資治通鑑．宋紀二十六》記載：「景德四年（一〇〇七年）。汀州黥卒王捷，自言於南康遇道人，姓趙氏，授以小鐶神劍，蓋司命眞君也。宦者劉承珪以其事聞，帝（宋眞宗）賜捷名中正。是月，眞君降中正家之新堂，是爲聖祖，而祥瑞之事起矣。」

四是宦官利用金丹大做文章。唐末與明朝的宦官常常給帝王敬獻金丹，趁機取事。如唐憲宗就是因爲宦官累進金丹致病，爲宦官謀殺。「上服金丹，多躁怒，左右宦官往往獲罪，有死者，人人自危；庚子，暴崩於中和殿，時人皆言內常侍陳弘志弒逆，其黨類諱之，不敢討賊，但云藥發，外人莫能明也」（《資治通鑑．唐紀五十七》）。

第八節 功德之惑

古代帝王之中，有不少人雖肆意逞威，卻也不想給後世留下罵名，想有所建樹，留下些文治武功、豐功偉績以傳後世。這些帝王中有雄心壯志的，有銳意進取的，亦有志大才疏的，有窮兵黷武的，有沽名釣譽的。

宦官們常利用帝王崇尚功德之心，曲意逢迎，推波助瀾，從中漁利。

帝王好功德，除了前文所述的大興土木之外，還有六個方面的表現：

壹、征戰

漢族從遠祖黃帝時期就開始不斷地征戰，其疆土不斷地拓展。至秦始皇之後的帝王，

具有物質基礎、雄才大略、派兵遠征的唯有漢武帝、唐太宗，其他的太平之主多是自保不暇、安於享樂，累被北方匈奴族、蒙古族、女真族等少數民族所欺凌。蒙古族在其興國之初，也曾遠征歐洲和朝鮮；女真族初興之時，其疆域亦遠至黑龍江以北的廣袤土地，然而都不能長守。蒙滿入主中原之後，其志亦衰。

在中國歷史上，對外遠征、擴土拓疆、屈人之國、掠奪財富的戰爭極少。屈指可數的有：秦始皇征服遼東；漢武帝遠征西域；隋煬帝征林邑、流求、高麗；唐太宗征高麗；元太祖遠征歐洲；元世祖征高麗、日本、交阯；明成祖五征漠北；清聖祖三次親征噶爾丹。這些征戰，有勝有敗。與俄羅斯民族擴張時的征戰相比，相差甚遠。

古代亦有一些荒淫之主不自量力，窮兵黷武，欲在青史上記上他們的豐功偉績。然而，他們往往事與願違，以失敗而告終。這方面最突出的典型是隋煬帝、宋徽宗和明英宗。

隋煬帝楊廣是一個剛愎自用、好大喜功、窮兵黷武的暴君。「以天下承平日久，士馬全盛，慨然慕秦皇、漢武之事……諸蕃至者，厚加禮賜，有不恭命，以兵擊之」（《隋書·煬帝紀下》）。六〇五年擊林邑，六〇七年擊流求，六〇八年征吐谷渾，六一二年、六一三年、六一四年先後三次大規模地進攻高麗，多以失敗而告終，致使死者相枕，臭穢盈路，「黃河之北，則千里無煙；江淮之間，則鞠爲茂草」（《隋書·楊玄感傳》）。

如果說隋煬帝是由於本身想建曠代之功的話，那麼宋徽宗攻遼則由宦官童貫所引導。宋徽宗本是一個優樂天子，為了自己的享樂，弄得國力日衰，根本無力去征戰。然而，宦官童貫見遼主荒淫，遼國在金兵的攻擊下日益衰弱，想趁火打劫，借攻遼之機引兵自重，於是引遼叛將趙良嗣入朝，與宰相王黼一唱一和，力主攻遼。「童貫兩次攻遼，不克成功，懼得罪，乃密遣王環如金，以求如約夾攻。於是遼五京皆為金所有。遼主逃亡。」宋朝在聯金滅遼過程中並沒有得到什麼好處。「童貫、蔡攸入燕京府。燕之金帛、子女、職官、民戶，為金人席捲而去，損歲幣數百萬，所得者空城而已。」更重要的是，一一二五年初遼滅亡後，弱宋與強金相鄰，日見其侵，同年底，宋徽宗與其子宋欽宗很快成了金國的俘虜。然而，當時最受益的卻是童貫、王黼、蔡攸、趙良嗣。「五月，以收復燕、雲，賜王黼玉帶，進太傅，總治三省事。鄭居中為太保，進宰執官二等。童貫落節鉞，進封徐豫國公。蔡攸為少帥。趙良嗣為延康殿學士。居中自陳無功，不拜」（《續資治通鑑．宋紀九十五》）。

與宋徽宗一樣被敵方俘獲的還有明英宗。明英宗從小就受宦官王振的教導，稱之為師傅。英宗自九歲登基後，「倚賴振如父師」（《明史講義．奪門》），對王振言聽計從，偏愛有加，使王振勢力大張，權傾朝野，肆意逞兇。一四四九年，瓦剌也先率兵南侵，廿二歲的英宗完全是在王振的挾持下盲目輕進。土木堡之役，英宗成了也先的俘虜，統兵的

王振亦死於亂箭。

古代帝王征戰中，宦官在其中有著重要影響。一是參與謀劃。如明英宗親征瓦剌就是由宦官王振主導的；二是率兵征伐。如宋初宦官王繼恩、李神祐、石全振、秦翰、張崇貴、石全彬等人都曾統兵征伐，頗有戰功；三是監軍和提供軍需。北宋討伐南唐時，宦官石全振督造戰舟「黃黑龍船數千艘」（《宋史．南唐世家》）；四是從征攻略。宋太祖親征討伐北漢時，從征的宦官很多，有的先遣偵察，有的往來宣傳詔命，有的親冒矢石，立下了汗馬功勞。

貳、巡行

中國帝王自古以來就常有巡遊之舉。遠祖黃帝經常征戰和巡行，「未嘗寧居。」據《史記．五帝本紀》記載：「東至於海，登丸山，及岱宗。西至於空桐，登雞頭。南至於江，登熊、湘。北逐葷粥，合符釜山，而邑於涿鹿之阿。」

舜更是勤於巡狩。舜攝政後，「歲二月，東巡狩，至於岱宗」，「五月，南巡狩；八月，西巡狩；十一月，北巡狩」，「五歲一巡狩，群后四朝」（《史記．五帝本紀》）。

遠古帝王巡行，其目的主要有五：一是征伐。「天下有不順者，黃帝從而征之」，「置左右大監，監於萬國」；二是推曆。了解各地氣候變化，以制定曆法；三是撫民。「治五氣，藝五種，撫萬民，度四方」，「淳化鳥獸蟲蛾」。教老百姓怎樣去種植、養殖，怎樣去避災免禍，怎樣去和平相處；四是考功。黃帝時就設置了一些官職，至堯舜時，官員分工更明確。堯「信飭百官，眾功皆興。」舜開始對百官進行定期考核，「三歲一考功，三考絀陟，遠近眾功咸興」（《史記．五帝本紀》）。帝王出巡時，對各級官員的業績與德行有了更深切的了解；五是祭祀與封禪。帝王每至一處名山大川，都要進行祭拜儀式，甚至封禪，以示崇敬之意。

宦官們在帝王巡行中充當重要角色，使口聽令，衣食住行的安排，甚至是護衛工作，等等。一些宦官因此受到帝王的封賞。如大中祥符元年（一〇〇八年），宋眞宗封禪泰山，宦官李神福因「經度行宮道路」之功，故由宣政使升任宣慶使，「先是，諸司使止於宣政，故特置使額以寵之」（《宋史．李神福傳》）。

參、祭祀

歷朝歷代對於祭祀都是非常重視的。有祭於天地山川鬼神，有祭於列祖列宗，其儀式非常隆重。

遠古祭祀，主要是敬畏天地鬼神，祈求風調雨順、天下太平。遠祖帝顓頊「依鬼神以制義」，奠祀得非常虔誠，「絜誠以祭祀」，範圍亦廣，「北至於幽陵。南至於交阯。西至於流沙，東至於蟠木。」於是，「動靜之物，大小之神，日月所照，莫不砥屬」（《史記·五帝本紀》）。

後世於祭祀，於祈求神靈降福之外，更欲彰顯君權神授、皇恩浩大，其表徵意義更大。因此，好大喜功的帝王，莫不欣然於祭祀。

歷代宦官參與祭祀活動，甚至主持祠祀。東漢靈帝由藩王入繼大統，追贈其祖、父皇號，並建廟爲祭，「常以歲時遣中常侍持節之河間奉祠」（《後漢書·河間孝王開傳》）。桓帝時，曾數次派遣宦官「之苦縣，祠老子」（《後漢書·桓帝紀》）。

肆、封禪

遠古以來，帝王敬於山川鬼神，累有封禪之舉。遠祖黃帝就多有封禪，「萬國和，而鬼神山川封禪與爲多焉」（《史記·五帝本紀》）。

唐玄宗爲粉飾太平盛世，於開元十三年（七二五年）十月舉行了規模盛大的封禪儀式。玄宗自東都洛陽出發，百官、貴戚、四夷酋長從行。每到一處，數十里中人畜滿野，運載物資的車隊連綿數百里。數萬匹牧馬，每種毛色爲一隊，望去宛如「雲錦」，蔚爲壯觀。

東行廿五天，十一月抵達泰山腳下，然後舉行了隆重的封禪儀式。這一政治性的喜慶典禮，充分表現出唐玄宗志得意滿、炫耀己功的情緒。

伍、慶典

古代的慶典甚多，如二十四節慶、帝王立儲登位慶典、帝王皇后生辰慶典、大軍班師回朝慶典、宮殿落成慶典、帝王娶妻慶典、宗室嫁女和親慶典等等。

唐玄宗於開元十八年（七三〇年）把自己的生日（八月初五）定爲「千秋節」。節時，唐玄宗在長安興慶宮花萼樓大擺酒宴，招待百官。百官紛紛獻賀，歌功頌德。玄宗大肆賞賜各級官員金銀珠寶絹帛各有差。自此以後，年年此節全國休假三天，聚宴歡飲以示慶祝。天寶七載（七四八年），更改「千秋節」爲「天長節」。宋代史學家范祖禹評價說：「夫節者，陰陽氣至之候，不可爲也；社者，國之大祀，不可移也。明皇享國既久，驕心浸生，（源）乾曜、（張）說不能以義正君，每以諂首以逢迎之，後世猶謂說等爲名臣，不亦異乎？」（《唐鑑．玄宗下》）。

陸、炫耀

古代許多帝王都喜歡炫耀其功德。尤其是那些荒淫但又有幾分能力的帝王更是如此。

金海陵王最爲荒淫，但卻常常炫耀其功德。「紹興二十八年（一一五八年）正月。金主（完顏亮）嘗召諫議大夫張仲軻，補闕馬欽，校書郎田與信，直長迪實，入便殿侍坐。金主……曰：『漢之封疆，不過七八千里，今我國幅員萬里，可謂大矣。』仲軻曰：『本朝疆土雖大，而天下有四主：南有宋，東有高麗，西有夏。若能一之，乃爲大耳。』……金主曰：『向者梁珫嘗爲朕言，宋有劉貴妃者，資質豔美，蜀之花蕊，吳之西施，所不及也。今一舉而兩得之，俗所謂因行掉手也。』……又曰：『朕舉兵滅宋，不過二三年，然後討平高麗、夏國，一統之後，論功遷秩，分賞將士，彼必忘勞矣』」（《續資治通鑑・宋紀一百三十二》）。

海陵王不僅荒淫，逞於武力，而且還有諸多僞善之舉。「金主喜沽譽，其謁陵也，見田間獲者，問其豐耗，以衣賜之。然亂政亟行，民不堪命，盜賊蜂起……而金主惡聞其事」（《續資治通鑑・宋紀一百三十三》）。

第九節　善言之惑

帝王都喜歡聽好話，聽順從自己意思的話，聽讚美自己的話，聽歌功頌德的話，聽讓人開心的話，聽自己想聽到的話，卻不喜歡聽壞消息，聽直言忠諫，聽中規中矩的話。

正因爲如此，自古君子難親，小人易近。

數歷代荒淫之主，無不是遠君子，親小人，對君子橫加殺戮，對小人昵而重用。商紂王淫亂，費仲善諛，而比干以忠諫被剖心而死。其後世如秦二世、漢哀帝、漢靈帝、隋煬帝、唐玄宗、宋徽宗、明英宗、明武宗等等，都寵任奸佞巧媚之徒，以致衰敗。

歷史上最爲開明納諫的君主要算是唐太宗李世民。大多數的時候，他能禮賢下士，虛心納諫，因而歷史上才會出現直言敢諫的魏徵和貞觀之治。然於魏徵，太宗亦常怒其太直，忌其太剛。魏徵死後，有褚遂良敢諫，而太宗並不將他作第二魏徵，再不能虛心納諫，致征伐高麗等決策多有失算。但每有失策，則能反躬自省，亦不失其明。

可見，帝王納諫多是有選擇性的、有條件的。忠臣義士常常錯以爲遇到了賢明之主，就可以以天下爲己任，忠言直諫，然而，卻必然會碰得頭破血流，家破人亡。

詔告天下求直言，常常是帝王虛張聲勢、樹立開明之主的一種手段。宋代特別是南宋最是多事之秋，一些帝王初任時似乎特別想順民意、圖改革，多次下詔徵求直言。事實上，天下偏有無數的呆子去相信詔書，恨不得傾盡心中所學去建言獻策，以報效君國。其結果要麼是石牛沉海，要麼是飛蛾撲火，連累家人。如宋度宗即位後，似乎想扭轉時局，於是立即下詔求直言。咸淳二年（一二六六年）六月，「史館檢閱慈溪黃震輪對，言時弊：曰民窮，曰兵弱，曰財匱，曰士大夫無恥。請罷給僧道度牒，使其徒老死即消弭之，收其田入，可以富軍國，紓民力。時宮中建內道場，故震首及之。帝怒，批降三級；用諫官言得寢，出通判廣德軍」（《續資治通鑑．宋紀一百七十八》）。在蒙古兵四處攻掠、時局極艱難之際，黃震之言實出於忠心，然而卻被降官貶外，天下誰還敢應詔直言。

所以，我們從眾多帝王拒諫中，可以解讀出滿朝文武大臣的緘默中所蘊含的那份沉重和無奈。

宦官是帝王身邊最親近的人，給皇帝進言極為便利。古代宦官中亦有忠心直諫之人，然而，這種人是極少數。大多數宦官都是善吹善拍之人，千方百計地討帝王的歡心。他們雖然文化水準不高，有的甚至是文盲，但他們如影隨形地跟隨在帝王身邊，對外廷事物聽多了，耳濡目染亦學了不少東西，對帝王的心思和想法更是用心揣摩，拿捏得恰到好處。所以，宦官給帝王進言時，帝王易於接受。尤其是帝王依重宦官管理朝政、刺探外廷情報時，宦官的話就非常有分量，以致有「外廷千言，不如禁密片語」（《萬曆野獲編．內閣密揭》）。

許多帝王是從小長在深宮之中，過著奢侈的生活，養成了嬌氣與霸氣。他們對於德高望重的儒者敬而遠之，不樂於講經治道。與紈褲子弟一樣，皇帝也是大多不願和知識淵博、正人君子交接的，而專喜和奴僕攀談，且專聽奴僕的話。這是因爲他們的知識，只夠聽奴僕的話，而且奴僕本無身分，亦無骨氣，所以肯傾身奉承他們。

對於宦官的話，許多君主特別是那些昏暗之主，他們常常不辨是非曲直，全憑自己的感覺就輕易地信任和採納，作出了許多錯誤的決策，其禍非淺。

第五章　治國之誤

遠古名臣皋陶曰：「非其人居其官，是謂亂天事。」古代帝王卻大量地使用宦官來擔當重任，刺探輿情，處理政務。宦官治國，其德、其能，均無法勝任所擔負的職責，其結果是擾亂了朝政，擾亂了正常的仕進制度，動搖了國之根本。

治國向來被看做是一件極爲神聖的事。能夠擔當治國重任的人，需要經天緯地之才，需要艱苦卓絕的歷練，需要超凡脫俗的膽略和遠見卓識。

按通常的理解，宦官雖名之爲官，但與以文治武功入仕的人素質相差甚遠。他們多出身低微，知識貧乏，缺乏治國之才，登不了大雅之堂。然而，歷史總是無情地嘲諷人們的正常思維。古代有許多帝王依靠宦官治理國家朝政，演繹了許多荒誕不經之事。

宦官在歷史上曾經參與許多重大事件，甚至出將入相，執掌權柄，左右國家存亡。以小聰明而擔大任，以強權和急功近利而愚弄天下，豈不荒謬。宦官們輕取權柄的優勢，使得他們妄自尊大，傲視天下英才，草菅天下生靈，豈不悲哉。

第一節　任宦之由

古代帝王，無論是明主還是昏君，之所以用宦官擔重任，參與政事，任其獨攬朝政，主要認爲宦官可親、忠順、有才、無害、易制，視他們爲自己政治上的依靠，放手使用，寵愛有加。站在古代帝王的角度來思考，宦官因爲是帝王身邊的人、最熟悉的人、最可靠的人，而被帝王委以重任。從這方面來理解，似乎又不足爲奇了。

壹、情之所依

人天生有惰性，都喜歡讓人服侍，帝王尤其如此。在這服侍過程中，自然會有感情。如漢高祖晚年病重期間，拒絕接見大臣，獨與宦官親近。「帝有疾，惡見人，臥禁中，詔戶者無得入群臣，群臣絳、灌等莫敢入，十餘日。舞陽侯樊噲排闥而入，大臣隨之。上獨枕一宦者臥。噲等見上，流涕曰：『始，陛下與臣等起豐、沛，定天下，何其壯也！今天下已定，又何憊也！且陛下病甚，大臣震恐，不見臣等計事，顧獨與一宦者絕乎？且陛下獨不見趙高之事乎？』帝笑而起」（《資治通鑑・漢紀四》）。劉邦之笑而起，非是畏群臣，而是擔心成爲第二個秦二世。

大多數君主從小就在宦官的呵護、溺愛之下成長，衣、食、住、行等，須臾都離不開宦官。在時間與空間的較量中，極少會有一個朝廷命官有宦官這樣密切接觸君主的機會。歷史上只有漢哀帝所寵愛的美男董賢有這樣的機會，即使是最會討皇帝歡心的蔡京父子，甚至是帝王的父母、妻妾也不會如宦官一樣與帝王如影隨形、朝夕相處、片刻不離。對於少年君主而言，宦官就是他們最可親、最忠順的人，對宦官有著很深的感情。

這種對宦官依戀之情反映最突出的是漢靈帝和明英宗。漢靈帝劉宏十二歲被迎立為帝時，竇太后稱制。靈帝最信賴的人就是宦官。他依靠宦官翦除朝廷內外反對派勢力後，對宦官們的寵愛達到無以復加的地步，甚至將宦官視作自己的父母，稱「張常侍是我公，趙常侍是我母」。其依戀之情溢於言表。

明英宗對於宦官王振亦是非常的尊敬和眷戀。英宗從小就是在王振的服侍下成長的，其關係如同師傅與學生，亦如父子，任何彈劾打擊都影響不了他們之間的感情。「帝雖日益長大，而倚賴振如父師」（《明史講義．奪門》）。土木堡之役，英宗被也先所俘，完全是王振之過。然而，英宗復辟後，不但沒有去反思，反而還為王振祭祀招魂，並賜祠曰精忠，終生不悔不悟。

許多少年天子或昏庸之君，他們的情感天秤一直傾向於宦官，我們後人對此還易於理解。對那些明知宦禍無窮，卻又從情感上難以割捨，以致釀成悲劇的君主們，後人更多的是扼腕歎息。最典型的是春秋戰國時期的齊桓公。齊桓公依靠管仲成就霸業，然而，他更喜歡宦官豎刁吹拍獻媚。在管仲的勸說下，桓公將豎刁放逐了三年。由於已習慣了豎刁的服侍，在豎刁外放的三年裡，桓公是寢食難安，明知其害，復將他召回來，終成晚年之禍。

在各種政治勢力的角逐中，即便是對宦官心存戒備的明君，亦是迷茫中從情感上傾向宦官。如果說秦朝宦禍未使漢代統治者有所警惕的話，東漢宦禍卻使曹魏有所戒備。兩晉南北朝時宦官勢力復熾，應足以讓唐朝的統治者爲戒，然而，唐玄宗中興之後，卻在朝臣的更替中更傾斜於宦官。唐玄宗任用宦官高力士參決朝政，「每四方進奏文表，必先呈（高）力士，然後進御，小事便決之。玄宗常曰：『力士當上，我寢則穩。』故常止於宮中，稀出外宅」（《舊唐書·高力士傳》）。

心知宦禍而不能止的明君要算明太祖朱元璋了。朱元璋曾感慨地說：「吾見史傳所書，漢、唐末世，皆爲宦官敗蠹，未嘗不爲之惋歎……向使宦官不得典兵預政，雖欲爲亂，其可得乎？」（《明史紀事本末》卷十四）。認爲「此曹善者，千百中不一二」。於是採取了一系列的限制措施，並且在宮門中鑄了一塊鐵牌，書以「內臣不得干預政事，犯者斬」（《明史·職官志》）。可見，朱元璋之防範宦官干政意識在歷代帝王中算是非常難得的。然而，明初的幾件大事讓朱元璋的想法動搖了。在丞相胡惟庸案中所坐誅者就達三萬多人，連一向最爲信賴的李善長都牽涉其中。後又有藍玉、郭桓、空印等案，所牽涉的不僅有朝臣，還有自己的宗親，使一向精明警醒的朱元璋都茫然不知誰可依靠了，逐漸啓用宦官當差。「明歷世患奄，要不得不謂由太祖之作俑」（孟森《明史講義·開國》）。

所以說，在古代帝王中，無論是開國勤勞之君，抑或承傳守成之君，抑或勵精圖治之君，抑或荒淫之君，都與宦官有著很深的淵源。這種感情的基礎是建立在時間和空間的親密接觸之中，是建立在日積月累、由微漸著、不可或缺、無處不在的政治與生活相互糾纏難以斷然分離的漩渦之中。

貳、才堪重用

古帝王用宦官擔當重任，除了從感情上與宦官貼近外，在才識上對宦官也有所認可。

春秋戰國時期，齊桓公認可宦官豎刁的才能。不只是因爲豎刁善於諂諛，還因爲桓公本人「妒而好內」，而豎刁可以幫他掌管宮禁以「治內」，使後宮妻妾和平相處。

秦始皇是一個自視甚高的人，不是單靠吹拍就能受重用的。他認可宦官趙高的才能，是因爲「始皇聞其強力，通於獄法」，所以非常欣賞，遂委以重任，「舉以爲中車府令，使教胡亥決獄」（《資治通鑑·秦紀二》）。

秦二世爲少年天子，是在宦官趙高的培養和一手策劃下成爲皇帝的，不但從感情上依賴趙高，對趙高的政治才能更是深信不疑，言聽計從，甚至完全委政於高。

宋神宗對宦官李憲的軍事才能特別依重和信任。「元豐四年（一〇八一年）六月。帝（神宗）初議西討，知樞密院孫固曰：『舉兵易，解禍難。』前後論之甚切。帝意既決，固曰：『逼不得已，請聲其罪薄伐之，分裂其地，使其酋長自守。』帝笑曰：『此眞酈生之說。』時執政有請直渡河者，帝意益堅。固曰：『然則孰爲陛下任此者？』帝曰：『吾以屬李憲。』固曰：『伐國大事，而使宦官爲之，士大夫孰肯爲用？』上不悅。固請去，不許。它日，又對曰：『今舉重兵五路並進，而無大帥，就使成功，兵必爲亂。』固數以大帥爲言，帝諭以無其人，同知樞密院呂公著進曰：『既無其人，不若且已。』固曰：『公著言是也』」（《續資治通鑑．宋紀七十六》）。儘管大臣反對，神宗最後還是任用了宦官李憲統兵西征。

古代帝王爲什麼會那樣賞識宦官的才識？究其原因，大致有三個方面：第一，宦官中的絕大多數人都是出身低賤，能識文斷句的人極少。因此，一旦某宦官有文化，懂獄法，或者能說會道，善於領略帝王的旨意，就容易引起帝王的重視；第二，古帝王多是承傳之主，本身才識有限，不知如何辨別人才，不知何爲歪才，何爲正才；何爲治國幹才，何爲小聰明；何爲忠臣，何爲佞臣。他們從小接觸得最多的就是宦官，對稍有才智的宦官，便認爲是非常了不起的人，從而形成了一定的思維定式。一旦有差事，便悉加委任；第三，古代許多帝王本來無治國之才識，對如何治理好國家沒有更明確的目標，並不知道自己的責任之重大，認爲文臣武將能做的事，宦官們一樣也可以做。

參、無害易制

古帝王多猜忌，朝臣不可信，將帥不可信，外戚不可信，宗親不可信，故歷史上常有誅滅朝中重臣、外戚、宗親的事件。在錯綜的政治鬥爭和力量對比當中，帝王更倚重和傾向於宦官。他們認爲宦官大多無子女，刑餘之人不會有更多的欲望，不會結黨，不會過多地貪財，不會過於持重，不會陰謀篡位，容易制處。所以，自古帝王對於宦官大多都是不設防的。

漢元帝重用宦官的一個重要原因，就是認爲「中人無外黨，精專可信任，遂委以政」。此語大謬不然。元帝所寵任的宦官石顯，自執掌中書大權之後，極力勾結朝臣，結黨自固，並且極力排斥異己，「內深賊，持詭辯以中傷人，忤恨睚眥，輒被以危法」（《漢書．石顯傳》）。

明正德年間，當朝臣對宦官假公濟私、貪求無厭等行爲進行揭露抨擊時，明武宗輕描淡寫地說：「天下事豈專是內官壞了？」（《弇山堂別集．中官考五》）。權閹劉瑾獨攬朝政，被人揭發其「陰謀不軌」，明武宗毫不在意，竟云：「天下任彼取之！」（《明史紀事本末》卷四十三）。

儘管歷代宦禍不斷，然而，帝王們似乎更害怕文武百官掌權，害怕外戚專權，害怕宗親坐大謀篡。所以，古帝王認為，宦禍再烈，其權勢都是依附於君權；沒有君權的庇護，再有權勢的宦官頃刻間就會失去一切。對於這一點，帝王們似乎都非常自信。

第二節　委宦重任

古帝王正是有著戀宦、重宦、用宦情結，所以在君主專制家天下的時代，委任宦官擔當重任就成了一件再正常不過的事了。

第一個爵位最高而且有實權的宦官是嫪毒。嫪毒是呂不韋引進給秦始皇的母親作面首的假閹人，被寵幸後，封為長信侯，「事皆決於嫪毒」（《史記．呂不韋列傳》）。

第一個以朝廷重臣身分出現的宦官是趙高。趙高因沙丘之謀，有策立之功，秦二世即位後，即封他為郎中令。在趙高的策劃下，秦二世掌權後，第一件大事就是大肆地誅戮宗親和朝中重臣，秦始皇的二十多個子女被誅殺殆盡。趙高還設計陷害了左丞相李斯、右丞相馮去疾、將軍馮劫。謀害李斯之後，趙高任中丞相，此時爲獨相，位在一人之下、百官之上，朝中大權集於高，二世已形同傀儡。

漢代宦官權力擴張到典掌中樞機要、監議朝會、察舉用人、典領軍務、司法治獄、內廷財務、祭祀禮儀等方面，形成了一股重要的政治力量，尤其是在君權與外戚專權及官僚士大夫之間的鬥爭中充當重要角色。他們常因策立之功和誅亂之功長期把持朝政，多次甚至是長期出現宦官專權的局面。

北魏政權是由少數民族建立起來的，統治階層很少有排斥宦官的心理，對宦官干政缺乏抵制，使整個北魏的宦官在政壇上十分猖獗。北魏宦官所擔任的官職比任何朝代都普遍、都顯赫。其特點：一是官職品秩高。宦官所任的官職最高可列從二品上階；二是朝職及軍職顯赫。宦官出任朝職，高者位極人臣，如宦官宗愛曾官任大司馬、大將軍、太師、都督中外諸軍事、領中祕書。出任重要朝職的宦官多有其人，如宦官王琚曾任禮部尚書，宦官趙黑曾任選部尚書，宦官王遇先後出任吏部尚書、將作大匠，等等；三是出任地方官職較普遍。宦官出任州刺史大有其人，如宦官仇洛齊曾任冀州刺史；宦官段霸曾任定州刺史，宦官王琚曾任冀州刺史，宦官趙黑曾任定州刺史，宦官孫小曾任并州刺史，宦官張宗之曾任東雍州刺史，宦官劇買奴曾任幽州刺史，宦官抱嶷曾任涇州刺史，宦官王遇曾任華州刺史，宦官王質曾任瀛洲刺史，等等。宦官出任郡太守或縣令的事例，亦是常見，這種情況大多帶有貶斥降徙之意；四是受封爵位極高而且很普遍。北魏宦官受爵等級沒有限制，王、公、侯、伯、子、男諸等爵位均可賜封。北魏宦官受封為公者在十人以上，受封為王者亦有四人，堪稱歷代之最。

唐代的皇權進一步加強，武則天時期，官僚士大夫勢力被削弱。自唐玄宗以後，外戚勢力沒有形成大氣候，這就為宦官勢力擴張提供了機會，成為一支強大的政治力量。唐代的巨閹很多，如楊思勗、高力士、李輔國、程元振、駱奉先、魚朝恩、吐突承璀、王守澄、仇士良、魚弘志、楊復光、田令孜、楊復恭等人。

唐代宦官所任職務及權力有三個顯著特點：第一是宦官執掌朝政的合法化。特別是後期，宦官完全把持中樞機要之權，執掌樞密院，出現「宰相、樞密共參國政」（《資治通鑑．唐紀六十六》）的局面。宦官李輔國身兼十數職，最高職務為司空、中書令，擔任了實際上的宰相職務；第二是宦官執掌兵權。由宦官統領都城的禁軍，這是一項非常大的實權，許多巨閹就是因為執掌禁軍，才可以專權擅政。宦官出使監軍也是自唐開始形成制度。唐代的宦官多領軍職；第三是宦官把持對君主的廢立大權。宦官操持皇宮內外大事，發展至「萬機之與奪任情、九重之廢立由己」（《舊唐書．宦官傳》）、禁中之事「外大臣固不得知」、「但是李氏子孫，內大臣立定，外大臣即北面事之」（《唐語林》卷七）的局面。

宋代在總結唐代宦禍的教訓基礎上，對宦官勢力的發展有所抑制，沒有出現過宦官專權的局面。但是，宦官仍是一支重要的政治力量。宋代宦官勢力發展有三個特點：一是擔任軍職。宦官所擔任的重要職務，除了承傳唐代的典掌樞密外，最重要的是擔任軍職。宋代一直忌諱文臣武將統兵，故「軍無常帥，將無常師」，卻放心地讓宦官典領軍權。宋代的宦官廣泛地參與各類軍事活動，不但每一個軍隊裡有宦官監軍，而且還直接委派宦官統兵打仗；二是執掌地方軍政大權。一些權閹被任命為節度使、節度觀察留後、觀察使、防禦使、團練使、刺史等職；三是與佞臣勾結。宋代出了幾個歷史上臭名昭著的奸臣，如蔡京、蔡攸父子，王黼，朱勔，秦檜，賈似道等。這些奸佞之臣大都與權閹童貫、宋用臣、梁師成、董宋臣相互勾結，才得以逞其威福。這就造就了特有的歷史現象：昏君、奸臣、佞宦三者連為一體，驕奢淫逸，無惡不作。

明代宦官干政擅權的現象非常突出，其宦官機構之龐大、職權之廣泛、持續時間之久遠、影響之深刻，曠代所無。明代宦官並沒有出現過擔任丞相、將軍之類的高級文武官職，但其實際職權卻遠勝於宰相、將軍。其合法權利包括：

一是在朝政事務方面擁有批朱、傳旨、參加閣議、監國、顧命、立法改制、進退大臣、出使外國、主持營建工程、參與地方政事等方面的權力。這其中的批朱之權實際上是代皇帝行使職權。

二是在宮廷事務方面有總管內廷事務、按治皇族藩王、挑選駙馬后妃、參與宮廷禮儀、參與謀易太子等權力。

三是在軍事方面有提督京營、統兵出征、監軍監餉、鎭守地方、守備要塞等權力。有軍必有監，宦官對軍隊的控制權力很大。

四是在司法方面有提督東廠、會審錄囚、干預地方刑名、處置犯法宦官等權力。國家的司法權實際掌控在宦官手中。

五在經濟方面有總理戶部工部、管理皇莊、充任礦監稅使採辦等權力。國家經濟大權亦爲宦官所掌控。

六是在外交方面多由宦官代表朝廷出使。

因此，從上述職權可以看出，明代的宦官雖然在朝中所任的官職並不如唐朝宦官顯赫，但是，他們所掌握的實權遠在百官之上，形成了主奴同治、甚至是奴才當家的格局。

縱觀歷史，委任宦官擔當重任主要表現爲以下三種情況：

第一，君主荒淫。荒淫之主必貪圖美色，廣置後宮，則必然需要增擴宦官爲之採辦和服務；必大興土木，治修宮殿，需要宦官爲之督工；必沉湎嬉戲玩樂，需要宦官爲之陪服；必然好大喜功，聽不進忠臣賢士之諫，橫徵暴斂，以逞一己之欲，於是需要宦官爲之當差；必不喜見大臣，章奏由宦官轉呈，外事由宦官宣旨，甚者委政於宦官。

第二，女主當政。歷史上有個別女主直接掌政，大多則是主幼時女主稱制監政。女主掌政，由於男女之大防，不便於直接與男性朝臣相接觸，許多事情都要通過宦官去溝通和銜接，聖意需要宦官去貫徹落實，於是，宦官的作用就會被凸顯出來。

第三，君臣失和。歷代凡是對朝臣多猜忌不信任，與宗室、后族矛盾突出之主，必然依重於宦官。

第三節　治國之失

古代帝王重用宦官治國，必然會引起朝政混亂，國力衰竭，這是鐵定的歷史規律。

西周末年，宦官插手政事的現象已有發生。《詩經·大雅·召旻》云：「天降罪罟，蟊賊內訌，昏椓靡共，潰潰回遹，實靖夷我邦。」其中所說的昏椓，即爲閹人宦官。漢代人鄭玄箋注釋爲：「王遠賢者而近刑奄之人，無肯共其職事者，皆潰潰然維邪是行，皆謀夷滅王之國。」說明那時的周天子寵任刑閹宦官，激化了統治階級內部的矛盾，導致政治更爲昏暗腐敗，從而加速了西周王朝的敗亡。

秦朝、漢朝、十國中的前蜀與南漢、唐朝、北宋與南宋、明朝等等，這些朝代由盛至衰，都與宦官弄權有著莫大的關係。

國家的治理不是一般的經常性的朝廷事務處理，而是一門很深的學問，需要正確的治國理念、卓越的治國才幹和公平正義的道德修爲。然而，這些素質要求對於宦官而言是很難做到的。其一，在治國理念上，宦官不屑於去學習儒學，不屑於從國家長遠利益去理性思考問題，他們所考慮更多的是眼前利益和自身利益。「反正這個國家不是自己的」、「有權不用，過期用廢」，這些理念更扎根於他們的心中，左右他們的行爲。其二，在處理政務才能方面，他們所被君主們認可的才幹，只不過是一般性的處理朝政事務能力，絕不可能具備創新性地開展工作的能力。其三，在道德修爲方面，宦官因其受過閹割，性格往往被扭曲，表現出嗜利性、報復性、享樂性的特徵。

所以，宦官治國，由於其本身知識、才能、道德修養的局限性，必然會爲權力所惑、爲利益所誘、爲朋黨所用、爲名器所累、爲淫逸所困，從而誤導國家，禍及百姓。

及時掌握輿情，洞察社會穩定狀況及人心向背，這是任何統治者維持其統治所需要關注和重視的事情。否則，就是盲人騎瞎馬。

壹、輿情之失

在封建專制時代，君主了解和刺探輿情形式主要有五種：其一是地方上報制度。此制度始於戰國，古稱上計。秦代上計內容更爲充實，自唐以後，歷宋元明清，上報制度日益健全；其二是各級官吏的奏章疏報。古代各級官吏經常通過上封事的形式給帝王上報民情，建言獻策。稍微清醒的君主則廣開言路，允許臣民極言時政得失；其三是監察御史及朝中大員巡察。秦漢以後，歷代都建立了御史臺（明清時期稱都察院），設監察御史，充當皇帝的耳目，刺察民情社意和各級官吏的情況，以專奏皇帝。歷代皇帝還不時委派朝中的官員有針對性地出巡全國；其四是帝王巡行；其五是宦官刺情。

在這五種形式當中，帝王出巡不易，官方正式管道亦多弊端，帝王最爲信賴的只有宦官。秦二世即位後，輿情完全由宦官趙高掌控。東漢中後期及唐代中後期，帝王所了解的輿情亦由宦官操縱。宋代時，委任宦官採訪外事成爲一種經常化的形式。明代的特務政治，將宦官刺探輿情合法化。明代宦官刺探輿情有專門的機構，主要是東廠。東廠的職掌爲「刺緝刑獄之事」（《明史．職官志》），其緝察偵訪的範圍廣、權力大，不受其他部門管轄，只對皇帝負責，其影響之深遠爲歷代之最。

依靠宦官刺探輿情，其弊甚多：其一，難採實情，易流於道聽塗說。宦官由於缺少歷練，才識極爲有限，而且長期養尊處優慣了，他們最容易將一些道聽塗說的東西當做寶貝；其二，不辨曲直，易爲愛憎所左右。宦官最易爲利益所誘惑，爲個人愛憎所左右，所以，他們對自己喜愛的人可以隱瞞事實進行偏袒，對憎恨的人可以任意構陷；其三，不知輕重，唯以媚上邀功爲旨；其四，挾權逞威，欺下瞞上，敲詐勒索，妄自作爲。

南朝劉宋前廢帝寵信閹人華願兒，「常使（華）願兒出入市里，察聽風謠」（《宋書．戴法興傳》）。

北周宣帝荒淫失道，爲了控制輿論，「恐群臣規諫，不得行己之志，常遣左右密伺察之，動止所爲，莫不鈔錄，小有乖違，輒加其罪」（《周書．宣帝紀》）。

唐代權閹李輔國掌政時，即派遣特務監視百官，「置察事廳子數十人，官吏有小過，無不伺知，即加推訊」（《舊唐書．李輔國傳》）。

北宋時期，皇帝正式委任宦官刺探輿情。治平四年（一〇六七年）八月，司馬光給神

宗皇帝諫言：「竊聞陛下（神宗）好令內臣採訪外事及問以群臣能否，臣竊以為非宜。陛下內有兩府、兩省、臺諫，外有提、轉、牧、守，皆腹心耳目股肱之臣也。誠能精擇其人，使之各舉其職，則天下之事，猶一堂之上，陛下何患於不知哉！今深處九重，詢於近習，採道聽塗說之言，納曲躬附耳之奏，不驗虛實，即行賞罰，臣恐讒邪得以逞其愛憎，而陛下為之受其譏謗也」（《續資治通鑑．宋紀六十五》）。司馬光的這番話說得委婉，卻非常深刻揭示了帝王委任宦官採訪外事的危害性。由於宋王朝對唐代宦禍一直引以為戒，因此，此種現象雖然時有發生，卻未能形成大氣候。

明代開國之君朱元璋，出身雖低，卻也善於從歷史中汲取經驗，認為「若用其為耳目，即耳目蔽；用為心腹，即心腹病。」所以立國之初，對宦官採取了嚴厲的裁抑措施，「敕內官毋預外事」（《明史紀事本末》卷十四）。然而，正是這位對宦官深存戒備的君主，破壞了自己所設禁令，開啓了明代宦禍之端。

明代宦禍主要發於朱元璋刺探輿情之需。朱元璋為人多猜疑，不但自己經常微服私訪，以刺探朝廷重臣的動態，還於洪武十五年（一三八二年）設置了錦衣衛，賦予巡察緝捕之權，其長官漸由宦官充任。朱元璋在位時發生了宰相胡惟庸謀叛案、藍玉恃功驕縱案、空印案、郭桓坐盜官糧案等四起大案，功臣誅殺殆盡，牽連甚廣，每一案所誅者上萬人。經過這幾起案子，朱元璋對朝臣更加不放心，對宦官日漸倚重。

明成祖朱棣篡位後，爲了鎮壓各種反對勢力，建立了規模最大、持續最久、以宦官爲主導的特務機構——東廠。東廠最主要的使命就是「刺大小事情以聞」（《弇山堂別集·中官考一》）。明憲宗時期還設立了西廠，明武宗設立了內行廠，這些都是宦官爲主體的特務機構。明代的特務機構完全架空了內閣，成了帝王最爲倚重的耳目和辦案機構。

明代的廠、衛特務遍布於官府和民間，從「中府諸處會審大獄」，到「家中米鹽猥事」，無不在其打探之列。他們橫暴滋事，陷害忠良，濫使刑罰，「無辜受屈者甚多」，「民間鬥詈雞狗瑣事，輒置重法」（《明史·汪直傳》）。普天之下，無論官吏，抑或尋常百姓，莫不懼畏宦官甚於猛虎，「遠州僻壤，見鮮衣怒馬作京師語者」，即驚走相告，避之唯恐不及。全國都處於特務政治下的恐怖之中。

明代的宦官，在廣泛地刺探輿情的過程中，挾權逞威，凌虐吏民，無惡不作，極大地破壞了社會秩序，激發了各種社會矛盾。

貳、朝政之失

一切祖宗之法、是非曲直、公理人心常常屈從於強權。宦官專權，總攬或干預朝政，

朝政便以宦官的意志為主宰。這主要是由於皇帝的私欲嚴重和包庇縱容所致。

古代帝王不理朝政者，最突出的是明朝中後期的皇帝。明武宗沉溺於嬉遊田獵，經常不上朝；明世宗深居宮內，修仙煉道，三十年不理朝政；明穆宗也不大過問朝政；明神宗自首輔張居正死後，朝政俱廢；明熹宗更是自得其樂，任由宦官魏忠賢把持朝政。

歷朝歷代宦官專權處理朝政，其禍害匪淺，主要表現為四個方面：

其一是阻塞言路。宦官干政最大的優勢在於掌控中樞，把持言路。百官的奏章、進言，均需要通過宦官才能傳遞到帝王。宦官於是以是否有利於自己為標準進行選擇，這樣導致言路阻塞。如秦二世時期，趙高隔絕君主，報喜不報憂，直到劉邦攻占武關，兵臨咸陽時，二世才知道天下已亂得不可收拾了。

其二是矯詔行事。宦官常常「口含天憲」，甚至矯詔行事，叫人真假難辨。明代馬孟禎於一六一一年給神宗上疏說：「二十年來，郊廟、朝講、召對、面議俱廢，通下情者惟章奏。而疏入旨出悉由內侍，其徹御覽與果出聖意否，不得而知」（《明史．馬孟禎傳》）。明代宦官掌朱批、宣旨之權，常有假傳聖旨之舉，然而，百官又見不到皇帝，真真假假，誰都沒辦法去證實。

其三是擅改制度。歷朝歷代對於治理國家事務、防止權力濫用，都建立了相應的規章制度。然而，所有的制度對於強勢的宦官而言都形同虛設，可以隨意更改和設置。如明武宗朝，宦官劉瑾專權，制定了許多新法，「創用枷法」，「復創罰米法」，規定餘姚與江西人「毋授京官」，增加其家鄉陝西鄉試名額，等等。

其四是敗壞風氣。宦官理政，「是非由其愛憎，刑威恣其燔炙，兵事任其操縱，利權歸其掌握」（《國朝宮史》），給朝風帶來極壞的影響。一些宦官以帝王的代言人自居，遇事不講理，對大臣隨意呵斥，氣勢凌人。朝臣有理無處申，賢者遠避，庸者唯有敬之、畏之、從之。一些宦官恃勢得售其奸，胡作非爲，導致朝政荒亂，黑白顛倒。明萬曆年間，駙馬冉興讓無端遭受宦官群毆，參與群毆的宦官被置之不問，而遭受辱打的駙馬卻受到了責罰。宦官勢盛時，朝中趨利之人，奔走宦門，深自依附，以求進取。宦官魏忠賢專權時期，內外官僚奔走其門下，自稱兒孫，權閹集團及其投靠依附的閹黨遂控制了朝廷的內外大權。整個官場不是崇尚建功立業、造福天下，而是以依附權閹、盤剝百姓爲榮，風氣極爲敗壞。

參、吏治之失

中國的吏治制度是世界上最悠久最齊備的官僚制度。官僚的選擇，西周以前以蔭襲制爲主，戰國時期就有推薦與自薦，兩漢的察舉、辟除、徵召、薦舉，魏晉的九品中正，隋唐宋以後的科舉、制舉、保舉、薦舉制等等，形式多樣。官員的晉升與考核亦有相應的磨勘升遷之法。

然而，歷史上的吏治制度最大的特點是以官舉人，權柄操縱在上。是非隨愛憎，褒貶於一人，「所疏則削其所長，所親則飾其所短」，致使「所欲與者，獲虛以成譽；所欲下者，吹毛以求疵」。人爲操作的因素太重太濃。

以科舉爲例，自隋創立科舉之法，爲吸引寒門人才打開了一扇方便之門，其法在當今世界上更是日臻完善。但是，只要是在人治社會，考選之法就會爲權貴所操縱。

如北宋哲宗時期的紹聖四年（一〇九七年）三月，通過科舉考試錄取了六〇九名進士。其中第二名方天若是翰林學士承旨蔡京門生，第四名章持是宰相章惇之子，第五名李元膺是朝官李察之子。

南宋秦檜爲相時，其子秦熺、其孫秦塤均爲狀元。「紹興十二年（一一四二年）科舉，諭考試官以其子熺爲狀元，二十四年（一一五四年）科舉，又令考試官以其孫塤爲狀元」（《續資治通鑑．宋紀一百三十》）。宰相發話，主考官唯恐慢怠，奉獻殷勤不已，誰還敢用心考試其子其孫的才情。科舉制成了官二代、官三代的遮羞布。

從上述兩例中，我們可以看出歷代權臣是如何地操縱科舉的。科舉制尚且如此，官員的升遷更不用說了。

宦官掌管官吏選任之權，比那些奸佞之臣更膽大、更張狂、更直接。

秦二世時期，宦官趙高誅戮宗親和朝中大臣後，由郎中令提升爲中丞相。趙高爲相後，執掌用人大權，直接提拔其弟趙成爲郎中令，其婿閻樂爲咸陽令，朝中大臣凡順己者昌，逆己者則陰以法治之。

兩漢時期，宦官權勢甚張，凡徵辟、察舉者無不望風迎附，非其子弟，即其親知。東漢順帝時，河南尹向朝廷推薦了六個孝廉，其中五人是按宦官的「書命」辦的，只有种暠一人爲眞「孝廉」。宦官「子弟親戚，並荷榮任」（《後漢書．朱穆傳》）。

宦官掌控仕進之門，必然降低官吏的素質。漢代出現「舉秀才，不知書；察孝廉，父別居；寒素清白濁如泥，高第良將怯如雞」（《抱朴子．外篇．審舉》）的局面。宦官及其子弟壟斷仕途，破壞了正常的仕進秩序，阻塞了一般官吏和士人階層的政治出路，加劇了政治危機。

明朝宦官最猖獗，帝權旁落，官吏的選任大權全在宦官的掌握之中。宦官對內外官員的進退，上至內閣大學士，下至六部九卿、封疆大吏，絕大多數需靠宦官援引，否則會被宦官羅織罪名，加以陷害。就是明神宗初期最爲有名的首輔張居正，亦是拜結宦官馮保才得以入閣的。明憲宗時期，宦官梁芳「取中旨授官，累數千人，名傳奉官」（《明史・宦官傳》）。明代最爲張狂的是宦官魏忠賢。魏忠賢擅政七年，大肆地翦除異己，進用自己的黨羽，以致時人稱內閣首輔、次輔們爲「魏家閣老」，六部九卿、四方督撫、郡縣官吏等等紛紛拜在魏忠賢的門下，自稱乾兒義子義孫，旗下走狗更是不可勝計。

非但如此，連諸如選駙馬、后妃、謀易太子等事，宦官們亦參與其中。

由此可見，宦官們攫取朝廷內外官員的任免權，使整個官場中奔走權閹之門的得勢，貪贓枉法者無所顧忌，腐敗奢侈之風愈演愈烈，直至朝代的滅亡。

正是在宦官們的助長下，吏治腐敗成了中國古代官場上週期性擴散蔓延和永遠難以治癒的毒瘤。

肆、軍事之失

兵者，國之利器。善掌之，則國泰民安；失之，則生靈塗炭，政毀人亡。故歷代賢明之君對之愼之又愼。

然而，如何持續有效地保持對軍隊的控制權？如何防止因軍隊腐敗墮落而失去戰鬥力？這一直是歷代賢明之君無法破解的難題。

歷史的困惑在於，其興國之兵常常士氣高昂，所向披靡；太平之兵日益驕墮，空耗國力。開國之君常是與士卒同甘共苦，如同手足；守成之君常是深居宮中，不知將兵之道。最艱難的抉擇在於，委兵權於賢能名將藩王，則會擁兵自重，危及社稷；委兵於易制之人，則其不知治兵之法，易失其利。

在迷茫、困惑和權衡之中，帝王們逐漸啓用宦官監控甚至是直接掌控兵權。

春秋戰國時期就有宦官參與軍事活動的記載。晉國發生內亂，公子重耳逃奔到了蒲國。晉獻公爲追殺重耳，委派宦官披率兵討伐蒲國，「使寺人披伐蒲」（《左傳·僖公五年》）。

漢代時，宦官在軍務方面已掌握了許多實權：一是掌握守衛禁省之權。內廷禁省的守衛任務，由中黃門宦官負責，「中黃門，守禁門黃闥者也」（《資治通鑑·漢紀二十七》胡三省注）；二是典領禁軍之權。漢代侍衛宮省的禁軍，主要是光祿勳屬下的虎賁、羽林軍。東漢君主在誅除外戚時，常授以宦官典領禁軍之權；三是出任監軍。宦官監軍，自漢時開其先河，至唐時成爲定規。如漢靈帝時期，北中郎將盧植率兵鎮壓黃巾起義，靈帝「遣小黃門左豐詣軍觀賊形勢」（《後漢書·盧植傳》）；四是統領軍隊。漢靈帝時期，「帝以蹇碩壯健而有武略，特親任之，以爲元帥，督司隸校尉以下，雖大將軍亦領屬焉」（《後漢書·何進傳》）。宦官蹇碩軍權很大，不但統領西園八校尉，而且其餘眾軍都在其督領之下；五是虛受軍職。東漢宦官可以加授騎都尉、奉車都尉、車騎將軍等軍職。

唐代用宦官監軍統兵，始於開元、天寶年間。安史之亂時，宦官李輔國挾太子北走靈武，建立流亡政府，李輔國爲元帥行軍司馬，掌管軍權。唐代宗時期，欲除李輔國，因憚其握有兵權而未果。其後的權閹，如程元振、魚朝恩、竇文場等都相繼典領禁軍，怙寵擅權，甚囂塵上，節度使都受其控制，以致「戍卒不隸於守臣，守臣不總於元帥，至有一城之將，一旅之兵，各降中使監臨」（《陸宣公集》），全國的兵權都落到了宦官手中。

宋代帝王最忌文臣武將領掌兵權，不但任使宦官監軍，而且重大的軍事行動還委派宦官統兵出征，宦官出任軍職的現象很普遍。如宦官秦翰歷仕太祖、太宗、眞宗三朝，多次參加軍事戰鬥，「倜儻有武力，以方略自任」（《宋史．秦翰傳》），任過川陝招安巡檢使、都監、都鈐轄等重要軍職。宦官張崇貴也先後任過監軍、都監、都鈐轄等職。北宋最著名統兵宦官是王繼恩和童貫。王繼恩官拜劍南兩川招安使，軍權很大，「軍事委其制置，不從中覆」（《宋史．王繼恩傳》）。童貫統兵規模最大、時間最久，官封太師，爵至廣陽郡王，後加封太傅，封涇國公。

在歷朝歷代中，宦官對軍隊影響力最大的是明朝。明代宦官是「天下兵馬的總監督」，「一手握定天下兵權」（《明代特務政治》）。可以說，只要有軍隊，就會有宦官。宦官掌兵，一是直接統率軍隊；二是巡邊或監軍；三是派出鎮守太監和守備太監。直接領兵最著名的例子，是宦官王振總兵五十萬征瓦剌。明憲宗時期，宦官汪直出外巡邊或監軍時，多有謊報軍情、虛耗糧餉、殺良冒功、詐增戰績之舉，朝臣畏其權勢，不敢揭發彈劾。鎮守太監的權力也是非常的大，「鎮守中官與督撫、總兵官坐次，中官居中，總督居總兵官左」（《明史·朱英傳》），既「擅執軍職」，又「巡歷地方」，責任不大權力大，實際上成爲鎮守地方的最高長官。而守備太監更是顯赫，「據首席，協同爲侯伯則上坐，都督則側坐」（《鳳洲雜編》）。

宦官掌兵，其弊主要有五：

一是不知兵略，扼制大將，貽誤戰機。統兵征戰，需要知兵略，善謀劃。然而，宦官統兵，無遠見卓識，多不識兵略，不知進退，胡亂指揮。明成祖最大的失誤是，信任宦官亦失哈以遼東鎮守太監的身分主持奴兒干都司軍政事宜，舉措失當，使東北女眞族逐漸崛起。最慘的是明代的土木堡之戰，宦官王振不知兵略，舉措失當，統領的五十萬大軍全軍覆滅，王振亦在亂戰中喪生，明英宗被也先所俘。統軍失措，監軍亦難。宦官監軍處處與統兵將領掣肘，以顯示其權威。明憲宗成化十四年（一四七八年），遼東巡撫陳鉞因爲殺害海西女眞部落民冒充寇賊邀功，激起女眞叛亂。兵部右侍郎馬文升前往撫諭，平定了叛亂。權閹汪直前去巡視，顛倒黑白，竟然將陳鉞「激變屬部」變奏爲馬文升擅禁農器，激起邊釁，從而將馬文升逮捕送京詔獄。

二是索取財物，克扣軍餉，巧取豪奪。典兵監軍的宦官們貪財好利，有三種慣用做法：其一是虛報冒領吃空餉；其二是克扣軍餉；其三是私役士兵。監軍的宦官則直接向領軍的將領索取財物。如漢桓帝時，出征的將領常遭受宦官陷害，「宦官輒陷以折耗軍資，往往抵罪」（《後漢書．馮緄傳》）。漢靈帝時，北中郎將盧植出征，宦官左豐監軍。盧植因不肯進奉賄賂，故受到了左豐的讒言誣陷。明代宦官典兵監軍，更是惡行累累。

三是排擠異己，畏敵避戰，貪冒軍功。宦官掌兵，看重的不是國家利益，而是如何維護自己的私利和權威，對任何不順從自己的將帥，都要置之死地而後快。如明代著名將領袁崇煥就是因宦官進讒言而死。

宦官貪冒軍功更是十分膽大。宋代童貫在這方面多次爲之。政和五年（一一一五年）九月，「王厚與劉仲武合涇原、鄜延、環慶、秦鳳之師攻夏臧底河城，敗績，死者十四五，秦鳳等三將、全軍萬人皆沒。厚懼罪，重賂童貫，匿不以聞」。宣和元年（一一一九年）三月。童貫統安城之戰，喪師十萬，損兵折將，然而「貫隱其敗而以捷聞。……宣撫使司以捷聞，受賞數百人」（《續資治通鑑．宋紀九十三》）。明代的宦官領兵，多有殺良冒功之事，「實未嘗決一戰，惟割死人首冒功而已」（《明史．高起潛傳》）。成化十五年（一四七九年）七月，汪直第二次巡視遼東，殺害四十名女眞貢使，以大捷謊報朝廷邀功。明憲宗信以爲眞，「論功加汪直歲祿，監督十二營，陳鉞升戶部尚書。」

宦官多是欺軟怕硬、貪生怕死之徒，一遇強敵，便先逃遁。宦官童貫就是一個典型的逃跑將軍。宣和七年（一一二五年）八月，金兵南侵，宋徽宗詔童貫再行宣撫。十一月，貫至太原，「貫先已陰懷遁歸意矣」，十二月初「遂逃歸京師」。以至太原府張孝純歎：「平生童太師作幾許威望，及臨事，乃蓄縮畏懾，奉頭鼠竄，何面目見天子乎！」童貫逃至京師，徽宗已禪位於欽宗。欽宗下詔親征，並命童貫留守京師。童貫畏金如虎，不作任何防禦和抵抗，一心只想逃命。他挾徽宗南逃，避之不速者則射殺之，「中矢而踣者百餘人，道路流涕」（《宋史．童貫傳》）。

同時期的宦官梁方平，逃跑的本領一點不比童貫遜色。靖康元年（一一二六年）正月，「內侍梁方平領兵在黃河北岸，敵騎奄至，倉卒奔潰。時南岸守橋者望見金人旗幟，燒斷橋纜，陷沒凡數千人，金兵因得不濟。方平既遁，何灌軍亦望風潰散，守兵在河南者無一人」（《續資治通鑑．宋紀九十六》）。

明代的宦官監軍，亦多「臨敵輒擁精兵先遁」（《明史．高起潛傳》）。

明朝名將袁崇煥鎮守遼東時，曾重創後金大軍，獲寧遠之捷。可權閹魏忠賢將此功據爲己有，其親族黨羽以此受封受賞，而袁崇煥卻被排擠不賞，「獨絀崇煥功不錄」（《明史·魏忠賢傳》）。

明朝末代皇帝朱由檢亦倚宦官如長城，李自成兵臨北京城，朱由檢派遣「內臣高起潛、杜勳等十人監視諸邊及近畿要害」，委任宦官王承恩「提督城守」（《明史·莊烈帝紀》）。結果，這些被崇禎皇帝寄予厚望的宦官們卻紛紛背主開城迎降，明王朝遂滅亡。

四是貪圖享受，縱兵爲虐，毒害百姓。宦官掌兵，耍權弄威，劣性十足。他們經常尋歡作樂，對士兵亦是縱其所爲。

北宋時期，淳化四年（九九三年），宦官王繼恩統兵鎮壓王小波、李順起義後，「繼恩握重兵，久留成都，專以宴飲爲務，每出入，前後奏音樂，又令騎兵持博局、棋枰自隨，縱所部剽掠子女金帛」（《續資治通鑑·宋紀十八》）。這些宦官所領的軍隊，給地方和百姓帶來了深重的災難。

五是擁兵自重，干預朝政，擅謀廢立。槍桿子裡出政權，中國自古多有擁兵自重者。宦官掌兵，亦挾兵自重。唐代宦官李輔國因勸立唐肅宗有功，被委任爲元帥府行軍司馬事，「專掌禁兵，常居內宅」，由此權勢大張。正是因爲李輔國擁有兵權，才敢誅殺張皇后，逼死肅宗，策立新君，官至宰相。其後任權閹程元振、魚朝恩，都是因爲掌控兵權，橫行無忌。「上常與議軍國事，勢傾朝野，朝恩好於廣座恣談時政，陵侮宰相」（《資治通鑑·唐紀四十》）。唐朝後期，德、順、憲、穆、敬、文、武、宣、懿、僖、昭宗諸朝，均因宦官典領禁軍，其勢力發展到登峰造極的地步，達到了「萬機之與奪任情，九重之廢立由己」（《舊唐書·宦官傳序》）的程度。

宦官典兵的危害，明代吏部主事孫磐所論極爲深刻。他在疏文中說：「今日弊政，莫甚於內臣典兵。」「今九邊鎭守、監槍諸內臣，恃勢專恣，侵剋百端。有警則擁精卒自衛，克敵則縱部下攘功……呑噬爭攫，勢同狼虎，致三軍喪氣，百職灰心」（《明史·孫磐傳》）。從這段言論中，我們可以看出宦官典兵於國於民都不利的種種危害。

伍、經濟之失

宦官執掌國家經濟大權，其貪婪性展現無遺，影響著整個國家的經濟發展與社會穩定。其表現主要有四：

一是參與制定經濟政策，用法苛刻，索求於民。古代王朝的賦稅制度呈現出一定的週期性特徵。大多數情況下，隨著王朝週期性興亡始末的變化，賦稅制度必然相應地一次又一次從輕傜薄賦、與民養息，轉向索求無度，直到最後因「民力殫殘」而重蹈王朝崩解的覆轍。有的王朝則自一建國就苛刻於民，迅速走向衰敗。

理財是一門學問，古代有許多善於理財的經典。然而，古代君主理財，大多缺乏理性，只顧其自身需要，不顧百姓的承受能力，率意而爲。宦官們常常看帝王臉色行事，他們在參與制定經濟政策的時候，順從君主意旨，慫恿提出名目繁多的苛捐雜稅。

東漢時期，宦官張讓等人爲了有機會名正言順地盤剝掠奪，他們鼓動漢靈帝以修皇宮的名義增加田稅，「斂天下田畝稅十錢，以修宮室。發太原、河東、狄道諸郡材木及文石，每州郡部送至京師……刺史、太守復增私調，百姓呼嗟」（《後漢書．張讓傳》）。

歷代宦官專權時期，其君主都是荒淫無道之人。所以，宦官主導下的經濟政策，都是以滿足皇帝和自己私欲爲目的。

「苛政猛於虎」，主要是指國家的苛捐雜稅層出不窮，力役繁重，使百姓不堪負重。如秦始皇時期，「力役三十倍於古；田租口賦，鹽鐵之利，二十倍於古」（《漢書．食貨志》），秦二世時期，趙高專權，比秦始皇時期更甚，「賦斂愈重，戍傜無已」（《史記．李斯列傳》）。

每一個宦官專權的時期，我們都可以從他們主導的經濟政策中，看出諸多「竭天下之資財以奉其政」刻薄苛求的本質。

二是參與徵稅徵租徵調，橫徵暴斂，巧取豪奪。宦官們還是君主斂財逞欲的工具，他們常常受命出使，參與徵稅徵租徵調活動。宦官們所依託的是君權和國家專政機器，行事肆意無憚，兇殘無比。

三國時期的吳國，吳主孫皓主政後，荒淫殘暴，大批地委派宦官收稅斂財。《三國志·吳書·賀邵傳》記載：「自（孫皓）登位以來，法禁轉苛，賦調益繁；中宮內豎，分布州郡，橫興事役，競造姦利；百姓罹杼軸之困，黎民罷無已之求，老幼飢寒，家戶菜色；而所在長吏，迫畏罪負，嚴法峻刑，苦民求辦。是以人力不堪，家戶離散，呼嗟之聲，感傷和氣。」

最爲突出的是明神宗時期，宦官所任礦監、稅監，橫行肆虐，爲害尤烈。「內臣務爲劫奪，以應上求。礦不必穴，而稅不必商；民間丘隴阡陌，皆礦也；官吏農工，皆入稅之人也。公私騷然，脂膏殫竭」（《明史·田大益傳》）。其種種惡行令人齒寒。

三是參與管理各項支出，多不計財耗，任情揮霍。封建王朝的財政體系有內外之別，外庫是國庫，內庫是用於宮廷開支。此外，帝王、皇后各有其私庫。

帝王常委任宦官執掌內庫，爲其理財。如金海陵王篡位後，信任宦官王光道、衛愈、梁安仁等人理財。「金舊制，宦者惟掌掖庭宮闈，至金主篡位，始以宦者王光道爲內藏庫使，

衛愈、梁安仁領內藏」（《續資治通鑑・宋紀一百三十二》）。

宋仁宗趙禎還委派宦官參與管理國家財政。「皇祐二年（一〇五〇年）正月，壬子，命翰林學士承旨王堯臣、入內都知王守忠、右司諫陳旭與三司較天下每歲財賦出入之數以聞」（《續資治通鑑・宋紀五十一》）。

宦官理財，絕不會爲國節用，唯一心討帝王歡心，想方設法窮奢極欲地濫用財力。內庫不足，則調國庫資財以供內用。

後唐莊宗李存勖「漸務華侈，以逞己欲」。倖幸宦官則「阿意順旨，以希恩寵」（《舊五代史・郭崇韜傳》）。「宦官勸帝分天下財賦爲內外府。州縣上供者入外府，充經費；方鎮貢獻者入內府，充宴遊及給賜左右。於是外府常虛竭無餘而內府山積。及有司辦郊祀，乏勞軍錢。……軍士皆不滿望，始怨恨，有離心矣。」宦官們不顧時艱，還挑動莊宗大治宮室，「日役萬人，所費巨萬」（《資治通鑑・後唐紀二》）。莊宗因其腐化，使國家迅速衰亡，這就是史稱「莊宗由宦官亡國」來由。

四是在各種經濟活動中，多貪汙受賄，中飽私囊。歷代的巨閹達到了「貴敵王侯，富埒天子」的地步，其財物所得大多是貪汙而來的。

在歷代王朝中，南漢的宦官在貪圖貨利方面最爲張狂。宦官林延遇公然率兵搶掠海上，

「以兵入海，掠商人金帛，中外騷然」（《南漢書．中宗紀》）。廣州城破之際，「南漢主取船船十餘艘，載金寶、妃嬪，欲入海，未及發，宦官樂範與衛兵千餘盜船船以走」（《續資治通鑑．宋紀六》）。

明代宦官橫徵暴斂中飽私囊現象最爲普遍最爲深刻。不單出任礦監稅使盡得其利，而且徵收柴炭之事亦可擅自加徵，「凡收受柴炭，加耗十之三，中官輒私加數倍。逋負日積，至以三年正供補一年之耗」（《明史．食貨志》）。

歷史上的普遍規律是，無宦不貪、無事不貪。

陸、外交之失

宦官因其政治地位的提高，還常參與外事活動，甚至受帝王的派遣出使外國。春秋戰國時期，在各諸侯國之間的外交往來中，宦官表現積極。如趙國宦者令繆賢曾隨同趙王「與燕王會境上」（《史記．廉頗藺相如列傳》）。

明朝委派宦官代表朝廷出使的史料最多，如明太祖朱元璋就多次派宦官出使。洪武二年，宦官金麗淵奉命出使高麗國，護送高麗流人歸國，並攜帶致高麗國書及有關賜物（《明太祖實錄》）。洪武十年，安南國王陳煓死於戰事，其弟陳煒代立，「遣使告哀」，朱元璋遂「命中官陳能往祭」（《明史．外國．安南傳》）。洪武十五年，琉球中山王遣使朝貢，明朝廷「遣內官送其使還國」；次年，宦官梁民、路謙受命出使琉球，賜中山王察度鍍金銀印，時琉球三王相互攻伐，梁民奉命賜敕，「令罷兵息民，三王並奉命」（《明史．外國．琉球傳》及《明太祖實錄》）。其後還命宦官出使占城國、眞臘國、暹羅國等附屬國。

史上最爲有名的是鄭和下西洋。明成祖朱棣派遣宦官鄭和七下西洋各國，前後二十八年，共經歷三十餘國。我們現在稱頌鄭和下西洋是去發展貿易，促進交流，而歷史則另有說法，說其眞正的目的是去搜尋建文帝的下落。明成祖在發動靖難之變時，以武力篡奪皇位，「都城陷，宮中火起，帝（建文帝）不知所終。」成祖就從火中找出一具屍體，以建文帝的身分葬之。「傳言建文帝蹈海去，帝（成祖）分遣內臣鄭和數輩，浮海下西洋，至是疑始釋」（《明史講義．靖難》）。

遣使出境，代表的是國家的形象，故正統人士常以宦官出使而倍感恥辱，受使國亦以之輕之。

宋徽宗時期，曾派宦官童貫充任副使出使遼國，爲遼國君臣所指笑。「政和元年（一一一一年）九月。童貫既得志於夏，遂謂遼亦可圖，因請使遼以覘之，乃以端明殿學士鄭允中充賀生辰使，而貫副之。或言：『以宦官爲上介，國無人乎？』帝曰：『遼人聞貫破羌，故欲見之；因使覘其國，策之善者也。』遂行。童貫至遼，遼君相聚指笑曰：『南朝人才如此！』然遼主方縱肆，貪得南方玉帛珍玩，而貫所齎皆極珍奇，至運兩浙髹漆之具以爲饋。遼主所以遺貫者亦稱是」（《續資治通鑑．宋紀九十一》）。

宦官參與外交事務，大多都不是以國家利益爲重，更無遠見卓識，易貪功趨近利，甚至爲敵國所用。

春秋戰國時期，齊靈公寵信宦官夙沙衛。齊國伐萊，萊人「賂夙沙衛以索馬牛，皆百匹」。於是，宦官夙沙衛便慫恿齊靈公召還了齊師，「齊師乃還」（《左傳．襄公二年》）。

北宋宦官童貫與西夏戰，曾誘使西夏降，未果；出使遼國受辱，遂與金國謀遼。在與金聯合伐遼過程中，金國肆逞其欲，童貫則不惜損害國家利益，極力滿足其欲望。因此，滅遼後，宋並未得其利，反受其害，而童貫本人卻名利雙收。

柒、名器之失

中國歷代都制定了明確的品秩與爵位制度，都有一定的晉升條件和規定，具有規範管理、獎勵功勳、集聚人才、維護社會等級秩序等功能。

春秋戰國時期開始破除分封制和宗法制，實行軍功爵制。「有軍功者，各以率受上爵」；

「宗室非有軍功論，不得爲屬籍；明尊卑爵秩等級，各以差次名田宅，臣妾衣服以家次；有功者顯榮，無功者雖富無所芬華」（《史記·商君列傳》）。

擁有一定的爵位，便可以任官職、名田宅、贖刑罪。爵位的高低已成爲衡量社會地位高低貴賤的一種標誌。

秦國自商鞅變法後，爵制漸趨規範細密。據《漢書·百官公卿表》記載，秦爵制共分二十級：

一級曰公士，二上造，三簪裊，四不更，五大夫，六官大夫，七公大夫，八公乘，九五大夫，十左庶長，十一右庶長，十二左更，十三中更，十四右更，十五少上造，十六大上造，十七駟車庶長，十八大庶長，十九關內侯，二十徹侯。

這種爵位制大約是我們現行公務員職級與級別分類的老祖宗。我們現在所實行的公務員制度，規定職級數爲十級，級別數是二十七級。

然而，這種軍功爵制並不只限於上戰場與敵搏殺，而是推及到其他方面，並且沒有剛性的執行力，完全在於君主掌握之中。這樣，這就爲宦官們提供了封爵的機會。

《秦律》明確規定了宦官可以享受爵位，「宦奄如不更」，指的是凡無爵的宦官應享受第四級不更的待遇，說明宦官的爵位起點就比普通人要高。爵位高於不更的宦官，則當隨其爵級而相應地提高待遇標準。

君主爲天下之重，那麼侍君之側最易立功受爵。秦王嬴政秉政之初，在平息假宦官長信侯嫪毐作亂時，「王知之，令相國昌平君、昌文君發卒攻毒。戰咸陽，斬首數百，皆拜爵，及宦者皆在戰中，亦拜爵一級」（《史記．秦始皇本紀》）。

宦官只要受到寵愛，沒有任何功績，都可以高官厚爵。戰國時期，秦國宦官嫪毐「詐腐」假閹，因爲「太后私與通，絕愛之」，所以被「封爲長信侯……又以河西太原郡更爲毒國」（《史記．秦始皇本紀》）。一個宦官因爲受到寵愛，就可以封侯立國，這是多少沐血沙場、戰功赫赫的將軍們和殫精竭慮、盡心治國的文臣們都難以企求之事。

漢代宦官受封極濫，受封爲侯者眾，爲伯、男、子者更是不知其數。

唐、宋、明等朝代在立國之初，對宦官的品秩與爵位都進行了限制。然而，所有的制度都是帝王制定的，也是由帝王破壞的。

唐初規定宦官的品位最高爲四品。武則天時期，宦官楊思勗因在宮廷政變中多次立功，「累遷右監門衛將軍」（《舊唐書．楊思勗傳》），爵封虢國公，官至從一品。唐玄宗晚期，宦官大受重用，高力士職任右監門衛大將軍，階至開府儀同三司、驃騎大將軍，爵至齊國公，品至從一品。唐肅宗時期，宦官李輔國職至宰相，階至開府儀同三司，爵封博陸郡王，

品至正一品。其後的權閹多品至從一品。

宋明兩代的宦官，官職品位雖不如唐代宦官顯赫，但受封者眾多，且多有實權。

宦官得勢，所有的官位、官階、爵位、品位，則如探囊取物，得之太易。不僅宦官本人，而且宦官的親朋莫不受惠。如唐代宦官高力士之父「贈廣州大都督」，其母贈「越國夫人」（《冊府元龜．內臣部．恩寵》）。宦官程元振父贈司空、母贈趙國夫人。

古代先哲一直強調要珍惜國家名器，不可輕易假借於人。春秋戰國時期著名的思想家荀子持性惡論，主張禮義教化和刑罰、王道和霸道、德治和法治並用，君主就該「量能而授官」，「有功必賞，有罪必罰」。然而後世君主則視國家名器如私家財物一般，隨意地賞賜給宦官們，這是對正統思想的極大嘲諷。

宦官治國，執掌名器之柄，極大地傷害了賢能之士的進取心和報國心，亦爲巧佞阿附之臣大開了方便之門。

捌、生民之失

宦官掌政，最受其害的是天下百姓。

老子主張無爲而治。認爲國家不安定是統治者所造成的。「民之饑，以其上食稅之多，是以饑；民之難治，以其上之有爲，是以難治；民之輕死，以其上求生之厚，是以輕死。」應「損有餘而補不足」。

儒家宗師孔子主張仁治，「節用而愛人，使民以時。」反對國君橫徵暴斂，反對用殘殺的手段統治人民。提倡「爲政以德」。

孟子主仁政，仁、義、禮、智、信，認爲統治者應注意改善勞動者的生活處境，最要緊的是應該讓農民不失去土地，「有恆產者有恆心」。強調統治者要順民心、得民心。

歷代恃寵的宦官們，從來沒有受過這些治國經典的薰陶，也不屑於這些政治理念。他們看重的是如何得到皇帝的寵愛，如何利用君權以謀求更多的利益，從來不會去體恤民情，爲民謀福祉。

宦官蠹害天下百姓，其方式多樣，主要表現爲：

一是借爲帝王辦差的機會，肆意逞兇。古代帝王好美色、喜營建、貪財貨、圖享樂，他們常常委派宦官去操辦。宦官們領差後，率意所爲，從中漁利。這樣的例子歷朝都存在。如吳主孫皓荒淫殘暴，多有害民之舉，宦官則直接充任營建新宮、採選民女、收稅斂財之職。「更營新宮，制度弘廣」；「後宮之中坐食萬有餘人」；「今宮女曠積，而黃門復走州郡，條牒民女，有錢則舍，無錢則取，怨呼道路，母子死訣」；「黃門豎宦，開立占募，兵民怨役，逋逃入占」（《三國志．吳書》）。

二是出任地方長官或監軍，貪贓枉法。宦官出任地方長官，或者執掌地方軍政大權，往往刻剝民眾，使生民塗炭。

北魏時期，宦官出任刺史、郡守、縣令之類地方官職的現象相當普遍，「後魏多以奄人為外吏」。宦官出任地方高級行政長官，這在中國歷史上極為罕見。《魏書．閹官傳》中有姓名可考的宦官共有三十一人，其中擔任或受贈過州刺史官職者二十人，郡太守七人。其中只有極個別宦官「克己清儉，憂濟公私」，大多數宦官主持地方後，「公私屬請，唯在財貨。舟車之利，水陸無遺；山澤之饒，所在固護；剝削六鎮，交通互市；歲入利息以巨萬計……逼奪鄰居，廣開室宇。天下咸患苦之」（《魏書．劉騰傳》）。宦官貪婪耍權弄威，使整個北魏政治處於極度腐敗黑暗之中。

宦官出任節度使、留後、鎮守、守備等職，執掌地方軍政大權，多是恃勢越份行事。明代權閹劉瑾專擅朝政時，「敕各鎮守太監預刑名政事」（《明史．武宗紀》）。「各處鎮守中官輒假以便宜行事」，甚至能夠「請敕總制三司裁決各衙門大小事」（《弇山堂別集．中官考六》），這些宦官事實上成了所鎮守地方的最高長官。他們蠹害百姓的種種惡行，難以盡書。

三是依恃帝王恩威，巧取豪奪，胡作非爲。宦官們有權有勢之時，強取民財，肆虐百姓，爲所欲爲，百姓有怨無處訴，苦不堪言。

以漢代爲例。漢代宦官多恃勢掠奪財富，強人妻女。如中常侍蘇康、管霸「用事於內，遂固天下良田美業，山林湖澤，民庶窮困，州郡累氣」（《後漢書．劉祐傳》）。權閹侯覽「貪侈奢縱，前後請奪人宅三百八十一所，田百一十八頃」（《後漢書．侯覽傳》）。漢代宦官還多取民女充室，「豎宦之人，亦復虛以形勢，威侮良家，取女閉之，至有白首歿無配偶」（《後漢書．周舉傳》）。

在宦官的強勢面前，百姓的生命如同草芥螻蟻，歷世所積資財亦是朝夕不保，更無人格尊嚴可言。「有犯封閉其家，或夜搜之；所掠辱，妻孥皆去衣裸杖」（《國榷》）。

歷代宦官出身雖低微，卻絕不會對低賤之民心存仁恤。他們視天下百姓生命財產如仇讎，依恃皇權，敲詐勒索，恣意踐踏，成了特權階層的走狗和幫兇。

第六章　邀寵之道

古代帝王無比顯赫與榮耀。宦官欲從眾人中脫穎而出，得到無比的恩榮，必然千方百計地討好帝王。投帝所好，讓帝王親之、信之、用之、依之、護之，這是所有權閹們一生孜孜不倦的追求。

一部中國歷史，自始至終都貫穿著恩賜主義。眾生的幸福、安康，全依賴於帝王和統治者的治才和德性，全依賴於「上」的恩賜。不僅百姓如此，百官亦如此，宦官更甚。宦官與權力中心最爲接近，只要獲得帝王的寵愛，就意味著可以獲取巨大的權力、利益和無比榮耀。

歷代宦官受到寵信，都有其邀寵之道。這些門道五花八門，有些爲奸佞之臣所共有，有些則爲宦官之獨創。特別是那些權閹，能夠從眾多的宦官中脫穎而出，自有其不同尋常之處。他們或在言語上極窮吹拍之能事，或在玩樂上讓帝王極窮人間之享受，或在小報告方面極窮搜刮之心思，或在玩弄權術方面極窮欺詐之厚黑。究其動因與根源，就是古代君主集權制，使君主擁有了太大的權力。宦官只要能討得帝王的歡心，就可以得到常人意想不到、無窮無盡的好處。

許多宦官終其一生，都在處心積慮，想盡辦法投帝所好，千方百計邀寵固寵，演繹了許許多多形形色色爭寵固權的故事。

基於第四章對宦官投帝王所好已多有記述，本章從其他角度分析宦官邀寵之道。

第一節 以性見幸

古代宦官有直接爲帝王及后妃提供性服務的，他們以此平步青雲，富貴異常。這種情況不常見，可遇不可求，爲歷代宦官獲寵的特例。

以性見幸，有兩種情況：一是同性服務；二是異性服務。

一、同性服務。同性服務即今所謂的同性戀。古代帝王貪圖女色的很多，同性戀者卻不多見，尤其是與宦官同性戀的更爲罕見。

漢武帝是一位雄才大略的君主，晚期亦沉湎於享樂。宦官李延年來自中山（今河北一帶），「上有嬖臣李延年以好音見。上善之」（《史記．孝武本紀》）。李延年之所以深受漢武帝的寵愛，不只是音樂水準高，而是還是武帝性戀對象。「與上臥起，甚貴幸」（《史記．佞幸列傳》）。

漢哀帝是個同性戀者，寵男色，被寵者不是宦官而是一個美男子董賢。

明神宗則是一個十足的荒淫之主，不但好女色，而且肆意玩弄男色，甚至群淫爲樂。「選垂髫內臣之慧且麗者十餘曹，給事御前，或承恩與上同臥起，內廷指爲十俊」（《萬曆野獲編》卷六）。

二、異性服務。古代一些皇后或女主當權時，亦好男色。能爲皇后或女主提供性服務的大多是假宦官。

后妃與宦官之間的通姦，有兩種情況：一是與眞閹人通姦。寡居的女主爲了滿足性欲，常常因內廷使役的便利，以宦官作爲性伴侶。二是與假閹人通姦。眞閹人畢竟逞不了正常的男女之歡。古代亦有女主與假閹人偷情的。

最典型的例子主要是兩個，一是春秋戰國時期秦國假宦官嫪毐與太后私通；二是清代末年，宦官李蓮英被慈禧太后寵幸。

南北朝時期北朝諸太后亦多有與宦官私通者。

歷代女主當政，常有淫亂之事發生，其面首多是冒宦官之名行走宮中的。

第二節　締結姻親

古代姻親雖講究門當戶對，但是，由於宦官權重或者是因爲帝王貪色的緣故，一些宦官將女兒或養女或姐妹嫁與帝王或王室，與帝王及宗室結成了姻親。

宦官的女兒或養女受到帝王垂愛，這在古代是一件非常榮幸的事。這些宦官當了國丈或皇室親家之後，身價倍增，富貴可期，備受榮寵。

漢武帝的寵姬趙婕妤，「其父坐法宮刑，爲中黃門」。武帝死後，趙婕妤所生之子八歲的劉弗陵繼位，是爲昭帝。昭帝在追封生母爲皇太后的同時，又追封已故的外祖趙父爲「順成侯」（《漢書．孝武趙倢伃傳》）。不僅這位宦官死後備受恩榮，而且還蔭及親屬。「順成侯有姊君姁，賜錢二百萬，奴婢、第宅以充實焉。諸昆弟各以親疏受賞賜，無在位者」（《資治通鑑．漢紀十五》）。

漢武帝時期，宦官李延年亦因其妹得幸於武帝，由一個「給事狗監中」，「由是貴爲協律都尉，佩二千石印綬，而與上臥起」（《漢書．李延年傳》）。

東漢靈帝、廢少帝時期，權閹張讓與皇室聯姻方式較特別，他的兒媳婦就是當時稱制的何太后之妹，按輩分他比何太后還高。

十六國時期的漢昭武帝劉聰，寵信宦官中常侍王沈、宣懷、俞容，中宮僕射郭猗，中黃門陵修等人。劉聰不顧朝臣的反對，先後將王沈和宣懷的養女分別立爲左皇后與中皇后。王沈等宦官當了國丈，其勢力更是不同尋常了。「車服宅宇皆踰於諸王，子弟、中表布衣

爲內史令長者三十餘人，皆奢僭貪殘，賊害良善」（《晉書．劉聰載記》）。

也正是國丈身分顯赫，所以古代一些宦官主動將女兒或養女進獻給皇帝，以求與之共寵榮。南漢宦官李托，「所養二女皆有色」，乃進獻於後主劉鋹，「長封貴妃」，「次封美人」。劉鋹遂任李托爲內太師、六軍觀軍容使，並下詔朝廷百官「政事必稟（李）托而行」（《南漢書．宦官傳》）

清朝權閹李蓮英深得慈禧太后的寵信。爲了固寵，李蓮英將自己的妹妹引進宮中。其妹「貌甚美麗，性尤慧黠，並識得幾個文字。蓮英得寵，挈妹入宮，慈禧太后見她韶秀伶俐，極力讚美；入侍數月，太后的一舉一動，一顰一笑，統被她揣摩純熟，曲意承歡。慈禧太后憐愛異常，比李蓮英尤加寵信，常叫她爲大姑娘，每日進膳，必令她侍食，且賜旁坐。連太后自己的胞妹，還沒有這般優待」。李蓮英的目的不只是讓慈禧太后喜歡自己的妹妹，還想讓妹妹當上光緒皇帝的妃嬪，「他想仗著阿妹的姿色，蠱惑皇上，備選妃嬪，將來得生一子，作慈禧太后第二，自己的後半生，還好比前半生威顯幾倍」。只可惜的是，光緒皇帝對李蓮英的意圖看得一清二楚，對其妹百般柔情不予理會，「把蓮英也漸漸疏遠」（《清史演義》第八十六回）。

直接將女兒或養女嫁給皇帝不是一件容易的事，因爲皇帝選擇後宮嬪妃多爲豪族大戶。

然而，與皇室人員聯姻則相對容易些。宦官成為皇家姻親，這身分也與尋常宦官大不一樣。漢武帝時期，趙敬肅王彭祖所幸的淖姬，其兄亦為漢宦官。「彭祖取江都易王所幸淖姬，生男，號淖子。時淖姬兄為漢宦者」（《資治通鑑．漢紀十四》）。北魏時期，不少宦官與皇室貴族聯姻，君主的后妃中亦有來自宦官家門者。孝明寵幸的潘嬪，認宦官成軌為假父。

宋代宦官與皇室聯姻，遭到了士大夫的反對。元祐三年（一〇八八年），宋哲宗為此專門下詔，「禁宗室聯姻內臣家」（《續資治通鑑．宋紀八十一》）。

宦官與皇室聯姻，皇室成員一旦機緣降臨成了皇帝，宦官從姻親變成了國丈，則更富有喜劇色彩。

漢昭帝的後任漢宣帝劉詢，係漢武帝長子劉據之孫。劉詢少時因祖父遭巫蠱事受困厄，名門望族都不願將女兒嫁與他，宦官許廣漢有女，「重令人為介，遂與曾孫。」昭帝英年早逝，昌邑王劉賀即位，因無道，不到半年就為霍光所廢，劉詢被立為帝。「初，許廣漢女適皇曾孫，一歲，生子奭。數月，曾孫立為帝，許氏為倢伃。是時霍將軍有小女與皇太后親，公卿議更立皇后，皆心擬霍將軍女，亦未有言，上乃詔求微時故劍，大臣知指，白立許倢伃為皇后。十一月，壬子，立皇后許氏，霍光以后父廣漢刑人，不宜君國。歲餘，乃封為昌成君」（《資治通鑑．漢紀十六》）。霍光死後，許廣漢被封為平恩侯，許倢伃之子劉奭被立為太子，後為漢元帝。

宦官許廣漢能夠成為國丈，並封侯，這是他當初嫁女時沒有想到的。

第三節　曲線進幸

帝王最寵幸誰、最親近誰，就從最寵幸、最親近的人入手，這是古代宦官邀寵最為常用的手法。

從皇帝所寵幸的妃嬪入手，亦不失為一條重要的捷徑。在這方面古代有許多成功的範例可循。

唐肅宗在當太子時最寵愛張良娣，宦官李輔國當時地位還很低，他就看準了這一點，刻意討好張良娣，「見張良娣有寵，與相表裡」，與張良娣結成了政治上的同盟。正是張良娣的支持，李輔國才受到唐肅宗的寵任，「上委信之」（《資治通鑑．唐紀三十五》），從而步步得勢，終成一代巨閹。

前蜀政權的建立者王建，最寵幸妃子徐氏。宦官唐文扆通過巴結徐氏，從而爲王建所寵信，「判六軍，事無大小，皆決文扆」（《新五代史·前蜀世家》）。

北宋宦官童貫爲在宋徽宗面前有一個好名聲，非常注重籠絡妃嬪宮人，「後宮自妃嬪以下皆獻餉結納，左右婦寺譽言日聞」（《宋史·童貫傳》）。後宮女人們都給童貫說好話，徽宗愈加寵信不疑了。

元順帝寵愛妃子奇氏，冊立其爲第二皇后。奇氏爲高麗人，由「徽政院使禿滿迭兒進爲宮女，主供茗飲，以事順帝」（《元史·后妃傳》）。禿滿迭兒是蒙古語，漢名爲高龍普。奇氏爲皇后，高龍普自是富貴逼人，「席寵怙勢，作威作福」。高麗籍宦官中最受奇皇后寵信的是朴不花，「皇后愛幸之，情意甚膠固」。時順帝厭政，朴不花乘間用事，先後官任資正院使、崇政院使，「氣焰熏灼」（《元史·宦者傳》）。

古帝王中有寵信伶人的，有寵幸乳母的。宦官有因與伶人、乳母關係非同尋常而受到皇帝寵信的。

五代時期，後唐莊宗最寵信伶人，宦官於是常常關心照顧伶人，與伶人的關係就特別的親密，伶人亦圖報於宦官。「胡柳之役，伶人周匝爲梁所得，帝每思之，入汴之日，匝謁見於馬前，帝甚喜。匝涕泣言曰：『臣之所以得生全者，皆梁教坊使陳俊、內園栽接使儲德源之力也，願就陛下乞二州以報之』」（《資治通鑑．後唐紀二》）。陳俊、儲德源係梁朝的宦官，無尺寸之功，只因與莊宗寵信的伶人周匝結緣，竟被莊宗分任景州刺史和憲州刺史。莊宗任人，不亦謬乎！

明熹宗時期，著名的宦官魏忠賢，因賭博輸錢恚而自宮。他的發跡是通過「諂事魏朝」，並通過宦官魏朝結識了熹宗的乳母客氏。這個客氏非尋常婦女，性「淫而狠」。熹宗朱由校對客氏的感情很深，長成人後還將客氏留在宮中，並將其封爲「奉聖夫人」，其子均受重用。客氏原與魏朝對食，後見魏忠賢「年輕貌偉」，「瓜蒂重生」（《明史演義》第八十六回），遂移情於魏忠賢。客、魏相結，被熹宗倚爲心腹，備受寵信。

有的宦官討好帝王所寵愛的宮妃方式很特別。

宋仁宗時期，宦官石全彬爲討好皇帝，將貴妃張氏的葬禮規格都提高了等次。「至和元年（一〇五四年）正月，癸酉，貴妃張氏薨。入內押班石全彬探帝（宋仁宗）意，請用后禮於皇儀殿治喪，諸宦者皆以爲可，入內都知張惟吉獨言此事須翼日問宰相。既而判太常寺、翰林學士承旨王拱辰、知制誥王洙等皆附全彬議，宰相陳執中不能正，遂詔近臣、宗室皆入奠於皇儀殿，移班慰上於殿東楹。特輟視朝七日，命參知政事劉沆爲監護使，全彬及句當御藥院劉保信爲監護都監。凡過禮，皆全彬與沆合謀處置，而洙等奏行之。……殿中侍御史酸棗呂景初言：『貴妃一品，當輟朝三日。禮官希旨，使恩禮過荊王，不可以示天下。』不報」（《續資治通鑑．宋紀五十四》）。禮，爲秩也。宦官執意投帝之所好，禮儀規矩皆可不顧！

古代宦官中亦有搞夫人外交，利用自己的美妻與皇帝勾搭，從而得到皇帝寵信的。五代時期，宦官王承休爲得到蜀主王衍的寵信，縱使其美妻與蜀主私通。王承休因此受器重，出任秦州節度使。在強敵壓境之時，王衍聽從王承休的引誘，貿然東遊，其不可告人的目的，就是想與王承休的美妻再續舊緣，「王承休妻嚴氏美，蜀主私焉，故銳意欲行」（《資治通鑑．後唐紀二》）。

向帝王推薦美媚才女，亦是邀寵之道。

金章宗時期，宦官梁道向章宗薦譽美女李師兒。章宗與李師兒一見傾心，將其納娶爲元妃。元妃自是寵信梁道，梁道因此得勢。

第四節　柔順忠誠

宦官其本質是奴才，而且要奴得徹底，奴得只知道順從地服侍皇帝，兢兢業業，勤勤懇懇，無怨無悔，任打任罵，全沒有一點脾氣和性格。這樣的宦官易爲皇帝所喜。

南宋寧宗時期，宦官甘昺就是因爲性格好，爲人忠實勤勉，受到皇帝寵愛的。「慶元五年（一一九九年）八月，辛巳。太祖廟楹生芝，帝（寧宗）率群臣詣壽康宮上壽，始見太上皇（光宗），成禮而還。以入內內侍省押班甘昺宣力兩宮，備竭忠勤，特遷二官。……帝之過壽康，昺與有力焉，頗貴寵」（《續資治通鑑‧宋紀一百五十五》）。

宦官在帝王身邊，自然會了解許多朝廷內幕，因此特別需要宦官能做到謹言慎行。能做到守口如瓶、保守祕密又非常謙恭之人，必爲帝王所喜。

清代挑選新進宦官，特別注重「馴謹樸實、實可放心者」。聖祖玄燁曾訓示：「朕從不用便捷伶俐、言語不謹、狂詐之太監。用太監，不過取其當差勤謹老實，寡言穩重」（〈康熙三十九年九月十五日清聖祖訓諭〉）。清世宗胤禛在爲阿哥補挑太監時訓諭：「不可將伶俐太監挑去，恐致引誘阿哥干預外事。寧可挑蠢笨老實者與阿哥使喚方好」（〈雍正五年七月十二日清世宗訓諭〉）。清朝太監的提升，特別注重謹慎、誠實、謙恭這一性格品質。

一些奸佞的宦官，常常僞裝成謙恭誠實的樣子，其內心卻包藏很深的禍心。唐朝權閹李輔國，善於僞裝自己，常人難於識破，「輔國外恭謹寡言而內狡險」（《資治通鑑·唐紀三十五》）。

帝王最需的，不只是宦官的謙恭誠實，而是順從，能夠按照自己的意圖去實施，達到自己的預期目的。

漢代的宦官蔡倫以造紙術而爲今人所稱頌，然而，他在漢宮中也曾按照漢章帝的旨意製造過冤獄。漢章帝時期，宋貴人姊妹二人被竇皇后所構陷，「（帝）遂出貴人姊妹置丙舍，使小黃門蔡倫考實之，皆承諷旨傅致其事，乃載送暴室，二貴人同時飲藥自殺」（《後漢書·清河孝王慶傳》）

古代帝王最爲倡導的是忠誠。一些宦官因爲忠心護主而被後代君主所推崇。

北齊後主高緯時期，宦官田敬宣，「年十四五，便好讀書；既爲閹侍，伺隙便周章詢請；每至文林館，氣喘汗流，問書之外，不暇他語；及觀古人節義事，未嘗不感激沉吟」（《冊府元龜》卷六六六）。他隨從高緯出逃途中，田敬宣爲北周軍隊所俘獲。爲掩護高緯行蹤，田敬宣不畏拷打，寧死不屈，頗有氣節。趙翼譽田敬宣爲北齊「賢閹」（《廿二史箚記》卷十五）。

第五節　巧言令色

並不是所有的帝王都喜歡謹言慎行的宦官。大多數帝王則喜歡宦官們伶牙俐齒，有好的口才，好的辯才。

古代奸詐巧佞之宦，常能揣摩出帝王所想所思所惡所喜，奉承話能說得恰到好處，使帝王滿懷高興而不覺其諛；誣陷讒言能說得貌似公忠，使帝王深信無疑而不覺其奸；小報告泥沙俱進聳人聽聞，使帝王倚爲耳目而難辨眞僞；小聰明能入絲入扣，使帝王誤以爲有經天緯國之才而加重用；詭辯能顚倒是非曲直，使帝王爲其所導而失去睿智；俚語鄙言能信手拈來，使帝王於寂寞中尋得開心快樂；虛應妄言能靈活靈現，使帝王充滿想像甚至作出荒謬之舉；報喜不報憂，使帝王沉湎於太平盛世享樂中而不知天下之危，等等。

古代帝王最易受宦官的影響，源於宦官與帝王走得最近，而且宦官當中確有能說會道之徒，這不能不說是宦官的一大優勢所在。

古代宦官之巧言令色，方式多種多樣，層出不窮。歸結起來，主要有以下九個方面：

一是善於說奉承話。喜歡聽好話、聽奉承話、讚美自己的話，這是人之常情。古代帝王多喜歡吹拍奉承之人，宦官最能順其意溜鬚拍馬，以討得帝王歡心。

秦朝宦官趙高是一個說奉承話的高手。「二世至咸陽，謂趙高曰：『夫人生居世間也，譬猶騁六驥過決隙也。吾既已君臨天下矣，欲悉耳目之所好，窮心志之所樂，以終吾年壽，可乎？」秦二世初繼位，尚年輕，可塑性強，想圖快樂，心裡有所顧忌，所以才會如此詢問趙高。如果趙高能及時匡扶君主，則秦朝不至於迅速滅亡。然而，趙高卻給二世戴上一頂高帽子，讓二世放肆去享樂。「高曰：『此賢主之所能行而昏亂主之所禁也』」（《資治通鑑．秦紀二》）。二世對趙高言聽計從，聽說享樂是賢主所爲，自是正中下懷，何樂而不爲。

二是善於表達政見。古代帝王多長於深宮，知識淺陋，不識朝政，不明治國之理，很容易爲宦官說動。

秦朝的宦官趙高最善表達自己的政見。他能說動胡亥深居宮中，不與朝臣交接，任由他把持朝政。譬如，他抓住胡亥初即位後欲樹立權威和貪圖享受的心理，勸云：「先帝臨制天下久，故群臣不敢爲非，進邪說。今陛下富於春秋，初即位，奈何與公卿廷決事？事即有誤，示群臣短也。天子稱朕，固不聞聲。」胡亥非常認同趙高的觀點，於是「常居禁中，與（趙）高決諸事」，「公卿希得朝見」（《史記．秦始皇本紀》）。

三是善於詭辯誘導。許多宦官是靠誘導帝王縱樂而弄權的，是靠詭辯而化危爲機、轉禍爲福的。

趙高有很高巧的辯才。他扶持胡亥篡位後，把持朝政，爲所欲爲，權傾天下。左丞相李斯識破其陰險狡詐之處，於是給秦二世上書言趙高之短：「高擅利擅害，與陛下無異」。然而，秦二世對趙高已是深信不疑，不但爲趙高辯護，而且還將李斯的話告訴趙高。趙高聽後，反咬一口，說「丞相所患者獨高，高已死，丞相即欲爲田常所爲」（《資治通鑑・秦紀三》）。田常爲春秋戰國之中齊國簡公時期的丞相，弒簡公而自立爲王。趙高反誣陷李斯心懷不軌，欲謀篡位只是顧忌他趙高而已。二世自然是相信趙高的話，授權趙高將李斯下獄，將其殺害。

四是善於打小報告。古代宦官往往充當帝王的耳目，四處打探百官的動向。宦官則藉機用事，眞眞假假，難以辨識。

權閹李輔國當政時，派遣特務監視百官，「置察事廳子數十人，官吏有小過，無不伺知，即加推訊」（《舊唐書・李輔國傳》）。

明代的特務政治，則將刺探情報、打小報告制度化了。

五是善於讒言誣陷。宦官以小恩小信取信於帝王之後，則利用近侍之便，以個人好惡爲標準，向帝王進讒言，誣陷反對者。

唐太宗時期名臣魏徵曾云：「閹豎雖微，狎近左右，時有言語，輕而易信，浸潤之譖，爲患特深」（《貞觀政要·論公平》）。

古代宦官製造了許多冤獄，均因帝王偏信宦官讒言所致。

六是善於欺下瞞上。古代對於百官要求甚嚴，凡不據實稟報，欺君罔上者，以殺頭之罪論。然而，宦官卻深知帝王好大喜功，敢於報喜不報憂，虛報冒功，而且累累得逞。明憲宗時期權閹汪直，在監軍出征過程中，多謊報軍情、殺良冒功、詐增戰績，以此獲得皇帝的恩寵。

七是善於虛應妄言。古代社會，帝王多迷信鬼神，崇尚符瑞，訊息失眞，流言肆行，這爲宦官道聽塗說、虛應妄言大開了方便之門。

八是善於鄙語逗樂。古代帝王聽慣了冠冕堂皇的雅語，對於社會底層的俚語鄙語亦有所好。一些宦官來自底層，也善於打探俚語，以此與帝王逗樂，討帝王歡心。

九是巧於周旋。宦官處於權力中心，各方面關係都要在意，所以，他們講話都得注意分寸，在帝王、太上皇、皇后、皇太后、宮妃、大臣之間巧與周旋。這也很需要語言技巧的。

第六節　善於玩樂

古代帝王中多荒淫優樂之主。宦官如果能爲帝王享樂提供種種便利，或者能有新奇的享樂創意，或者本身富有才藝爲帝王取樂，都能博取帝王的寵愛。

南齊東昏侯蕭寶卷，「性重澀少言，不與朝士接，唯親信閹人及左右御刀應敕等」。諸宦官的任務就是如何讓帝王開心玩樂。蕭寶卷每天都生活在嬉戲玩樂之中，「日夜於後堂戲馬，與親近閹人倡伎鼓叫。」宦官因此大受其寵，「所寵群小黨與三十一人，黃門十人」（《南齊書．東昏侯紀》）。宦官王寶孫最受寵信，參與朝政，控制大臣，「移易敕詔，乃至騎馬入殿，詆訶天子，公卿見之，莫不懾息」（《南史．恩倖傳》）。

明朝權閹劉瑾，在東宮侍候朱厚照時，就扮演戲子以取悅太子，「俳弄爲太子所悅」。朱厚照即位後，擢劉瑾掌鐘鼓司。劉瑾爲使武宗開心，「日進鷹犬、歌舞、角觝之戲，導帝微行；帝大歡樂之，漸信用瑾，進內官監，總督團營」（《明史．劉瑾傳》）。

在古代，宦官之中善於玩樂者最易討得帝王歡心。能夠與帝王同玩同樂者，不但可以獲取更多的賞賜，而且可以伺機弄權。許多權閹都精於此道。

第七節　引薦人才

古代專制社會，君主掌握大臣的進退之權。由於資訊閉塞，尤其是自少生長深宮的君主，與外界接觸少，不知天下英才所在，而宦官所獲的訊息量大，往往比君主更知人心向背和人才所在。因此，一些宦官在為君主引薦人才方面發揮著重要作用，以此為君主倚重。

先秦時代，各國出於富國強兵的需要，十分注重網羅人才。作為內廷近侍的宦官，常常成為國君在決定用人時的諮詢參謀。宦官們平時也非常留意各類人才，推薦了不少有遠見卓識的人才。如，晉文公在奪取了原地之後，「問原守於寺人勃鞮」（《左傳・僖公二十五年》）。寺人披認為趙衰賢能，是合適的人選，於是推薦了趙衰。晉文公採納了寺人披的建議，任用趙衰為原大夫。戰國著名的政治家藺相如，也是因宦者令繆賢的推薦，得到趙惠文王的重用。

在引薦人才方面最為有名的事例是，著名的改革家商鞅是由宦官多次推薦，才被秦君賞識和重用的。《史記・商君列傳》對商鞅遊說秦孝公的過程有一段十分生動的記載。商鞅「因孝公寵臣景監以求見孝公」，前後進行了四次遊說。第一次，「語事良久，孝公時時睡，弗聽」。第二次，「益愈，然而未中旨」。第三次，「孝公善之而未用也」。第四次才遊說成功，「公與語，不自知膝之前於席也，語數日不厭」。前三次遊說失敗，如果沒有宦官景監的堅持推薦，商鞅就不會有第四次成功的機會。

自秦以後，宦官在引薦人才方面也有其成功的案例。如明穆宗時期的大學士張居正，亦由宦官馮保所引薦。在明神宗早期，張居正任首輔十年，「通識時變，勇於任事；神宗初政，起衰振隳，不可謂非幹濟才；而威曜之操，幾於震主」（《明史．張居正傳》）。明王朝正是得力於首輔張居正的精心治理，國家才得以穩定發展。生性荒淫的明神宗對張居正的嚴格規勸和約束心懷不滿，張居正死後，神宗就掀起倒張運動，自毀國基，使明王朝走向衰微。

然而，任何權力都可能被濫用。自古宦官多無遠識，極少能盡心爲國推薦人才。他們往往利用君主的親信，引薦能爲己所用的奸詐之人。

春秋戰國時期，齊桓公信任宦官豎刁，豎刁引薦了善於阿諛諂媚的易牙，「因寺人貂以薦羞於公，亦有寵」（《左傳．僖公十七年》）。

以史料推測，易牙也應是一個宦官。唐太宗長子李承乾爲太子時，「寵昵宦官，常在左右」。太子詹事于志寧遂上書勸諫曰：「自易牙以來，宦官覆亡國家者非一。今殿下親寵此屬，使陵易衣冠，不可長也」（《資治通鑑．唐紀十二》）。于志寧之語，便認定宦官覆亡國家者是從易牙開始的。

宦官呼朋引伴，最爲突出的是南漢王朝和明王朝。南漢王朝是宦官的天下，群臣之中有被權閹看中，則會先被閹割，「至其群臣有欲用者，皆閹然後用」（《新五代史．南漢世家》）。

明王朝的權閹完全掌控朝廷大臣進退之權。六部九卿官職，表面上由朝廷會推，但「會推之前，所司率受指執政或司禮中官」（《明史．魏允貞傳》）。即使是號稱「宰相」的閣臣，亦多「由中人援引」（《四友齋叢說》卷八），「夤緣中官進用」（《明史．湯鼐傳》）。一些閣臣首輔幾與權閹的家臣無異。如顧秉謙「爲人庸劣無恥」，因「率先諂附權閹魏忠賢而得以入閣，官至首輔。顧秉謙入閣後，「曲奉忠賢，若奴役然」，朝政大事，「事事徇忠賢指」，「朝廷有一舉動，輒擬旨歸美忠賢，褒贊不已」（《明史．顧秉謙傳》）。

朝廷重臣在權閹面前奴顏媚膝，仿如家奴者，明代一絕也。

第八節　進獻寶貨

古之宦官悉知「欲取之先予之」之道，利用帝王貪戀寶貨心理，四處搜刮以獻，期以得到帝王的歡心和恩寵。

北漢主劉繼元就是一個貪戀寶貨之主，閹人、嬖人、奸佞之人多以敬獻財寶而被信任。「宋開寶三年（九七〇年），北漢主以……奄人衛德貴爲大內都點檢，嬖人范超爲侍衛親軍都虞候。……北漢主多內寵，（鴻臚卿劉）繼顒數獻簪珥，北漢主彌重信之」（《續資漢通鑑．宋紀六》）。

宋徽宗時期，宦官童貫之所以得寵，除爲人善於諂媚外，更能投徽宗喜書畫奇巧所好。「供奉官童貫，開封人，性巧媚，善測人主微旨，先事順承，以故得幸。及使三吳，訪書畫奇巧，留杭累月，（蔡）京與之遊，不捨晝夜，凡所畫屏障扇帶之屬，貫日以達禁中」（《續資治通鑑．宋紀八十七》）。童貫的差使就是源源不斷地爲宋徽宗採購書畫奇巧，由此爲徽宗所寵。

明代宦官廣泛地參與經濟活動，成爲帝王搜刮天下寶貨的工具。史料中有關記載甚多。如：永樂四年，「命內侍李進往山西採天花」（《弇山堂別集．中官考二》）；永樂十五年，

「中官馬麟以採辦至（交阯），大索境內珍寶，人情騷動」（《明通鑑》卷十六）；宣德元年，「差內官內使於浙江市買諸物，每物置局，拘集動擾，供給繁勞」（《國朝典匯》卷一九五）；「宣德年間，朝廷起取花木鳥獸及諸珍異之好，內官接跡道路，騷擾甚矣」（《菽園雜記》），等等。

第九節　練達精幹

奴才不只是要有奴性，還要有些才幹。古之宦官常能將小才能小謀略，展現得淋漓盡致。他們在帝王諮詢政事時能說出條條道道來，委派其事時能夠有所勝任，有的也能幹一些事。他們的表現，使帝王感覺其才具不亞於文臣武將，甚者被帝王稱之爲師，倚爲國家棟梁，對他們深信不疑。

古之宦官中不乏有文才者。如西漢司馬遷、前秦趙整、宋代梁師成、明代王振、清朝安德海等。

司馬遷爲宦前，本身爲太史令，學識淵博。著名的大將李廣之孫李陵，「善騎射，愛人下士，帝以爲有廣之風，拜騎都尉」，以五千人與匈奴單于三萬人戰，將士死亡殆盡，弓矢俱無，不得已而降。漢武帝龍顏大怒，「欲陵死戰，後聞陵降，上怒甚」，群臣多附會皇帝，「群臣皆罪陵」，惟有司馬遷敢爲李陵辯護。「陵事親孝，與士信，常奮不顧身以徇國家之急……且陵提步卒不滿五千，深蹂戎馬之地，抑數萬之師，虜救死扶傷不暇，悉舉引弓之民共攻圍之，轉鬥千里，矢盡道窮……雖古名將不過也。身雖陷敗，然其所摧敗亦足暴於天下。彼之不死，宜欲得當以報漢也。」漢武帝「以遷爲誣罔，欲沮貳師，爲陵遊說，下遷腐刑」（《資治通鑑．漢紀十三》）。司馬遷遭受宮刑，憤而治史，全身心投入編寫《史記》。五年以後，武帝將他赦出獄，任命他爲中書令。中書令是皇帝身邊最爲親信的祕書，職位比太史令尤重，由此可見武帝對司馬遷的器重和信任。

宦官中以文人雅士爲標榜最爲狡詐者，要數宋代的梁師成。「宣和二年（一一二〇年）十月，以內侍梁師成爲太尉。師成黠慧習文法，初領睿思殿文字外庫，主出外傳上旨。政和中，漸提幸，因竄名進士籍中，累遷河東節度使，至是遂有此命。」梁師成弄了宋代文人最高文憑或出身——進士身分，這在歷代宦官中極爲罕見。

梁師成還以文人雅士自居，彷彿是仕林中的泰斗似的。「師成實不能文，而高自標榜，自言蘇軾出子。時天下禁誦軾文，其尺牘在人間者皆毀去。師成訴於帝（徽宗）曰：『先臣何罪？』自是軾之文乃稍出。以翰墨爲己任，四方名士，必招致於門下，多置書畫卷軸於外舍，邀賓客縱觀，得其題識，合意者輒密加汲引，執政、侍從，可階而升。」

梁師成最爲奸猾之處在於，他可以讓人模仿宋徽宗的字體，達到以假亂眞的程度，然後假傳聖旨，從中漁利。「時中外泰寧，帝留意禮文符瑞之事，師成逢迎希恩寵。帝本以隸人畜之，命入處殿中，凡御書號令，皆出其手，多擇善書吏習仿帝書，雜詔旨以出，外廷莫能辨。」

正因爲梁師成之奸巧狡詐，宋徽宗對其非常寵信。「王黼（時爲宰相）以父事之，稱爲『恩府先生』，蔡京父子亦諂附焉。都人目爲『隱相』，所領職局，多至數十百」（《續資治通鑑．宋紀九十三》）。

古之宦官中亦有武功將略者，如北魏孫小、南漢吳懷恩、北宋李憲、王繼恩等人。

北魏時期，宦官孫小很有軍事才能，受到君主的器重。孫小原爲咸陽石安人，其父孫瓚曾任後秦安定護軍，在作戰中爲大夏軍隊所殺。孫小被俘受閹，成爲大夏宦官。後大夏爲北魏所敗，孫小被俘又成爲北魏的宦官。孫小本是將家之後，「聰明有智略」，受到魏主的重用，隨軍作戰，「每從征伐，屢有戰功」；轉領駕部，「課理有方，畜牧蕃息」；

出任州刺史，「所在清約，當時牧伯無能及」，「州內四郡百餘人詣闕頌其政化」（《魏書·孫小傳》）。這些無不說明，孫小是一個很有治政才能之人。

南漢的宦官來源，有一部分來自有文武之才的臣子，因此，宦官之中亦有才幹之人。「凡群臣有才能及進士狀頭，或僧道可與談者，皆先下蠶室，然後得進」，故南漢政權「貴顯用事之人，大抵皆宦者」（《資治通鑑·後周紀五》）。一些宦官在出任將帥時表現不俗。如宦官吳懷恩曾先後出任西北面招討使、桂州管內招討使、桂州團練使，「治兵最嚴整有法，所向皆克捷，當時戰功推首」（《南漢書·吳懷恩傳》）。宦官邵廷琄曾先後任東西招討使，「率舟師屯洸口」，「最善騎射，當時倚為良將」，頗有治軍之才，「邊禁嚴明，無敢犯」（《南漢書·邵廷琄傳》）。

帝王對宦官倚重，甚至委以朝政，這對於昏主而言，似在情理之中。對於那些開國之主，或者曾經是明睿之君而言，則有些不能理喻。唯一的解釋就是這些委以重任的宦官，的的確確有一些讓君主信任的治國之才。

十六國時期，後趙石勒晚年，貪圖安逸，不理政事，「令其太子省可尚書奏事，使中常侍嚴震參綜可否，征伐刑斷大事乃呈之。自是（嚴）震威權之盛過於主相」。一代開國之君石勒竟委政於宦官嚴震，可見嚴震還是有一定的才能讓石勒所信任的。石勒之侄石虎當政時，宦官中謁者令申扁「聰辯明斷」，備受寵信，「專綜機密之任」，「生殺除拜皆（申）扁所決」（《晉書·石勒載記》及《晉書·石季龍載記》）。

古代權閹稍有才者，小人得勢，常常是藐視天下群雄。最典型的是唐代權閹魚朝恩。唐代權閹魚朝恩得勢時，目空一切，「朝恩好於廣座恣談時政，陵侮宰相」（《資治通鑑·唐紀四十》）。魚朝恩非常自負，「自謂有文武才幹」，唐代宗對此深信不疑，「優遇之，加判國子監事」。國子監是唐代最高學府，由宦官來出任其最高領導人，由此可見其恩寵之盛。最滑稽的是，魚朝恩赴國子監視事，仿若一代宗師，或者是君主一般，「大臣群官二百餘人皆以本官備章服充附學生，列於監之廊下」（《舊唐書·魚朝恩傳》），聽從魚朝恩的教導。

中國歷史上有幾個少數民族建立的政權。這些統治者在漢化的過程中，往往倚重於漢族宦官中有些文才、熟悉漢族制度、處事持重的宦官。

遼朝聖宗最寵愛的宦官亦名叫王繼恩。王繼恩原係中原人士，自幼爲遼所俘獲，入侍內廷。他最厲害的本領就是兼知契丹和漢族兩族語言風俗，所以每逢北宋使節來聘，遼廷常以王繼恩充任宣賜使。王繼恩後累官致「左承宣、監門衛大將軍、靈州觀察使、內庫都提點」（《遼史·宦官傳》）。

元朝著名的宦官李邦寧，是隨南宋恭帝被俘後給事元朝內廷的。李邦寧之所以在元朝受寵，一是熟悉原宋朝的典故。元朝是由蒙古族貴族建立起來的政權，而蒙古貴族對漢族的統治制度不熟悉，而李邦寧恰恰熟諳漢族統治制度及皇宮內廷管理機制；二是頭腦靈活。「警敏稱上（元世祖）意」；三是通古漢語言文字。「令學國書及諸番語，即通解」。也正是基於此，李邦寧在元朝是大受寵愛，「遂見親任。帝即位，進太醫院使。自帝初得疾至此，不離左右者十餘月」（《續資治通鑑．元紀十三》）。李邦寧身爲漢人，歷元世祖、成宗、武宗、仁宗四朝而不衰，備受寵榮，確有其獨到之處。

許多宦官由微至貴，是因爲在爲皇帝當差之中，辦事情或雷厲風行，或精緻稱心，或神祕圓滑，使帝王得遂其意，由此寵任。

例如，金海陵王最尚奢侈豪華，身邊受寵信的宦官便盡知其意。海陵王在建南京（即汴京）宮室時，是窮極富麗堂皇，「一殿之費以億萬計，成之復毀，務極華麗」（《金史．海陵本紀》）。宦官梁珫很受海陵王的信任，多次受命出使南京視察工役。「珫或言其未善，即盡撤去」（《金史．宦者傳》）。

縱觀歷代宦官，有才又守職忠於王事者極少，誇耀其才而恣肆妄爲者多。以文才而言，宦官多出身低微，文化水準不高，主要用來爲宮廷做些雜役後勤服務。古代明君也忌諱讓宦官讀書，擔心宦官有文才後更易干政，故明太祖朱元璋對宦官下達一條禁令：「不許讀書識字」。然而，這條禁令被朱元璋的曾孫宣宗朱瞻基徹底拋棄。宣德初年，正式設置宦官學校「內書堂」，「選內使年十歲上下者二三百人，讀書其中」。「太祖不許（宦官）識字讀書之制，由此而廢」（《明史・職官志》）。這些宦官們通過內書堂的學習，「用是（宦官）多通文墨，曉古今，逞其智巧，逢君作奸」（《明史・宦官傳》）。

所以，在封建君主專制條件下，得近侍之便的宦官，才智勇武而心懷奸謀者最易被帝王所寵信，其爲惡亦更狡猾難制。

第十節　狡黠奸佞

古代宦官，最根本的特性是狡黠奸佞，他們最會利用皇帝的私欲膨脹、皇帝與太上皇、後宮及群臣之間的矛盾，從中用事，以更好地獲取帝王的寵信。

所有的奸詐之徒都有一個共同的特徵，那就是善於僞裝。他們內懷奸邪而外似謙謹；

實爲惑君而外似忠君；自多穢行卻貌似純正；內懷叵測卻反誣他人；自結其黨卻攻他人結黨；如此等等，不一而足。其狡黠之處，讓人防不勝防。古之宦官在這方面表現特別出色。

歷史上最狡黠的宦官，要數秦朝的趙高、北宋的梁師成、南宋的董宋臣、明代的王振、劉瑾等人。他們在得勢專權之前很善於表忠取寵，得寵之後更是在忠君的名義下幹盡壞事。

趙高之狡黠在於，一是在任何帝王面前他都可以獲寵。在秦始皇眼裡，趙高是一個很不錯的宦官，「強力，通於獄法」，安排他去教少公子胡亥決獄，與胡亥關係相處得很好。在胡亥當皇帝後，對趙高的寵信達到了無以復加的地步；二是趙高弄權都是以忠君的面目出現的。殺宗室大臣是爲了讓皇位更鞏固，無人敢覬覦。讓胡亥居深宮，鼓勵胡亥盡情享樂，是爲了讓胡亥成爲賢主。勞頓天下百姓，是爲了讓胡亥窮奢極欲；三是在與丞相李斯的鬥爭中，趙高的權術發揮到極致。沙丘之謀源於趙高，得力於李斯的支持。二世即位後濫施虐政，謀出於趙高，而執行者卻是李斯，這些都是趙高利用李斯貪祿戀位之心而獲得的。然而，李斯卻未因此獲功反爲二世所惡，皆由趙高所挑撥。「夫沙丘之謀，丞相與焉。今陛下已立爲帝，而丞相貴不益，此其意亦望裂地而王矣……且丞相居外，權重於陛下。」這樣使得二世相信了丞相有怨望之心。趙高知二世厭諫，卻偏勸李斯去進諫，而且偏偏安排在二世燕樂最濃情之時，使二世認爲李斯故意與他爲難。李斯告趙高有專權異志，趙高則反誣李斯想謀權篡位，只是礙著他趙高忠心護主而不敢動。趙高將李斯下獄後，多次使用詐術，使李斯自誣而無處可辯，最終被腰斬於市。所以說，從以詐術獲寵方面，趙高可以稱得上是後世狡詐之徒的楷模。

明代宦官王振，「蓋宦官中狡黠最初之一人」，因爲「侍皇帝起居多不律」，所以最得少年天子英宗的信任，稱之爲「先生」。英宗初即位時，有太皇太后張后和五位重臣輔政，王振干政有所顧忌，於是極力慫恿英宗苛責朝臣，「導帝用重典御下，防大臣欺蔽」。於是大臣下獄者不絕，而振得因以市權」。張太后曾經想殺掉王振，爲英宗和大臣所保。王振則以小言小信取信於張后，「振言既售，自是漸攙朝事」。張太后病故後，五大臣或死或老病，王振遂肆無忌憚，日益跋扈，「於是大權悉歸振」（見《明史·王振傳》及《明史講義·奪門》）。

明代權閹劉瑾善於反轉乾坤。劉瑾等宦官初得勢時，便胡作非爲，引發了朝臣及宦官內部的強烈不滿，紛紛彈劾，要求誅除劉瑾。在內外交章論諫的情勢下，明武宗「不得已允之」，準備發旨逮捕劉瑾問罪。就在即將發旨的前夜，「焦芳馳告瑾」，劉瑾聞訊後星夜趕回宮中，「瑾乃率永成等夜伏帝前環泣，以首觸地，曰：『微上恩，奴儕磔餵狗矣。』帝色動」。劉瑾反口相向，誣陷彈劾自己的司禮監太監王岳等人。武宗不但沒殺掉劉瑾，還反而委以重任，任由其掌司禮監，殺王岳，驅逐大臣，「於是中外大權悉歸於瑾」（《明史講義．議禮》）。

宦官在宮廷鬥爭中常常表現得十分積極，這樣自會得罪人。面對複雜的權勢爭鬥，宦官們恃強欺弱，挑撥離間以獲取寵愛和自保。

南宋孝宗時期，「遊宴無度，聲樂無絕，晝日不足，繼之以夜，宮女進獻不時，伶人出入無節」，導致宦官弄權，朝政黑暗。於是，群臣紛紛進諫：「自古宦官敗國，備載方冊。臣觀宦者之盛，莫如方今，上而三省，下而百司，皆在此曹號令之下。……滿朝皆是小人，求海內不盜賊，民生不塗炭，日月不食，水旱不作，其可得乎？」

四十三歲的光宗即位後，原本想興利除弊，「初，帝（光宗）欲誅宦者」。這些宦官非常恐懼，「近習皆懼，遂謀離間三宮」，都投靠皇后尋求恩寵和庇護。這位皇后性格非常強悍，太上皇孝宗與光宗皇帝都莫奈其何。「會帝得疾，壽皇購得良藥，欲因帝至宮授之，宦者遂訴於皇后曰：『太上合藥一丸，俟宮車過，即授藥。萬一不虞，奈宗社何！』后心銜之。頃之，內宴，后請立嘉王擴爲太子，壽皇不許。后曰：『妾六禮所聘，嘉王，妾親生也，何爲不可？』壽皇大怒。后退，持嘉王泣訴於帝，謂壽皇有廢立意。帝惑之，遂不朝壽皇。」皇后性妒，先殺光宗寵愛的黃貴妃，再殺光宗喜歡的宮女，弄得光宗「震懼增疾，自是不視朝。」最後大權全部落到了皇后手中，「政事多決於后，后益驕恣」（《續資治通鑑．宋紀一百五十二》）。

在宋光宗朝的宮廷鬥爭中，宦官權勢不但沒有得到抑制，反而弄得光宗皇帝一蹶不振。於是宦官陳源、楊舜卿、林億年更是從中弄權漁利。光宗當了六年皇帝後，也厭倦了朝政，在太上皇孝宗皇帝死時，自己也禪位給寧宗趙擴。

歷史常常有驚人的相似之處。古代宦官們的狡黠奸佞，似乎都是一脈相承的，其方式、細節都找得出歷史的影子。最典型的是，自古宦官多結黨自固，他們常常誣枉敵對者互為黨人。最著名的有東漢的「黨錮之禍」，宋朝佞臣與宦官相結大肆排擠「元祐黨人」，明代權閹魏忠賢主導，大肆捕殺「東林黨人」。

第十一節　互相引薦

共同的生理缺陷和共同的生活環境，使得宦官彼此之間具有較強的認同感，他們常稱

「我曹我族」，具有較強的團體意識。尤其是在對外的場合，源於鞏固自己權勢需要，他們常互相引薦，抱團取暖，以期獲得長久的利益。

秦朝時期，宦官趙高當上中丞相後，立即將自己的親弟弟趙成提攜爲郎中令，女婿閻樂爲咸陽令。兄弟女婿互相呼應，朋比爲奸，俱爲秦二世所寵信。

漢代宦官養子繼嗣的制度正式形成，收養的義子亦爲宦官。宦官受寵，其義子亦受其惠顧。東漢時期，宦官所受爵位可以傳其養子或者其他親屬。安帝時期，宦官鄭眾的養子鄭閎在其養父死後承襲了爵位。順帝依靠宦官登上帝位，大封宦官十九人爲侯，並允許養子傳爵。陽嘉四年，「詔宦官養子悉聽得爲後，襲封爵，定著乎令」（《後漢書．孫程傳》）。宦官們引薦養子從宦掌職，並傳爵於養子，以延伸其勢力與恩寵。

北魏時期，宦官廣泛地參與各種政治活動，往往相互投靠援引。「文明太后時，王遇有寵」，小宦官孟鸞便投靠在王遇門下，「以謹敏爲遇左右」，因爲王遇的緣故，「由是漸見眷識」（《魏書．孟鸞傳》）。宦官養子現象非常普遍。文成帝時，宦官王琚受寵，微閹楊範「爲王琚所養，恩若父子，往來出入其家」（《魏書．楊範傳》），其後借養父之勢而漸漸發跡。權閹劉騰專擅朝政時，其養子以及投靠他的宦官即有四十餘人，形成事實上的「中人朋黨」。

唐代宦官多養子，其養子大多數成爲宦官。這些養子因受其養父恩蔭，得以迅速提升。權閹楊思勗，「爲內官楊氏所養，以閹，從事內侍省」。權閹田令孜，「從義父入內侍省爲宦者」。權閹楊復恭，「以父，幼爲宦者，入內侍省」，其養父爲宦官楊玄翼（均見《舊唐書·宦官傳》）。宦官仇士良有五個養子，其中四個養子都成爲高品宦官。這些宦官還代代相接，其養子的養子復爲宦官，形成很有勢力的宦官世家，世世受皇家恩榮。唐代楊氏宦官家族就是其中的一個典型代表，自楊志廉至楊守亮五代養父養子，先後活躍在唐朝政治舞臺上約一百年左右，稱「世爲權家」（《新唐書·楊復恭傳》）。

明代宦官相互之間，因爲是父子、老鄉、同姓等關係，互相引薦現象較突出。如司禮監王安屬下有一名宦官名叫魏朝，「性甚儇黠，頗得熹宗寵愛」（《明史演義》第八十三回），並且與熹宗的乳母客氏結成對食關係，二人很有權勢。魏忠賢爲宦後，見魏朝勢盛，於是投靠魏朝，與魏朝結成兄弟。在魏朝的引薦下，魏忠賢很快得到了熹宗的寵愛，並且與客氏結緣，成爲一代巨閹。

明代宦官最大的特點還在於相互之間結成團夥，形成很大的政治勢力。權閹劉瑾爲攫取更大的權勢，與馬永成、高鳳、羅祥、魏彬、丘聚、谷大用、張永等宦官結成死黨，謂之「八虎」。他們連爲一體，同惡相濟，深得武宗的信用。

第十二節　結外自重

古之宦官，按職能而言，只能在宮中服雜役，不得與外人交通。許多朝代都禁止宦官結交外人。然而，宦官爲了提高自身的身價，常交結外臣甚至外國勢力，以達到爲皇帝倚重和寵信的目的。

宦官與外朝文武大臣交結的現象，歷代都有，唯唐朝與宋朝表現突出，而明代最爲鼎盛。宦官與權臣形成利益共同體，即使是明睿之君都難有作爲，而昏庸之主則易入其彀中，寵信宦官，任其所爲，以遂自己窮奢極欲之享受。

北魏孝明帝時，宦官劉騰以勾結將軍獲寵固位。專權的靈太后與皇帝失睦，「母子之間，嫌隙屢起」。宦官劉騰、賈粲等人趁機勾結領軍將軍元叉發動宮廷政變，幽廢靈太后。政變成功後，劉騰與元叉二人「表裡擅權，共相樹置，（元）叉爲外禦，（劉）騰爲內防，迭直禁闥，共裁刑賞」。四年之中，生殺之威咸決於劉騰、元叉之手。此時的劉騰，儼然如太上皇，朝中的高官貴族，「旦造（劉）騰宅，參其顏色，然後方赴省府，亦有歷日不能見者」（《魏書·劉騰傳》）。

唐代後期，宦官把持了統領禁軍之權。爲了鞏固和擴充手中的兵權，上層宦官開始以

「收養爲子」作爲籠絡將帥、培植黨羽、勾結藩鎮的一種重要手段。「慓士奇材，則養以爲子；巨鎮強藩，則爭出我門」（《新唐書・宦者傳序》）。權閹廣收養子，門下養子多達數百人。如楊復恭「以諸子爲州刺史，號『外宅郎君』；又養子六百人，監諸道軍。天下威勢，舉歸其門」。這些權宦的養子，有許多擔任禁軍將帥、藩鎮節度等軍職，如楊復光之養子「以『守』爲名者數十人，皆爲牧守將帥」（《舊唐書・楊復光傳》）。權閹對外廣收養子，內廷與外朝互相借重，結黨營私，從大成勢，帝王對其不能不信賴、忌憚、依重。

北宋統治走向腐敗墮落之路，最大的特點就是宦官與奸臣互相推捧，互相勾結，狼狽爲奸，形成內外結合、共用恩榮局面。宋徽宗在位的廿五年，是北宋統治最黑暗的時期，也是宦官勾結最爲猖狂的時期。當時的權閹童貫、梁師成、李彥與奸臣蔡京、朱勔、王黼，都受到了徽宗的寵信，時稱「六賊」。蔡京、王黼都長時間擔任過宰相，朱勔則專受信任爲宋徽宗採辦。童貫時稱「媼相」，一直與蔡、王二人相爲表裡。梁師成時稱「隱相」，爲人「陰賊險鷙」，朝臣多畏懼，蔡、王二人「亦諂附焉」，王黼甚至「父事之」（《宋史・梁師成傳》）。李彥及楊戩等一些宦官，亦多與權臣相結，互相倚重，權勢炙手可熱。

古代宦官不但與外臣相結，而且還與外國勢力相交結。他們借重外國勢力以提高其身價地位，達到邀寵的目的。

春秋戰國時期，趙國強盛而燕國弱小。趙國宦者令繆賢得幸於趙王，燕王為結交趙國而企圖與繆賢建立良好的私人關係，曾私握繆賢的手，表示「願結友」（《史記・廉頗藺相如列傳》）。一個國主能降低身分與一個閹人交為朋友，這個宦官自是引以為榮。

北宋宦官童貫，最善於借夏國、金國、遼國的勢力自重。童貫與夏累戰數年，各有勝負，為了取得徽宗的信任，於是要夏國納款稱臣以邀功，「童貫因關右既困，諷夏人因遼進誓表納款。己亥，詔六路罷兵。及夏遣使來賀天寧節，授以誓詔，夏使辭不敢，貫不能屈」。童貫常因謊報軍功而得以升遷。

童貫還借金國的勢力自重。「宣和二年（一一二〇年），童貫受密旨圖遼，遣趙良嗣與金約攻遼」（《續資治通鑑・宋紀九十三》）。

童貫的良苦用心沒有白費。宋徽宗對童貫的軍事才能和外交才能深為倚重，其權勢之重無人能及。

106-82

臺北市信義路四段98號12樓之2

龍圖騰文化有限公司　收

（官網：http://www.dragontcc.com/index.htm）

廣告回信

台北郵局登記證

台北廣字第04543號

（免貼郵票）

寄件人姓名：

寄件人地址：

□□□-□□

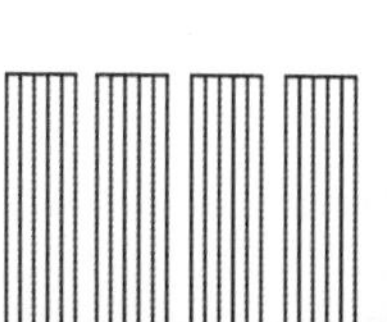

龍圖騰
DRAGON TOTEM CULTURE COMPANY
文化有限公司

龍圖騰文化◎讀者回函卡

◎感謝您購買________________一書（請填寫書名）

為提升服務品質及瞭解您的需求，請您詳細填寫本卡直接寄回（免貼郵票）或傳真至本公司，我們會虛心接受您的寶貴意見，謝謝！

1.性別：□男　□女　　2.生日：西元_____年_____月_____日

3.聯絡電話：（日）______________（夜）______________

4.電子信箱：________________________________

5.學歷：□國中（含）以下　□高中職　□大專　□研究所（含）以上

6.職業：□學生　□教育　□軍警公職　□製造業　□金融業
□資訊業　□傳播業　□自由業　□服務業　□農漁牧礦
□家管　□其他

7.購書地點：□實體書店　□網路書店　□郵購　□書展
□量販店　□便利商店　□租書店　□其他

8.您從哪裡得知本書消息？（可複選）
□實體書店　□網路書店　□網路搜尋　□報紙／雜誌
□書訊　□親友推薦　□試讀本　□廣播／電視　□其他

9.您對本書的評價：（請填代號 1.非常滿意 2.滿意 3.尚可 4.需改進）
封面設計_____版面編排_____內容_____文／譯筆_____價格_____

10.您對我們的建議：

____

____

部落格：http://dragontcc.blogspot.com
FB粉絲團：http://www.facebook.com/dragontcc

電話：02-2704-3265
傳真：02-2704-3275
E-mail：dragontcc.tw@gmail.com

第十三節 以功邀寵

古代宦官在爲君主效命之中，其中不乏功勳突出之輩。秦王嬴政在平息嫪毒之亂時，宦官們積極參與有功者「皆拜爵」，「及宦者皆在戰中，亦拜爵一級」（《史記·秦始皇本紀》）。

北魏宦官趙黑在任職選部時，主張「以功授官、因爵與祿」，反對因親授官，「虧亂選體」。在其刺史任內，「克己清儉，憂濟公私」。當有人欲行私賂時，趙黑表示：「高官祿厚，足以自給，賣公營私，本非情願」，斷然拒絕受賄，「終無所納」（《魏書·趙黑傳》）。歷代宦官如趙黑這樣清正廉明爲官的，實在少見。

北魏宦官王遇在主持工程營建方面的功績最爲突出。宣武帝時，王遇官任將作大匠。「北都方山靈泉道俗居宇及文明太后陵廟，洛京東郊馬射壇殿，修廣文昭太后墓園，太極殿及東西兩堂，內外諸門制度，皆（王）遇監作」。一些寵臣的宅第，亦由王遇「受敕爲之監作」。王遇「雖年在耆老，朝夕不倦，跨鞍驅馳，與少壯者均其勞逸」（《魏書·王遇傳》），其勤勉能幹，受到朝中上下稱頌。

明朝政府爲肅清海道，追尋建文帝下落，發展與海外各國政治經濟往來，曾七次派宦官鄭和、王景弘率龐大艦隊出使西洋，史稱「鄭和下西洋」。鄭和之行，歷時廿八年，行蹤遍及今東南亞、印度次大陸、中東和非洲東海岸等三十幾個國家和地區，是世界航海史上空前的壯舉，比義大利哥倫布和葡萄牙人達伽馬發現新航路要早近五百年。

然而，古之宦官誠心實意爲國家建功立業者少，恃恩妄爲、冒功請賞者多。爲了邀寵，常有攬功諉過、欺下瞞上、顛倒黑白之舉。儘管封建社會對於欺君之罪懲罰甚嚴，然而，宦官膽大妄爲的作法卻爲皇帝深信不疑。

這方面的史料很多，最爲突出的要算明代的魏忠賢。

明朝權閹魏忠賢得勢時，竟達到了貪天之功的地步。舉凡天下之事，如宮殿營建竣工、邊隘工程完成、軍事奏捷、境內捕盜乃至某地發現異獸，統統歸功於魏忠賢的名下。魏忠賢不僅本人冒功求賞，而且鼓勵黨徒爲其歌功頌德。天啓六年（一六二六年）冬，皇宮內三大殿建成，閹黨李永貞、周應秋竟奏稱此爲魏忠賢之功，魏忠賢遂因此「功」而晉爵上公、加恩三等。明代名將袁崇煥鎮守遼東，曾重創後金大軍，獲寧遠大捷。魏忠賢竟恬不知恥將此功據爲己有，並奏稱封其從孫魏鵬翼爲安平伯，其他親族及黨羽亦賞賜有加，而「獨絀（袁）崇煥功不錄」（《明史．魏忠賢傳》）。

第十四節 策立之功

古之君主集權時代，群臣最大的功績莫過於策立、救駕、護主、奪權之功，尤以策立之功爲大。因此，古代宦官最熱衷於策立新君，期以此獲寵信。

東漢中後期，宦官與外戚之間發生了五起重大宮廷鬥爭，每次都是宦官獲勝。而宦官每獲勝一次，都是其權焰擴張之時。宦官專擅朝政，直接導致東漢的滅亡。

第一起是漢和帝時期。皇太后竇氏臨朝秉政，竇氏家族專權。和帝與宦官鄭眾等人密謀策劃，發動兵變，竇氏集團土崩瓦解。宦官鄭眾因功「遷大長秋」，「由是常與議事」（《後漢書·鄭眾傳》）。

第二起是漢安帝時期。和帝死後，皇后鄧氏及家族捨長立幼，選擇僅出生三個月大的少子劉隆爲君，鄧后稱制。劉隆在位八個月死去，十三歲的幼主安帝劉祜即位，鄧氏家族權勢日盛。鄧太后死後，安帝即與宦官李閏等人合謀誅滅了外戚鄧氏宗族，宦官勢力得到了進一步擴張。

第三起少帝時期。安帝誅滅鄧氏集團後，皇后閻氏及家族與宦官江京、樊豐等勾結，廢太子劉保爲濟陰王。安帝在出巡途中猝死，閻后臨朝，立年幼的北鄉侯爲少帝，外戚閻顯等專權，開始極力排斥宦官，權閹樊豐等被處死，江京等人只有依附於閻氏。少帝病危早夭，中黃門孫程等十九名宦官，發動兵變，誅殺閻氏集團及宦官江京等人，迎立濟陰王劉保爲帝，是爲順帝。孫程等人因策立之功，同時封侯，「是爲十九侯」（《後漢書・孫程傳》），其勢大張。

第四起是漢桓帝時期。順帝成年後，立梁妠爲皇后，后父梁商、兄梁冀把持朝政。順帝不到三十歲就死了，年僅兩歲的太子劉炳繼位，是爲沖帝，沖帝在位五個月而夭折。梁氏迎章帝玄孫八歲的建平侯劉纘爲質帝，質帝在位二年就被梁冀鴆死。梁氏立章帝曾孫十五歲的劉志爲帝，是爲桓帝。梁冀爲了固寵，將另一妹入宮爲桓帝皇后。梁氏二后先後死去，桓帝趁勢利用宦官誅滅外戚梁冀家族，中常侍單超、徐璜等五名宦官「同日封，故世謂之『五侯』」，小黃門劉普、趙忠等八人爲「鄉侯」（《後漢書・單超傳》）。

第五起是漢靈帝時期。桓帝死後，章帝玄孫十三歲的劉宏被立爲靈帝，竇太后與其父大將軍竇武執掌朝政。竇武與大臣陳蕃等謀誅權閹，謀泄，反被宦官集團所殺。此後，外戚勢力再未復興，朝政爲宦官集團把持，張讓、趙忠等十二名宦官皆爲中常侍，時稱「十常侍」，封侯貴寵，貪殘妄爲，直至靈帝死後才終結。

唐代著名的權閹李輔國就是兩次因策立之功而得寵的。李輔國在唐玄宗時期是一名侍奉太子東宮的普通宦官。在安史之亂中，玄宗西逃入蜀，李輔國力勸太子李亨即位，是爲唐肅宗。李輔國因此功驟升太子家令，判元帥府行軍司馬事。唐肅宗對其寵愛有加，「事無大小，輔國口爲制敕」（《資治通鑑．唐紀三十七》），官至兵部尚書。肅宗病重期間，張皇后企圖誅除專權的宦官。李輔國搶先發動宮廷政變，誅殺了張皇后，逼死了唐肅宗，擁立太子即位，是爲唐代宗。代宗即位後，李輔國因「定策功，愈恣橫」，遷爲司空、中書令，擔任了宰相之職。

第十五節　押寶皇室

古代君主承傳，雖以嫡長制爲主體，然而，其變數非常之大。有的帝王勤於女色卻終生不育一男，有的是因太子早逝或失寵，導致儲君缺位；有的是帝王早逝而未立儲或皇子年幼；有的皇室成員強梁，或者宮內鬥爭激變，導致君主易人，等等。眾多變數充塞宮中，諸宦官們憑藉自己的眼光和判斷，將自己的政治命運押在皇室成員身上。一旦皇室成員即位成爲天子，宦官的命運便有了大的轉機。

漢宣帝劉詢微時，備受冷落，宦官掖庭令張賀「嘗事戾太子，思顧舊恩，哀曾孫，奉養甚謹，以私錢供給，教書。既壯，賀欲以女孫妻之」，對他特別呵護，只是嫁女的願望爲其弟安世將軍所阻。劉詢即位後，張賀已故，受追封，「諡曰陽都哀侯」（《漢書‧張安世傳》）。宦官許廣漢在張賀未將女兒嫁與劉詢後，便將自己的女兒嫁與劉詢。劉詢即位後，特別顧念舊恩，許廣漢被封爲平恩侯，恩榮尤盛。

明朝第二任皇帝惠帝馭宦頗嚴，惠帝之叔燕王朱棣發起「靖難之役」，「內臣多逃入其（燕王）軍，漏朝廷虛實」。宦官狗兒等人則隨燕王出征，「復以軍功得幸」。正是由於宦官押中了，幫助燕王朱棣取得了天下，所以燕王即位後，宦官大受寵信，「明世宦官出使、專征、監軍、分鎮、刺臣民隱事諸大權，皆自永樂間始」（《明史‧宦官傳序》）。

在皇室成員處於寒微時結識和照顧他們，對多數急功近利的宦官而言是不容易做到的，這種炒冷門的做法是需要膽識的。然而，這種投入常常可以帶來豐厚的回報。這就是爲什麼總有那麼一些宦官時刻在關注著皇室的動態，不時地從皇室裡弄出一點動靜來的緣故吧。

第十六節　疏間君臣

歷史上有許多君主對朝臣心懷猜忌，這無疑增加了君主對宦官的依賴和信任度。宦官要邀寵專權，就必須千方百計地離間君臣關係。他們的主要手段就是刺探情報，給帝王打小報告，取得信任後，則利用帝王的信任進讒言。這些讒言，往往貌似忠心愛主，所以君主易受其蔽，甚者終生不悟。

唐代權閹程元振當權時，「欲報私憾」，誣陷迫害襄陽節度使來瑱和宰相裴冕，「來瑱名將，裴冕元勳，二人既被誣陷，天下方鎮皆解體」（《舊唐書・程元振傳》）。程元振還忌陷將帥，「諸將有大功者，元振皆忌疾欲害之。」致使天下將帥寒心。最嚴重的後果是，當吐蕃入侵京畿時，朝廷「發詔徵諸道兵」，各路兵馬「皆忌元振居中，莫有至者，中外咸切齒而莫敢發言」。唐代宗只得「狼狽出幸」（《資治通鑑・唐紀三十九》）。

明代為特務政治，帝王授予宦官對朝臣將帥進行監視和牽制之權，宦官則以此大行偵緝告密之風，多興冤獄，殘害忠良和無辜。明朝末年，宦官們竟能夠公然彈劾朝臣大吏乃至首輔。崇禎六年（一六三三年），監視宣府軍馬的宦官王坤奏上劾章，語侵首輔周延儒。副都御史王志道就此事上疏云：外臣彈劾內臣，彈劾者往往反受其殃，「輕者紛紛去國，重者下獄置對」；而「內臣所糾，輒蒙報可」。以此造成宦官濫劾之風，「邇年以來，（宦官）參疏日上，論劾漸廣，內則糾科道六曹，外則糾方面督撫；又內則糾六曹卿貳；今則糾輔臣矣」（《春明夢餘錄》卷四十八）。

第十七節　獻媚女主

歷朝歷代，凡幼主即位、女主稱制之時，即是宦官易受重用之時。究其原因在於：女主稱制，由於男女大防，女主不便於如男主一樣拋頭露面，只有通過宦官去交通大臣、傳達旨意、了解民情社意、甚至是出謀劃策。由於這些事情責任重大，宦官由此而得寵信。

東漢歷十三帝，除第一任光武帝與第二任孝明帝即位年在三十歲以上外，其他的十一位皇帝，即位時最大的十五歲，最小的只有三個月大。因此，東漢處於后族與宦官交替掌權時代，宦官在主幼母后稱制時期，勢力日見其重。「女主臨政，而萬機殷遠，朝臣國議，無由參斷帷幄，稱制下令，不出房闈之間，不得不委用刑人，寄之國命」（《後漢書・宦者傳序》）。

唐代，武則天至中宗、睿宗統治時期，除武則天本人曾直接稱帝之外，韋后、安樂公主、太平公主等后妃公主亦曾先後擅政專權，「后氏臨朝，喉舌之任出閹人之口」（《新唐書·姚崇傳》），這爲宦官邀寵提供了契機。一些宦官傾心服侍后妃，受到了后妃的寵信，「權勢甚高，言成禍福」（《舊唐書·竇懷貞傳》）。在此期間，宮廷內接二連三發生了政變，宦官們更是積極參與其中，勝者一方大獲其利，許多宦官因功得以驟遷。著名的宦官楊思勗就是在宮廷政變中發跡的。

清代末年，慈禧太后掌政長達五十餘年，出了三個著名的宦官：安德海、李蓮英、張蘭德。慈禧太后發動「辛酉政變」，得力於宦官安德海與恭親王奕訢取得聯繫，故安德海因此功而受寵。安德海因爲過於張狂，爲山東巡撫丁寶楨所殺。受寵時間最長、地位最顯赫的是李蓮英，歷咸豐、同治、光緒、宣統四朝，由一般太監先後升任首領、副總管、總管，後由慈禧太后懿旨，升爲大總管，又賞加二品頂戴，「此掖廷人破格之舉，自開國以來未有若是之光榮者」。慈禧死後，李蓮英遂退出宮廷。繼李蓮英之後的權閹爲張蘭德（即小德張）。他在入宮不久就受到慈禧的賞識，不幾年就提升爲首領、總管。慈禧死，李蓮英出宮，小德張接任當上內廷大總管，隆裕太后對其寵信有加、言聽計從。民國二年（一九一三年），隆裕因病死去，小德張離開紫禁城，在天津過起了豪奢生活。

第十八節　其他邀寵

古代宦官邀寵的方法五花八門，不可窮究。

以貌見寵。古代宦官眾多，有年輕貌美者，有身強體壯者，有相貌異常者，等等。帝王常有以貌取人之舉。個別宦官因其體貌特徵與一般宦官不同而受到帝王的寵愛。

漢靈帝時，小黃門蹇碩大受寵信，源自「帝以蹇碩壯健而有武略」（《後漢書·何進傳》）充當幫兇。古代宮廷鬥爭時有發生，帝王、太后、宗室，經常爭權奪利，而宦官常常參與其中，充當幫兇。

後趙共傳五主，其主石勒、石虎、石鑑等人俱兇殘。主凶奴惡，從來如此。石宣與石韜兄弟爭嗣位，兩人各有宦官為其幫襯助力。石宣派宦官趙生暗殺石韜。事發後，石宣被其父石虎處死，石韜生前所寵信的宦官郝稚、劉霸等人肆虐其惡。其後的石閔與石鑑之間的爭鬥中，均有宦官參與其事。

博取名望。宦官為獲取清譽，也曾有過正人之舉。或編撰書籍，或改良制度，或整頓吏治，或附庸風雅，或尊賢薦士等等，以欺世盜名。明朝巨閹劉瑾，儘管貪婪成性，擅權任事，但也做了一些令人稱道的事。如清查府庫錢糧、例銀、軍器；奏請免徵天下戶口食鹽，禁空文虛引，禁私夾帶；改革官吏考察升遷制度；清丈邊屯，懲治貪官等。

第七章　帝王恩寵

帝王欲使宦官死心塌地為其服務，必然動用手中所掌握的國家資源，濫賞厚賜，以示恩寵。其恩寵方式包括賞官賜爵、賞賜財物、賜名賜號、允婚養子、恩蔭其家等等。對宦官少恩的帝王，常會受到宦官的報復。

古代宦官得勢，都是帝王、女主們寵出來的。

歷觀古代帝王對宦官的恩寵，常逾於文武百官。許多武將浴血沙場，許多文臣才華橫溢、政績斐然，然而，他們卻不及宦官點滴之功。這種強烈的對比，顯示出古代獎懲制度的隨意性，顯示出帝王至高無上的權力和家天下的氣派。

存在意味著有其合理性。帝王之所以特別地恩寵宦官、庇護宦官，我們可以從帝王的心理來探索其原因。歸結起來，主要有六個方面因素：

一是憐憫之心。宦官因爲被閹割，稱爲刑餘之人，一向爲正統人士所鄙視。加之宦官平時勤勤懇懇任勞任怨地爲皇室工作。因此，帝王對其心生憐憫，予以尊榮，使其心理上有所補償。如果從人性化的角度來觀察，也不無道理。

二是親近之心。絕大多數帝王從小就由宦官服侍，帝王與宦官如同父子、玩友、師生、摯友，感情特別深厚，這種複雜而親密的感情是任何人都難以替代的。

三是信任之心。帝王對於朝臣、宗室、外戚等多有猜忌之心，然而對於宦官幾乎是不設防的，對其忠誠度極少置疑的，對其才能也是十分器重的。

四是賞功之心。帝王需要不斷地激勵宦官爲自己服務，需要宦官當差去滿足自己一切欲望，而宦官也確實在爲帝王服務中付出了心血和勞動。所以，帝王採取多種形式來滿足宦官的種種欲望，以保持宦官們持久的工作積極性。

五是顯尊之心。帝王支配著國家資源，可以隨心所欲地賞賜，賞賜之厚可以顯示帝王的權勢所在。同時，宦官在一定程度上是帝王的代言人，宦官所做的事情即是帝王的意志的體現。帝王在奴才面前慷慨恩賜，有著很濃厚的炫耀其權勢與尊榮的心理。

六是無害心理。宦官沒有生育能力，財富上的消費有限。宦官的財富多了，就不會去貪戀更多的權勢，就會更加忠於皇室。東漢光武帝，對於功臣亦包括宦官均採取禮遇優寵而「不任以吏職」（《後漢書．馬武傳》），以防範其權勢過度增長。這種心理對後世帝王影響很深。

也正是因爲有這些因素的存在，所以歷代帝王對宦官恩寵有加。其感情之深、任事之重、賞賜之厚、名爵之尊、庇護之力，非是尋常朝官所能比擬，更不是平常百姓所能想像。

第一節　賞官賜爵

古代君主將官爵視爲自己的私有財產，對於宦官最大的封賞就是賞官賜爵。宦官亦以謀取高官顯爵為最大的榮耀。

中國古代自商鞅變法以後，就確定了獎勵軍功的制度。秦朝建立後，「秦兼併天下，建皇帝之號，立百官之職」（《通典．職官一》），首創了官僚政治的格局。在其後的兩千多年間，從考選、銓敘、品階、薪酬等方面形成體系完備的官僚制度和價值觀念。

古代的政治制度與秩序是由統治者制定的，是為了維護其統治地位所必需的。但是，所有的制度與秩序只是約束一般的人，對帝王而言，都形同虛設。可以說，所有的法律制度都是由帝王帶頭破壞的，所有的仕進制度都是被君權所踐踏的。君主給宦官賞賜官爵，將所有的制度、原則都視為虛無，完全依據自己的喜好而定，具有很大的隨意性。

帝王對宦官隨意賞官賜爵，主要表現出五種特性：

一是不按程序。古代官吏的任免和爵位的授予，皇帝雖然有決定權，但按規定，都得由專門的機構——吏部進行管理和提議，都要經由朝中重臣討論商議，然後再定。然而，這些制度和規定，在君主強權之下，顯得軟弱無力。

北魏時期，宦官晉爵的速度和程序很少受到限制。例如靈太后當政時期，宦官劉騰先封子爵，同年即晉為公爵。文明太后當政時期，宦官抱嶷、王遇、張祐、苻承祖等宦官，「拔自微閹，歲中而至王公」，一年之內即由「微閹」驟升為「王公」。

二是因人設職。自古官職都爲帝王所設。帝王爲了表示對宦官特殊的恩寵，還爲宦官特設一些官職。

唐安史之亂期間，九鎮節度使合圍叛軍於相州，肅宗「不立統帥」，唯以魚朝恩爲「觀軍容宣慰處置使」，實際上使其處於統領各軍的地位。「觀軍容使名，自朝恩始也」（《舊唐書·魚朝恩傳》）。觀軍容使這一職名就是唐肅宗專爲宦官魚朝恩而設立的。

三是不量功績。古代對於官員甚至是宦官的提拔升遷都有相應的資格要求和業績要求，形成一種有序的進取制度，這樣才能激勵百官去建功立業。然而，專制君主往往全憑自己的主觀愛好率意而爲。

漢代百官選任升遷須定期考課，由丞相、三公、尚書掌握吏治。而宮內宦官升遷，外臣無權染指，不須考課，也不須循階而進，只要有「久宿衛」、「特見親愛」、「頗見親倖」、「親信焉」之類的理由就可以升遷。

北魏時期，孝文帝曾下詔改革爵制：「非功無以受爵，非能無以受祿」（《魏書·官氏志》）。然而，這一規定並沒有得以貫徹到底，一些無尺寸之功的宦官常因受到君主或太后的寵信而輕易得以封官受爵。

四是不辨輕重。官以任能，爵以酬功，這是吏治最基本的原則。然而古代承傳之主對於官吏升遷原則、職權的內涵，大多盲然無知，不辨輕重，隨意賞賜於人。

漢代宦官除了在宮廷內升遷外，還通過加贈官號，如騎都尉、奉車都尉、特進、車騎將軍，提高其官位品秩。如單超、曹節、趙忠等宦官都曾被加贈車騎將軍。這車騎將軍位比三公，權勢尤重。這就擴大了宦官干預朝政的權勢。

唐代有權勢的宦官任職還有一個特點是身兼多職。權閹不僅可以直接在中央朝廷三省、六部、九寺、諸省、五監等機構中出任重要官職，還可以兼充多項使職，並且可以加授散官、勳官。如權閹李輔國曾兼任少府、殿中二監，兼充「閑廄、五坊、宮苑、營田、栽接、總監等使，又兼隴右群牧、京畿鑄錢、長春宮等使」，其他的權閹如高力士、魚朝恩、仇士良、程元振、田令孜等人都曾具有職事官、差遣官、散官、勳官等多種身分和頭銜。

明代君主還授予權閹「監國」、「顧命」之權。

五是濫封濫賞。君王不重國家名器，隨意賞賜給宦官。由此則易啓僥倖之門，宦官們相互攀比，媚上以求封，於是官爵日益濫矣。

秦朝及西漢的宦官，雖然可以被賜予或升遷爵位，但積爵至侯位者卻是極少數。到東漢時期，宦官封侯之門大開。東漢宦官封爵之濫，其表現爲：一是宦者可直接封侯，無須逐級增爵；二是宦官封侯數量大增，甚至成批地受封爲侯。如中黃門孫程等十九名宦官因擁立順帝有功，同時封侯。中常侍單超等五名宦官因助桓帝誅滅外戚梁冀，「五人同日封，故世謂之『五侯』，又封小黃門劉普、趙忠等八人爲鄉侯」（《後漢書・單超傳》）。總東漢宦官封侯者，人數達八十人以上；三是宦官封侯大多享有食邑，有的食邑規模較大；四是宦官所受爵位還可以傳其養子或者其他親屬。

史上最濫賞官職的要算北齊後主高緯。高緯昏庸無道，將官爵當小菜似的濫授無算，「自大丞相已下，太宰、大司馬、三師、大將軍、三公等官，並增員而授，或三或四，不可勝數」。幼主即位後，濫封之風愈演愈烈，「諸官奴婢、閹人、商人、胡戶、雜戶、歌舞人、見鬼人濫得富貴者，將以萬數；庶姓封王者百數，不復可紀；開府千餘，儀同無數；領軍一時三十，連判文書，各作依字，不具姓名，莫知誰也；諸貴寵祖禰追贈，官歲一進，位極乃止；宮掖婢皆封郡君，宮女寶衣玉食者五百餘人」（《北史・齊本紀下》）。北齊濫封官爵，使得宦官的地位權勢迅速膨脹，「遂使刀鋸刑餘，貴溢軒階」（《北齊書・上洛王思宗附弟思好傳》）。

唐代君主對宦官濫封官爵，除了職事官與差遣官之外，主要集中在散官、勳官及爵位。唐代文散官有二十九階，武散官有四十五階，勳官有十二轉，爵位有九等。帝王多隨心所欲，濫授散官、勳官和爵位，使得大批的上層宦官通過散官、勳官及爵位途徑得以進入高品「衣

朱紫」行列。

第二節　賞賜財物

為了給宦官增加財富收入和榮耀，歷代帝王似乎都喜歡以物質的方式表達自己對宦官的寵信。

第一種方式是賞賜財物。這是歷代帝王對宦官最為經常最為直接的恩寵和激勵方式。唐敬宗即位之初，頻頻賞賜宦官財物宅區，「賜兩軍中尉、樞密、飛龍、弓箭等使及諸供奉官錦彩金銀有差」；「賜中官郭日通等錢各五千貫」；「賜內官魏弘簡、李少端錦彩銀器」；「賜中官孫仲彥宅一區」；「中官朱惟亮、周文晟、楊文晟各賜永興坊宅一區」（《冊府元龜．內臣部．恩寵》）。

第二種方式是加俸，給宦官提高官品或者直接增加俸薪。

明代文官分九品十八級，按品級支給俸祿。宦官亦「各有本等俸給」。宦官立功，則可受增俸加祿的獎勵。據《弇山堂別集·中官考一》中的記載，正統九年「賜遼東鎮守太監亦失哈歲米四十石。此內臣加祿之見於史者也」。其後的成化年間，御馬監太監汪直「初以緝事功」加歲米二十四石，以建州功加三十六石，以威寧海功加四十八石，以黑石崖功加三百石，後累至四百八十石。司禮監太監以恩加歲米累至三百餘石。嘉靖年間，司禮監太監張佐加祿至二百五十二石，麥福至三百七十石，黃錦至五百石。天啓年間，曾有「升賞一次曾頓加祿米至一千二石者」。而當時的正一品官員的月俸米才八十七石，可見其賞賜之厚。

第三種方式是封爵食邑。得到食邑，不僅在財富上有了較大的、穩定的收入，而且非常榮耀。

唐代權閹多有封邑。高力士爵封齊國公，食邑五百戶。李輔國爵封博陸郡王，實封八百戶。魚朝恩先封爵鄭國公，後徙封韓國公，食邑一千戶。楊復恭爵封魏國公，食邑八百戶。等等。

古代帝王從財富上給予宦官豐厚的收益，似乎成爲一種慣例，都不太去計較其得失。

第三節　賜名賜號

古帝王寵信大臣的一個重要手段就是賜名賜號，對宦官亦是如此。

一是賜姓名：君主賜宦官以新名，以示恩寵。如李輔國原名靜忠，肅宗先後賜名護國、輔國。唐代宗賜宦官劉清潭名忠翼。

元朝時，宮廷高麗籍宦官備受重用。帝王爲示寵愛，給高麗籍宦官賜以蒙古名。賜宦官方臣祐名爲忙古台；賜朴不花名爲朴帖木兒不花；賜高龍普名爲禿滿迭兒、禿滿滿夕兒。

二是賜號：君主賜宦官以功臣名號，以示榮耀。如楊復光因鎮壓農民起義有功，賜號「資忠輝武匡國平難功臣」（《新唐書．楊復光傳》）。楊復恭亦因功賜號「忠貞啓聖定國功臣」。李輔國因「有翼戴功」，唐代宗特賜號「尚父」。

三是賜印記：古代君主賜宦官印記，以示恩寵、褒獎、激勵。

明朝君主多賜權閹印記。印記或爲銀章，或爲牙章，或爲石章，章上均有文記。

明宣宗賞賜宦官金英、范弘銀記印。賞賜給親信宦官王瑾銀記四塊最爲有名，其銘文分別爲「忠肝義膽」、「金貂貴客」、「忠誠自勵」、「心跡雙清」（《明史．王瑾傳》）。

四是裱圖像：唐代為褒獎表彰功臣，特在凌煙閣內為功臣懸掛圖像，以流傳後世。在內侍省內亦有「功臣兩堂」，「繼武帳之恩華，耀麟臺之儀表」（《大唐重修內侍省之碑》）。

宋代宦官還享有與君主一併入像的恩寵。在為君主畫像或塑像時，宦官李神福等得以享受「立侍」君主之側一併入像的殊榮。

第四節　允婚養子

中國人最看重家和子嗣的延續，所謂「不孝有三，無後為大」，就反映了家的傳承的重要性。遠古時，宦官本是宮奴，又無性能力，是不能有家的。自秦漢以後，帝王寵信宦官，才逐漸建立起宦官娶妻養子的制度，允許宦官享有正常男人家的構成：有妻有子。

宦官娶妻養子制度在歷史上是經歷過波折的，並不是每個朝代每個時期都准許的，也並不是每一個宦官都可以享有此種權力的。大多數情況是，娶妻養子只是帝王給予高層宦官的一種特權和恩倖。

秦朝時期就有宦官娶妻養子的記載。宦官趙高在秦朝官至宰相，權傾朝野，自然可以享受娶妻養子的權力。《資治通鑑·秦紀三》記載：「高懼，乃陰與其婿咸陽令閻樂及弟趙成謀」。這個女婿閻樂就是趙高發動宮廷政變誅殺秦二世的具體實施者。既有婿，自有女，可見趙高是有養女的。

明令允許宦官娶妻養子，則始自漢代。東漢時曾明確規定：允許宦官收養繼子並傳襲爵位。漢代宦官的養子大多來自同宗本姓，「養其疏屬」，但也有「乞嗣異姓或買蒼頭爲子」（《後漢書·單超傳》）。

北魏時期，宦官娶妻養子的現象非常普遍。君主爲了示寵，就直接將宮女賜予宦官爲妻（《魏書·劉騰傳》）。

唐王朝初期禁止宦官娶妻養子。中後期，宦官得勢，帝王允許宦官娶妻和收養義子，甚至親自爲其賜婚。

唐代的上層宦官幾乎人人都有妻子。如高力士有妻呂氏；李輔國有妻元氏；陳忠盛有妻成氏。

某些宦官還有多個妻妾。如唐宣宗時期，軍器使李敬實，有夫人周氏，次夫人韓氏。

唐代權閹所娶之妻多是高門大戶。權閹仇士良，其妻胡氏即爲「故開府儀同三司、檢校太子賓客兼御史大夫、贈戶部尚書（胡）承恩之女」（《內侍仇士良神道碑》）。

古代君主爲示恩寵，還爲權閹指配名門望族之女爲婚。唐肅宗即爲李輔國「娶元擢女爲妻」。

唐初規定宦官不得養子。唐德宗貞元七年則下詔許其養子，並就養子條件作了規定，「內侍五品以上，許養一子，仍以同姓者，初養日不得過十歲」（《通典．職官九》）。自德宗以後，宦官養子蔚然成風，其限制性規定也是形成虛設。數量上大爲突破，實際上收養數子、數十子乃至數百子的宦官大有人才。仇士良養子五人，彭獻忠養子六人，楊復光養子至少有數十人，楊復恭養子當在六百人以上。收養異姓爲子的宦官也是大有人在。楊思勗本姓蘇，高力士原姓馮，劉貞亮原姓俱，楊復光本姓喬，田令孜本姓陳，楊復恭本姓林，他們都是隨其宦官養父而改姓的。

宋代承漢唐之制，允許宦官養子，建立了較爲嚴格的養子制度。宋神宗熙寧五年詔令云：「詔入內侍省供奉官以下至黃門並本省所管諸內品見無兒男充內食祿者，許養私身內侍一子爲繼嗣。初養日不得過十歲。須己身年三十，無養父或養父致仕，方許具狀。經本省與狀，充繫內侍，遇聖節依名次收補食祿。如未進名及已繫名間淪亡，亦許依上項條約別養子。若已有子，更養次子爲私身內侍者，當行處斬，不在自首之限外，並依前後條令，

入內內侍省明諭之」（《宋會要．職官三十六》）。

神宗的詔令基本上代表著宋代宦官的養子制度：一是允許宦官養子，使宦官有子繼嗣，並且較穩定地保證宦官的來源；二是規定了宦官收養繼子的資格條件，須年滿三十且無養父者；三是嚴格限制養子數量和條件，只許養一子，且初養日不得超過十歲；四是規定了宦官收養繼子的程序；五是提出了違規懲罰辦法，多養者「當行處斬」。

宋代宦官養子通過蔭補進獻方式進入內廷，拿俸祿，吃皇糧，進品爵，這也是帝王對宦官的一種恩寵。

第五節　降尊相處

中國古代是一個非常講究上下尊卑的社會，事事處處都必須注重等級禮儀，不可逾越。古代帝王常高高在上，百官上朝多不敢仰視，百姓見了帝王都要跪拜，其禮儀之盛、威權之重，令人生畏。

奴才面前無偉人。帝王對於宦官，則會放下所有的禮儀與威嚴，不顧尊卑，表現得與常人無異，甚至待以家人之禮，非常親昵。宦官亦以與帝王親昵爲恩榮。

東漢靈帝對宦官趙忠、張讓、夏惲等人非常依戀和信賴，言聽計從，優尊禮敬。「是時中常侍趙忠、張讓、夏惲、郭勝、段珪、宋典等皆封侯貴寵，上常言：『張常侍是我公，趙常侍是我母。』由是宦官無所憚畏」（《資治通鑑．漢紀五十》）。被人君稱之爲公、母，其何等的尊榮！

北魏宦官抱嶷因受孝文帝和文明太后的寵信，其父抱睹生亦被徵入京，「拜太中大夫，賞賜衣馬」。當抱睹生離京返鄉之際，孝文帝親執其手，慰言送行：「老人歸途，幾日可達，好愼行路」（《魏書．抱嶷傳》）。

唐代宦官田令孜頗知書，有謀略，深受唐僖宗的信任。僖宗自幼便與田令孜同臥起，即位之後，遂任田令孜爲左神策軍中尉，並尊稱其爲「父」。

第六節　親臨其家

宦官的家的概念有兩種：一是其出生地，或父母所在地；二是在宮外擁有私宅，養有妻妾嗣子的地方。

古帝王對所寵信的宦官，還降尊其家以示恩榮。

北魏君主對親信的宦官常常施予格外的榮耀。宦官王琚出任外職時，孝文帝和文明太后出巡途中曾「親幸其家，存問周至」（《魏書．王琚傳》）。宦官張祐亦爲孝文帝和文明太后所寵信，「爲造甲宅」。宅成之後，孝文帝與文明太后「親幸其宅，饗會百官」（《魏書．張祐傳》）。

明朝宦官王振力勸英宗親征瓦剌，有一個私心，就是想請英宗皇帝親臨其家（出生地），以顯尊榮。「八月戊申朔，帝至大同，王振尚欲北行，郭敬密止之，始班師。振初議從紫荊關道由蔚州，邀帝幸其家，既恐蹂其鄉禾，復改道宣府」（《明史講義．奪門》）。如果不是在土木堡爲瓦剌軍所伏擊，王振挾英宗領三十萬軍隊回家鄉一遊，那是何等的氣派與榮耀！

第七節　致仕優渥

與官吏一樣，古代宦官亦因年老多病可以致仕退養天年。帝王對所恩寵的宦官，致仕時往往給予非常豐厚的酬勞，使其致仕後能過上非常愜意的生活。

唐代官僚制度規定，一定品級以上的官員告老致仕後可享受半俸，特恩可給全俸。帝王對於宦官，比之朝官更高看一等。受寵的宦官致仕後常享受全俸，如唐文宗時的宦官梁守謙、魏弘簡致仕後仍全給俸祿。

宋代宦官達到一定年齡後或者因疾病可以致仕退休，致仕時可依例帶職或升一官致仕，可為子弟乞請「恩例」，可以蔭補子弟為官，等等。宦官劉承規本官為景福殿使、新州觀察使，因疾上表求罷，遂以檢校太傅、左驍衛上將軍、安遠軍節度觀察留後致仕。宦官馮世寧本官為感德軍留後，以內客省使、彰化軍留後致仕。宦官致仕後，亦可重新起用任職，稱為「落致仕」。如宦官張去為已致仕，高宗內禪後，「詔落致仕」，重新起用為「提舉德壽宮」，「特遷安慶軍承宣使」（《宋史．張去為傳》）。

明朝宦官的病老喪葬制度非常健全，《酌中志》對此有很詳細的記載。對於一般的宦官而言，年老、多病、喪葬等都有保障。老病之宦，多退居京城內外諸寺廟安置，給柴米、冬衣、靴料等常用品，以養其終年。病者送安樂堂就醫，死者送淨樂堂焚化，其骨灰安葬於淨樂堂東西二塔之下。

明代地位較高的宦官，或有皇帝所賜宅第，或自建宅第，休沐或致仕時，則歸其宅第安享富貴。如宦官王進德「甲第在東華門外，清整雅潔，門無俗客，每休沐之暇，即閤戶焚香，彈琴讀書……宛然有儒者風」（《酌中志》）。

明代地位高的宦官死後則往往賜葬。據《弇山堂別集．中官考一》記載，正德十二年（一五一七年），工部奏稱：「太監等官病故，成化、弘治間，造墳安葬，給銀不過五十兩；若建享堂碑亭者，百無一二。自正德以來，奉特旨造建者無月無之，率給銀五百兩，本部俱於別料料價銀內借用，今已借過三萬二千四百八十餘兩。」嘉靖九年，工部與禮部又奏言：「品官墳塋，原有規制。內官已故，往往賜葬，造碑亭享堂，皆出特恩。或有因而盛興土木，華靡逾分；又有預修越制之工，以冀後來恩寵。積弊既久，玩襲爲常。」此奏文表明，高層宦官喪葬規格越來越高，享此殊榮的宦官越來越多，以致費用巨大。

第八節　信任庇護

古代帝王對於寵信的宦官，特別倚重，特別親信，特別寬恕，特別包容。這種恩榮，在歷史上只有極少數的朝官才得以享受。其主要表現爲四個方面：

一是偏信偏袒。古代一些帝王對所寵信的宦官是深信不疑，聽不進任何異議，也從不去懷疑和思考其言行，達到了癡狂的程度。

三國時期的蜀國後主劉禪，對宦官黃皓非常寵信。這種親信度遠勝於宗親、重臣。在黃皓的讒毀下，劉禪與其庶弟劉永十多年都不相見。當時統帥軍隊的大將爲大將軍姜維，姜維「惡黃皓恣擅，啓後主欲殺之」，終因劉禪對黃皓寵信而無可奈何，只有駐外以避禍。姜維用兵亦受黃皓牽制。當曹魏軍隊即將伐蜀時，姜維上書，要求調兵遣將，「以防未然」，然而，劉禪卻相信黃皓所云「徵信鬼巫，謂敵終不自致」，遂「寢其事」（《三國志．蜀書．姜維傳》及注引《華陽國志》）。因此，晉人李密評價說：後主劉禪「得諸葛亮而抗魏，任黃皓而喪國」（《晉書．李密傳》）。

在朝臣與宦官之間發生的爭端攻訐中，在宦官與皇室成員甚至後宮發生衝突中，君主往往偏聽偏信，偏袒宦官。

《明史．高淮傳》云：「神宗寵愛諸稅監，自大學士趙志皐、沈一貫而下，廷臣諫者不下百餘疏，悉寢不報；而諸稅監有所糾劾，朝上夕下，輒加重譴。以故諸稅監益驕，而（高）淮及梁永尤甚。」高淮爲尚膳監監丞，後出任遼東稅監，因「惡遼東總兵馬林不爲己下，劾罷之」。給事中侯先春疏救，亦被貶雜職。高淮在遼東期間，作惡多端，吏部尚書、刑部尚書、御史、給事中、巡按、巡撫等諸多大臣多次上疏彈劾，明神宗卻充耳不聞。高淮有恃無恐，甚至自加官職，「自稱鎭守協同關務」。兵部上疏，「奏其妄」，神宗乾脆將事情攬到自己身上，「帝心護（高）淮，謬曰：『朕固命之矣。』」

二是包庇縱容。宦官得寵信，全在於帝王的包庇縱容，使其借助於君權，恣意妄爲。中國歷代都有清君側的呼聲，將罪惡歸結於帝王身邊親近之人，事實上眞正的罪魁禍首則是君主。因爲君主的私欲太盛，明知身邊人借其勢而胡作非爲，或者睜一隻眼閉一眼，或者爲其辯解，最甚者則是置公理與道義而不顧，刻意打壓反對方和受害方。

元朝著名的高麗籍宦官朴不花「驕恣無上，招權納賂」，罪惡昭彰，御史彈劾之奏章是連續不斷，然而，皇后奇氏對朴不花「庇之尤固」，反將上疏的御史們「皆坐左遷」（《元史．朴不花傳》）。

明代宦官目無法紀、爲非作歹的現象非常普遍，但事發之後卻常常能夠得到君主的包庇縱容。明代宦官常有侮辱朝臣之事，如隆慶二年，巡視中城御史李學道鞭笞了「執刃嚇人財」的違法宦官許義，眾宦官遂「憤恨不平」，「是日朝罷，有內使百餘人突出至左掖門外，捽（李）學道眾中，奮梃毆之踣地，百官相顧錯愕」（《弇山堂別集．中官考十一》）。

如果說大臣可以輕侮倒也罷，然而王公貴戚亦受其辱。最典型的事例是，駙馬冉興讓受宦官群毆一案，更是讓皇室顏面無存。萬曆四十年（一六一二年），宦官趙進朝因私忿「結其黨數十人」，群毆駙馬冉興讓於內廷，致其「衣冠破壞，血肉狼藉」。對於此事，明神宗卻置公理與親情於不顧，一力包庇宦官。其處理結果是，參加群毆的宦官被置之不問，遭辱打的駙馬卻受到責罰。冉興讓挨打後，「蓬跣歸府第，正欲再草疏，嚴旨已下，詰責甚厲，褫其蟒玉，送國學省愆三月，不獲再奏，公主亦含忍獨還……內官之群毆駙馬者不問也」（《萬曆野獲編》卷五）。

三是重罪輕罰。宦官在嚴重觸犯刑法的情況下，帝王仍心存袒護與依戀之情，對犯罪的宦官重罪輕罰，甚至赦免其罪。這種恩榮是絕大多數朝臣所無法得到的。

《史記．蒙恬列傳》記載：宦官趙高「有大罪」，秦始皇使蒙毅法治之。蒙毅依法懲治，「當（趙）高罪死，除其宦籍」。秦始皇卻認為趙高「強力，通律令」，是個難得的人才，不但沒有處死趙高，還重用趙高。「帝以高之敦於事也，赦之，復其官爵」。

唐代權閹無不罪行累累，都可以處以當時最重的刑罰。然而，帝王對這些權閹往往是重罪輕罰了事。處罰最輕的，如高力士「除籍」，楊復恭「詔致仕」，程元振「盡削官爵，放歸田里」；朱超晏、王志忠「搒二百、奪職」。處罰稍重的，如田令孜「長流」。

元朝著名高麗籍宦官高龍普「在帝側用事，天下疾之」，御史臺嚴詞彈劾其「席寵怙勢，作威作福；親王丞相，望風趨拜；招納貨賄，金帛山積；權傾天下，恐漢之曹節、侯覽，唐之仇士良、楊復恭復起於今日」，要求「請誅之，以快天下之心」。順帝見群臣激憤，只得將高龍普放逐，做做樣子，然後很快又將其召回來，算是處罰了，「帝放（高龍普）於金剛山，尋召還」（《高麗史．高龍普傳》）。

明代宦官常有命案，卻常被輕判。如成化年間，宦官熊保致人死命，刑部論其罪當絞，明憲宗卻改判「發南海子充淨軍種菜」，免其死罪。「是時中官打死人者，多不償命，後遂以為常，雖有言者，卒不聽云」（《弇山堂別集．中官考四》）。萬曆年間亦屢有宦官殺人，「帝令司禮按問，蔽罪其下」（《明史．李獻可傳》）。

四是掩過獎功。帝王對宦官的恩榮最讓士人接受不了的是，帝王對宦官所犯罪過置之不問，對其些許微功卻大為獎賞。

北宋時期，宦官李憲曾嚴重違反軍規，而宋神宗卻不懲其大過，反而賞其微功。「熙河經制李憲收夏人於西市新城。九月，李憲復蘭州古城。鄜延經略副使种諤英勇善戰，功動最著。因五路會師，獨李憲失期，導致各路潰退無功」。

對於李憲之過，宋神宗也是心似明鏡，後悔不已。「先是知樞密院孫固乞罷西師，既而出師無功，帝諭固曰：『若用卿言，必不至此。』」既然皇帝心生悔意了，這個孫固又開始進言：「兵法，期而後至者斬。始議五路入討，會於靈州，李憲獨不赴，乃自開蘭、會，欲以弭責，要不可赦，乞誅之。」孫固之言是要依法行事，李憲應按律當斬。然而，神宗聽不進，「不從」。

問題還不僅如此，宋神宗不但沒有斬李憲，還大張旗鼓地獎賞李憲。「以李憲討賊有功捷，賜銀、絹各兩千，降敕獎諭，別聽恩命」（《續資治通鑑．宋紀七十六》）。

神宗不但獎賞李憲，還要提拔重用李憲。「以熙河經制李憲爲涇原、熙河、蘭會經略安撫制置使，知蘭州李浩權安撫副使。帝既釋憲弗誅，憲復上再舉之策，兼陳進築五利，將從之。會李舜舉入奏，具陳師老民困狀，乃罷兵，趣憲赴闕。已而再議西討，道賜憲銀帛四千，以爲經略安撫制置使，給衛三百，進景福殿使、武信軍留後，使復還熙河，仍兼秦鳳軍馬」（《續資治通鑑．宋紀七十七》）。不誅反獎，不降反升，神宗皇帝既是在給自己保留顏面，又體現了對宦官李憲顧念之情。然則，此舉耗財傷民，將士寒心，於國於民都是後患無窮。

第九節　恩蔭其家

帝王對宦官的寵信，還愛屋及烏，惠及家族，上崇先世，下蔭親族。一是加贈宦官父母官號。宦官得勢，其父母亦被加賜一定的官號。

北魏時期，受寵的宦官，其生父得以拜官，死後享有贈謚。宦官抱嶷之父抱睹生，因抱嶷受寵而被徵入京，「拜太中大夫，賞賜衣馬」。宦官孫小爲太武帝所寵，「乃請父瓚贈謚，求更改葬」，其父被「詔贈振威將軍、秦州刺史、石安縣子，謚曰戴」（《魏書．孫小傳》）。

明代得勢受寵的權閹，其父見在者可升授官職，其父母已死亦追贈官號。正德二年（一五〇七年），御馬監太監谷大用之父谷奉、御用監太監張永之父張友，俱升錦衣衛指揮使，「此內臣父見在授官之始也」。同年，又贈御馬監太監丘聚、司設監太監馬永成、御馬監太監魏彬等宦官已死之父俱錦衣衛指揮使，已死之母亦贈淑人，「此內臣贈父母之始也」（《弇山堂別集．中官考一》）。

明代還有追贈宦官數代者。天啓年間，權閹魏忠賢勢焰熏天，吏部尚書王紹徽上疏獻媚討好魏閹「請崇其先世」。明熹宗遂「詔贈忠賢四代如本爵」（《明史．魏忠賢傳》）。正德年間，權閹劉瑾先世三代亦被贈爲都督同知。

二是恩蔭宦官妻子。宦官之妻，多因夫貴而受封爲縣君、郡君乃至國夫人稱號。唐肅宗時期宦官內給事韋某，其妻宋氏封爲廣平縣君；陳忠盛妻成氏封上谷縣君；彭獻忠妻馮氏封長樂郡君；喬獻德妻李氏封隴西郡夫人；仇士良妻胡氏「以公勳位俊重，累封至魯國夫人」（《內侍省監楚國公仇士良神道碑》）。

三是恩蔭宦官妻子的家族成員。宦官妻子的家族成員因與權閹聯姻而飛黃騰達。《舊唐書·高力士傳》記載：「開元初，瀛洲呂玄晤作吏京師，女有姿色，力士娶之爲婦，擢玄晤爲少卿、刺史，子弟皆爲王傅。」李輔國娶元擢之女爲妻後，元擢「以故爲梁州長史，弟兄皆位臺省」（《新唐書·李輔國傳》）。

四是恩蔭宦官的養子。北魏宦官的養子可受其恩蔭而飛黃騰達。宦官劉騰受到靈太后的寵信，不僅本人加官晉爵，其「所養二子」亦因緣得進，「爲郡守、尙書郎」（《魏書·劉騰傳》）。宦官爵至王公者，死後其養子依例俱可承襲爵位。

唐朝宦官的養子享有門蔭入仕、承襲封爵等方面的特權。仇士良有五個養子，除其幼子年幼未入仕外，其餘四子俱「承恩入仕」，職位顯赫，階品均在五品以上。

唐代後期，宦官養子制度發生重大變化，所收養對象不再是以幼童閹兒爲主，而多爲成年的武將；宦官養子大多不再充任宦官，而是任禁軍將帥、藩鎮節度等軍職，從而極大地擴展了宦官的勢力。

明代宦官的養子從子多受蔭官授爵。權閹王振的從子王山、王林均「蔭都督指揮」；曹吉祥嗣子曹欽爲都督同知，後進封昭武伯；魏忠賢的從子魏良棟尙在「繦褓中，未能行步」，卻已官拜太子太保，爵封東安侯。另一從子魏良卿，官至太師，爵爲寧國公，「至代天子饗南北郊，祭太廟」（《明史·魏忠賢傳》）。

五是恩蔭宦官兄弟宗親。宦官的兄弟親族亦受其惠。

東漢靈帝時，宦官中常侍張奉得勢，其弟張顥得以青雲直上。「以太常常山張顥爲太尉」（《資治通鑑·漢紀四十九》）。張顥無業績和德才可言，全因其兄爲得寵的宦官之故，而躍居三公之列，亦貴不可言矣。

北魏時期，宦官的兄弟常能憑藉宦官的權勢受到恩榮。靈太后時期，宦官封津權重之時，其兄封憑「無他才伎，始終資歷，皆由於津」（《魏書·封津傳》），先後任郡太守、州刺史、衛大將軍、左光祿大夫。封津先受封爲「東光縣開國子」，後因營陵之功又受封爲「城陽縣開國子」。封津有了兩個同級的爵位，於是將後封的爵位「啓轉」讓予其兄封憑。

明朝權閹弟侄族人家奴等人均可受蔭爲官。宦官曹吉祥「門下廝養冒官者多至千百人」（《明史·曹吉祥傳》）。權閹魏忠賢掌權時，其兄弟、族叔、族侄、族孫、外甥等諸多親戚俱緣恩蔭得官。僅天啓七年「自春及秋」，魏忠賢即「積蔭錦衣指揮使至十有七人」。其族孫魏希孔、魏希孟、魏希堯、魏希舜、魏鵬程，親戚董芳名、王選、楊六奇、楊祚昌，均官至左右都督及都督同知、僉事（《明史·魏忠賢傳》）。

第十節 賜謚陪葬

宦官生前受帝王寵信，死後亦享其恩榮。尤其是那些因罪被處死的權閹，死後還可以被追贈官號、賜謚，恩榮無比，由此可見帝王對宦官的顧念之深。

一是追贈官號。受到寵信的上層宦官死後，與高級文武官員一樣，可以享受贈官職、官階、官爵、官勳的殊榮。

唐代權閹如高力士、王守澄、馬存亮、楊忠廉、孫榮義、仇士良等宦官死後俱贈揚州大都督。

宋代宦官死後所贈之官多爲節度、留後、觀察、團練諸使。《宋史》立傳宦官五十三人中，明確記載贈官者共有二十七人，其中二十四人所贈之官即爲節度至團練諸使。追贈有官職、爵位、官階並贈者。宦官楊戩死後贈太師，吳國公；宦官石全彬死後贈太尉，定武軍節度使。有重贈者，如宦官秦翰先贈觀察使，重贈節度使。有加贈者，如劉承規贈左衛上將軍、鎮江軍節度使，後加贈侍中。

二是賜謚。宦官死後享受恤典哀榮，被賜予美謚。唐代權閹如楊復光謚曰「忠肅」。也有賜予惡謚，如李輔國謚曰「醜」。

三是陪葬。陪葬皇陵亦爲宦官死後一大殊榮。唐代權閹高力士死後陪葬唐玄宗泰陵。

四是賜祭賜祠：明英宗對宦官王振的感情特別深厚。儘管王振專權用事，並直接導致土木堡之戰明軍覆滅，英宗被俘。然而在英宗復辟之後，反爲王振平反招魂，復用振之黨羽，終生不悟。「迨至蒙塵幸返，復辟以後，猶伸討前日誅戮振黨之人，刻木爲振形，招魂以葬，祀之智化寺，賜祠曰精忠」（《明史講義．奪門》）。此後賜祠者漸濫。憲宗賜宦官陳矩祠曰「清忠」，崇禎初年追賜宦官王安祠額曰「昭忠」。

第十一節 顧託之榮

帝王對宦官的寵信，最能體現宦官權勢與恩榮隆盛的莫過於委以重任。而所有的重任與恩榮之中，最爲重要最爲榮耀的事莫過於受命監國和顧命。

帝王親征，離京期間，其監國之重任照例由太子擔任。然而，明代卻出現由宦官監國的情況。明武宗曾親率大軍親征反叛的寧王朱宸濠，「是時無監國者，內則司禮太監蕭敬等，大學士楊廷和毛紀；外則五府會昌侯孫銘等，六部尚書陸完等，廠衛太監張銳等，團營太監谷大用、兵部尚書王銳等；皆有敕」。監國就等於行使皇帝的軍政大權，這對宦官而言是一件非常榮耀的事，其權力非常大，當時的敕諭對其權力說得很清楚：「特命爾等依照內閣舊規，同寅協恭，謹愼供事。每日司禮監發下在京在外各衙題奏本，俱要一一用心看詳，擬旨封進，奏請施行。其奏有軍機緊急重大事情，合用軍馬錢糧器械關防符驗之類，尤要詳加審處，擬旨封進。聽司禮監一面奏請定奪，一面發各衙門依擬議處，毋致遲滯誤事」（《弇山堂別集》卷十三）。

歷史上皇帝臨終前，如太子年幼或年輕，則常託付忠誠而德高望重的大臣處理軍政大事，稱之爲顧命之託。受顧命之託的大臣，爲新皇帝料理江山，既是位高權重，更是榮耀無比。

東漢靈帝有兩個皇子，一個是何太后所生，名叫劉辯，一個是王美人所生，名叫劉協。在選擇儲君時，靈帝左右爲難。論長幼之序，當立劉辯；論性情差異，則傾向於劉協。「群臣請立太子。帝以辯輕佻無威儀，欲立協，猶豫未決」。其時，靈帝才三十四歲，正值壯年，晚些立儲亦無不可。誰知天意弄人，靈帝年紀輕輕的就一病不起。按說，帝王臨終託孤，受託之人應是朝中忠心耿耿、聲望很高的重臣，然而，靈帝所託之人卻是權閹蹇碩。「會疾篤，屬協於蹇碩」（《資治通鑑．漢紀五十一》）。由此可以想像宦官蹇碩當時的權勢和恩寵。

明代帝王多以宦官與閣臣同受顧命，這是中國歷史上的一種特例。明英宗死時，授予宦官劉永成等四位太監與大臣孫繼宗等顧命身分。「是日有旨：命太監劉永成、夏時、傅恭、牛玉、會昌侯孫繼宗、懷寧伯孫鏜、尚書王翺、李賢、年富、馬昂、侍郎陳文並（彭）時爲議事官，公同計議，處置軍國重務，遵宣德十年例也」（《彭文憲公筆記》）。

一些權閹看中顧命大臣之權重與榮耀，即便未受顧命，卻利用時機竊取其身分。明穆宗臨終時，「初，帝意專屬閣臣，而中官矯遺詔命與馮保共事」（《明史．高拱傳》）。於是，宦官馮保以顧命老臣自居，而新君明神宗也承認其顧命身分，「爾受皇考遺囑，保護朕躬……宜仰遵皇考付託之意」（《弇山堂別集．中官考十一》）。經新皇帝認可後，假顧命也便成了眞顧命了。

第十二節 特殊恩寵

帝王對宦官，還有許多特殊的恩寵。這些恩寵不是一般的朝臣或者一般的宦官所能享受的。

一是賜以法外免死特權。北魏時期，張祐與王質等十七名宦官俱爲孝文帝與文明太后所寵信，被授予法外特權，「俱賜金券，許以不死」（《魏書·張祐傳》）。

明宣德年間，宣宗曾賜予宦官范弘、金英免死詔，其詔文云：「克勤夙夜，靡一事之後期，惟一心之在國；退不忍於欺蔽，進必務於忠誠；免爾死罪於將來，著朕至意於久遠」（《弇山堂別集·中官考一》）。其褒美之辭，無以復加。

二是賜敕旌勵出使。明孝宗時，多有出鎮宦官被賜敕旌勵者。《明史·宦官傳》云：「是時，中官多守法。奉詔出鎮者，福建鄧原、浙江麥秀、河南藍忠、宣府劉清，皆廉潔愛民。兵部上其事，賜敕旌勵。」

三是關懷其生老病死。北宋時期，宦官王仁睿病重時，宋太宗「遣太醫診視」。宦官劉承規死後，宋眞宗「親爲祭文」，並遣內臣與鴻臚典喪。宦官藍繼宗年老體弱，宋仁宗「特免入朝拜舞及從行幸」（《宋史·藍繼宗傳》）。

四是本州任職封邑之榮。古代爲官要求避籍，宣導異地爲官，而一些君主爲了讓所寵愛的宦官在自己的家鄉顯榮，特地將其委任到本地去爲官。北魏時期，多次出現宦官回本籍爲官的現象。宦官王質爲高陽郡人，地屬瀛洲，魏主就任命他爲瀛洲刺史。宦官李堅亦爲高陽人，後亦出任瀛洲刺史，「本州之榮，同於王質」（《魏書．李堅傳》）。

爲了滿足宦官炫耀故里的虛榮心理，北魏還出現宦官受封原籍爲封地食邑的現象。靈太后當政時期，宦官王溫爲趙郡欒城人，初得封爲「欒城伯」，後又晉爵「欒城縣開國侯」。王溫心猶未足，又自敘祖籍爲陽平郡武陽人，於是再次改封爲「武陽縣開國侯」（《魏書．王溫傳》）。北魏宦官以原籍受封的現象頗多。宦官抱嶷爲安定人，得封爲「安定公」。宦官王琚爲高平人，得封爲「高平王」。宦官趙黑爲河內人，先封爲「河內公」，後晉封爲「河內王」。宦官苻承祖爲略陽氐人，被封「略陽侯」，繼晉爵「略陽公」，等等。

五是特殊性的獎勵。明天啓六年，浙江巡撫潘汝楨首先上疏奏請爲魏忠賢建生祠，爲明熹宗所首肯。茲後，全國各地刮起了爲魏閹大建生祠的歪風。各省督撫大吏「爭頌德立祠，洶洶若不及」（《明史．魏忠賢傳》），生祠遍及全國各縣。

明代對宦官的其他獎勵方式還包括賜蟒衣玉帶、許內府乘馬等等。春秋戰國時期，衛國宦官雍渠受寵，衛靈公出行，讓雍渠參乘，「與夫人同車，宦者雍渠參乘」（《史記．孔子世家》）。

第八章　宦官弄權

孟德斯鳩云：「一切有權的人都容易濫用權力，這是萬古不移的一條經驗。」在專制統治時代，有權就意味著擁有一切，這同樣是一條永遠顛撲不破的真理。宦官深諳弄權之道，他們借助於君權，大行其私，將朝政和國家的命運玩弄於股掌之中。

濫用權力是人的天性，古今中外概莫能外。除非權力處於陽光之下，執掌權柄的人的行爲才會受到嚴格的約束。

歷代宦官弄權之術，遠勝於佞臣。皆因宦官多出身低微，未受過正統思想的薰陶，更崇尚權力與富貴，爲達到目的不擇手段。宦官弄權得其便利之處在於，他們整天圍侍在帝王的身邊，具有時間和空間上的絕對優勢，極少有朝臣能夠有此機會。

宦官弄權，其本源是依託於君權。在君主集權制時代，只要獲取君主的信任，便可以廣泛地攫取各項權力。天下的人事權、財政權、物權、知情權、情報權、軍事權、外交權，等等，無不在宦官們視野之中。我們只有從宦官如何操縱和利用君權，就可以探究出宦官們的弄權之道。

與官僚集團相比較，宦官在管理國家事務方面的能力差距甚大。他們的全部本領在於策劃陰謀、玩弄權術、控制皇帝、制服百官。

宦官專權弄權，它突出的特徵主要表現在三個方面：一是陰謀性。佞宦多用心深刻，善於僞裝，精於設計，奸詐陰險，其心機非一般人所能及；二是貪婪性。佞宦對於權力有著特別的嗜好，觸角所及，無所避易，絕無厭倦；三是兇殘性。宦官擅權必然會招致朝野的強烈反對，基於此，宦官可以置天下公理與安危於不顧，不惜採取一切最卑劣、最殘酷的手段進行血腥的鎮壓。

第一節 近侍之便 干預朝政

古代君主專制，天下興亡安危繫於一人。在所有的人群當中，與君主接觸最密切的是宦官。宦官與君主之間可謂是寸步不離、須臾不離，在時間和空間上盡得其便利，無人能及。這就爲宦官干預朝政提供了機會。

春秋戰國時期，宦官的地位明顯提高，宦官利用近侍之便，頗多參與國政的事例。其時，已有受寵信的宦官參與軍事、外交、薦士、宮廷內政等方面的事務。

軍事方面。如《左傳·僖公二年》記載：「齊寺人貂始漏師於多魚。」注家云：「漏師者，漏泄師之密謀也；云始者，言其終又甚焉。」寺人貂漏泄軍隊之計謀與行蹤，說明他已居於能夠參與並掌握「師之密謀」的地位。外交方面。如齊靈公所寵信的宦官夙沙衛曾收受了外國使臣的賄賂，並以「刑臣」之身分而「禮於」他國之士。

薦士方面。當時一些著名的歷史人物，多是通過宦官推薦的。戰國著名的政治家藺相如，是由宦者令繆賢的推薦，才得到趙惠文王的重用。最爲著名的改革家商鞅，在遊說秦孝公時，是「因孝公寵臣景監以求見孝公」，在宦官景監的多次推薦和幫助下，商鞅才能夠最後遊說成功。

宮廷內政。宦官掌管宮禁事務，並由此染指君主廢立大事。如齊桓公「妒而好內」，所以用宦官豎刁「治內」。齊桓公死後，五子爭立，豎刁與易牙、開方「三子專權」，「殺群吏」，數易其君。

自秦漢以後，宦官因近侍之便更加廣泛地參與朝政事務。爲禍最爲劇烈的是秦二世時期、東漢、北魏、唐代中後期、南漢、明朝。

歷代昏庸和貪圖安逸的君主在與宦官朝夕相處中，最易爲宦官所惑，然而，古代許多精明賢達的君主亦難脫其臼。如一代英武之君秦始皇，他是一個非常精明的人。身邊的宦官曾給丞相李斯通風報信，秦始皇察覺後，立即將他們殺掉了。然而，他就是看不透宦官趙高的本質，對於一個膽敢犯死罪的宦官，不但赦免其死刑，還官復原職，加以親信，任命趙高爲「中車府令行符璽事」。秦始皇走到哪裡都帶趙高。如果趙高沒有這種近侍之便，就不會有沙丘之謀，秦朝的歷史就是另外一種面孔了。

後世賢明之主雖然都注重以史爲鑑，對宦官深懷戒備，甚至採取了種種限制性措施，然而，由於宦官常處於帝王身邊，日夜侍奉浸染，這些帝王於是又漸漸忘記了其初衷。

最典型的例子是明太祖朱元璋。朱元璋非常注重總結歷史經驗教訓，他曾感慨地說：「吾見史傳所書，漢、唐末世，皆爲宦官敗蠹，未嘗不爲之惋歎。《易》稱『開國承家，小人勿用』。其在宮禁，止可使之供灑掃、給使令而已，豈宜預政典兵？」（《明史紀事本末》）。洪武十七年，朱元璋命令鑄鐵牌「置宮門中」，嚴禁宦官干預政事，「犯者斬」（《明史．職官志》）。由此可見，朱元璋對於宦官之禍認識至爲深刻，措施最爲嚴厲。

然而，史官稱明代宦禍的始作俑者亦爲明太祖朱元璋。「明歷世患奄，要不得不謂由太祖之作俑」。朱元璋後期，漸用宦官。一是派宦官出外差任。「以趙成、聶慶童之奉使市馬，爲內臣銜命之始」。二是設立錦衣衛鎮撫司獄。洪武十五年而設，由宦官提典刑獄，「多非法凌虐」，故至二十年而罷。「其後復設於永樂中……蓋拾太祖已廢之跡也」。三是設立廷杖。「廷杖亦明代特有之酷政」（《明史講義．開國》），大臣犯事，朱元璋就在宮殿之上以廷杖懲罰，由宦官執行。

從歷史經驗來看，歷代宦官干政弄權，均因其近侍之便，耳濡目染，由微而漸的。歷代許多明智的朝臣和君主對此都看得非常清楚。

第二節　蠱惑君主　從中取利

帝王喜歡什麼，宦官就投其所好，甚至更大程度地誘導帝王享樂縱欲。帝王厭惡什麼恐懼什麼，宦官就藉機蠱惑君主肆意逞兇爲惡。宦官就是在蠱惑君主荒淫和施暴中備受親信，謀取私利，擴大權勢。

西漢元帝時期，宦官石顯「爲人巧慧習事，能探得人主微指」，深得體弱多病、貪圖享樂的元帝寵信，「遂委以政」（《漢書．佞幸傳》）。於是，石顯權勢日隆。石顯得勢後，大售其奸，開啓了漢代宦官擅權爲惡的先例。

兩晉時期，漢（前趙）第二代君主劉聰統治，中常侍王沈、宣懷、俞容，中宮僕射郭猗，中黃門陵修等宦官均受到寵信。在宦官的蠱惑下，劉聰耽於酒色，荒淫無度，納宦官之女立爲左、上二皇后，「游宴後宮，或百日不出」，「殺生除授，王沈、郭猗等意所欲皆從之」。昏君不理政事，宦官則乘機專權擅政，爲所欲爲，「率以其意愛憎而決之」（《晉書．劉聰載記》），朝政日益渾濁黑暗。

唐代權閹仇士良在誘使君主享樂以便趁機弄權方面的經驗，可謂是千古之經典。「天子不可令閒暇，暇必觀書，見儒臣，則又納諫，智深慮遠，減玩好，省遊幸，吾屬恩且薄而權輕矣。」仇士良給眾宦官傳授惑君的經驗是：「爲諸君計，莫若殖財貨，盛鷹馬，日以毬獵聲色蠱其心，極侈靡，使悅不知息，則必斥經術，闇外事，萬機在我，恩澤權力欲焉往哉」（《新唐書．仇士良傳》）。

第三節　謀取權力　恣肆妄為

宦官的權力欲望極強，他們媚主的主要目的就是攫取權力。他們攫取權力的手段無所不用，極爲卑鄙。

秦朝宦官趙高用血腥的手段和種種詭計獲取專擅朝政的大權後，天下大事取捨由我，文武百官生殺任情。最著名「指鹿爲馬」的典故就是出自趙高的創造。「中丞相趙高欲專秦權，恐群臣不聽，乃先設驗，持鹿獻於二世曰：『馬也。』二世笑曰：『丞相誤邪，謂鹿爲馬。』問左右，左右或默，或言馬以阿順趙高，或言鹿者，高陰中諸言鹿者以法。後群臣皆畏高，莫敢言其過」（《資治通鑑．秦紀三》）。趙高「指鹿爲馬」之手段，堪稱古今中外弄權肆威，「順我者昌、逆我者亡」的典範。

秦漢宦官不但成爲政治上的「新貴」，同時也成爲經濟上的「暴發戶」。權閹們通過俸祿、食邑、賞賜、賣官鬻爵、敲詐勒索、巧取豪奪等方式，聚集了大量的財富，成爲數世顯赫、家產豐饒的世家豪族。

漢靈帝時期的「十常侍」之一張讓，「侮慢天常，操擅王命，父子兄弟並據州郡，一書出門，便獲千金，京畿諸郡數百萬膏腴美田皆屬（張）讓等，至使怨氣上蒸，妖賊蜂起」（《三國志．魏書．董卓傳》裴松之注引《典略》）。從這一段話中，我們可以想像張讓擅權時的情景：張讓在廟堂之上頤指氣使，出口成憲；其父子兄弟都是地方長官；隨便寫一個字條給人辦事，就可以得到豐厚的酬謝；京城及周邊的諸郡上百萬頃的膏腴美田皆屬張讓等人所有；普天之下的百姓都對其咬牙切齒，紛紛起來造反。

唐代宦官所謀取的最有實力的權力是掌控禁軍。唐代中後期的宦官擅權都是依恃兵權，才得以淩駕於君權之上，肆無忌憚，橫行天下。

宦官掌握軍權是從肅宗時李輔國開始的。李輔國有擁立之功，肅宗任命他作判元帥府司馬，「宣傳詔命，四方文奏，寶印符契，晨夕軍號，一以委之」。回到長安後，又讓他專掌禁軍，一切制敕都需經他押署。這樣，軍政大權就全落在他手裡了。

肅宗死後，李輔國擁立代宗，恣橫更甚，連皇帝都不放在眼裡。他曾對代宗說：「大家但內裡坐，外事聽老奴處置」（《舊唐書．李輔國傳》）。後來代宗利用宦官內部矛盾殺掉了李輔國，典掌禁軍的宦官程元振和魚朝恩又相繼專權。大曆五年（七七〇年），代宗誅殺了魚朝恩，不再讓宦官典兵。

第四節 結黨營私 陷害忠良

獨木不成林。歷代宦官坐大成勢，與同類宦官、奸佞之臣、權欲旺盛的皇室后族等人相勾結，同惡相濟，以逞其私。

歷史正統教育的經典書籍是四書五經，但是，這只是爲儒者所學所修。古代統治者對天下百姓的教化，影響最大的不是四書五經，不是仁、義、禮、智、信，卻是《封神演義》、《三國志》、《說唐》、《水滸》，講的都是哥兒們江湖義氣。百姓不管識不識字，大多數人耳熟能詳的故事莫過於桃園三結義、宋江領導下的梁山泊一百零八好漢。講江湖義氣，成了古代人們的核心價值觀。

然而，佞宦所講的江湖義氣是完全建立在共同的利益基礎之上的。他們與奸臣相互勾結，不顧道義，結黨強勢，目的是爲了獲取更大的權力和利益。

自古忠奸不兩立。忠誠正直之士必然是閹黨售奸的障礙。因此，宦官結黨抱團，壯大勢力以對付忠臣良將。他們將忠賢之士視作眼中釘肉中刺，非盡去之而後快。

春秋戰國時期，齊國宦官豎刁，引薦易牙，並與衛公子開方相結爲黨，利用齊桓公的寵信，專擅朝政，爲亂齊國。

漢代宦官自我認同的群體意識很強，宦官之間常以「我曹」、「我曹我族」相稱。在與外戚、士人官僚鬥爭中，有著很強的凝聚力和一致性，形成了一種特殊的政治集團。同時，他們爲了擴充實力，有時還會投靠后妃外戚，或太子儲君，或安插親族養子，或勾結宦僚權臣，拉幫結派，構結成爲複雜的利益關係。

東漢自順帝以後，宦官們在與外戚、官僚士大夫、太學生之間的鬥爭中，結成了強大的政治集團。他們互相照應，把持朝政，貪殘驕縱，橫行天下。他們的親屬黨羽都狐假虎威，爲所欲爲，「五侯宗族賓客虐遍天下，民不堪命」（《後漢書·單超傳》）。

東漢五次大的兵變，使宦官勢力大張，政治日趨腐敗黑暗，階級矛盾和社會危機日趨激化。宦官集團專擅朝政，引起「朝野嗟怨」，激起了部分官僚士大夫和太學生們的極大憤怒。這些人被稱作「黨人」。黨人集團採取品評「清議」、政治請願、依法懲治、上書直諫等方式，反對和打擊宦官勢力。宦官們伺機進行大規模的反撲，大肆地誅殺和禁錮黨人，無辜受害者眾多，使全國都陷入一片恐怖之中。「黨錮之禍」前後延續十多年，反宦官勢力受到了極大的摧殘，宦官集團氣焰益張，使東漢王朝「朝野崩離，綱紀文章蕩然」（《後漢書．黨錮列傳》），加速了其衰亡。

兩晉漢（前趙）劉聰時期，權閹們大肆任用親信，結黨營私，陷害忠良。「姦佞小人數日而便至二千石者」，「子弟、中表布衣爲內史令長者三十餘人」。朝臣之中，凡爲「閹豎所怨」、「群閹所忌」者，多被宦官構陷致死。在宦官的唆使下，劉聰「一日尸七卿」，成批誅殺朝臣，甚至連皇太弟劉乂也被無辜誅殺。在誅殺劉乂時，牽涉甚廣，「素所親厚大臣及東宮官屬數十人」一併被誅，後又「坑士眾萬五千餘人，平陽街巷爲之空」（《晉書．劉聰載記》）。

宋朝雖未出現宦官專權局面，但是宦官與奸臣相互勾結、互爲表裡、互相呼應、狼狽爲奸現象最爲突出，形成昏君、奸臣、佞閹連爲一體的格局。宋徽宗時期，奸臣爲蔡京、朱勔、王黼，權宦童貫、梁師成、李彥，此六人被稱之爲「六賊」。他們互相攀緣、彼此捧場、共同發跡，權傾一時。

這些奸臣佞閹當道，必然激起正直之士的反抗。於是，這些人就形成利益與共的群體，對於「有論其過者」無不「陷以他事」進行瘋狂的打擊陷害和排擠。如元祐黨人均被排擠出朝廷，著名的將領李綱一直受到排擠。

明代宦官弄權，最大的特點是以權閹為首形成勢力龐大的閹黨。明朝閹黨首領主要為王振、曹吉祥、汪直、劉瑾、馮保、魏忠賢等六人。

開此先河者為王振。王振專權時，將自己的親屬全部擢為地方要員，大批地擢升投身於自己的朝臣和地方官員，對於忠心效己的宦官亦予以重用。

清末上層宦官開始通過招取徒子徒孫及拜把結盟的方式，立門戶，樹山頭，結黨營私。權閹李蓮英、小德張均有與王公貴族重臣以及督撫封疆大吏相勾結的史實。光緒時期的軍機大臣中即有與李蓮英換帖拜為異姓兄弟者。小德張「其時勢焰熏赫，大官中多有與之結為兄弟者」（《清稗類鈔》）。這些權閹多有不法之舉，對於秉公執法或對己不恭者，大加誅伐。刑部尚書薛允升秉公執法，結果遭到慈禧太后和李蓮英的報復，官降三級，「貶授宗人府府丞」。無奈之下，薛允升只得「謝病歸」（《清史稿・薛允升傳》）。

第五節 矯詔行事 盜用君權

宦官擔負著出入禁廷、承宣詔命之責，幾乎是帝王的代言人。古人謂之「口含天憲」（《後漢書・宦者列傳序》）、「喉舌之任出閹人之口」（《新唐書・姚崇傳》），就說明了閹人肩負著承宣聖旨之重任。

正是這一職責使然，使得宦官在君權體系中扮演著重要角色。那些奸佞的宦官，利用其便利，膽大妄為，假竊威靈，矯稱詔敕，假傳聖旨，以循其私。

按律令，假傳聖旨是殺頭之罪。然而，歷史上宦官假傳聖旨的事例卻時有發生。為什麼宦官敢冒殺頭的危險矯詔行事呢？原因在於，統治階層常常留下許多管理上的缺失、真空和盲點，使得矯詔者很容易成功，極少失敗。

東漢末年，宦官勢力無處不在。外戚、大將軍何進誅殺了上軍校尉宦官蹇碩後，引起了權閹張讓等人的恐慌。權閹張讓一方面大行賄賂，何進之母舞陽君、何進之弟車騎將軍何苗「數受諸宦官賂遺」，乃「數白太后，為其障蔽」，何進還讓兒媳何太后之妹跪求何太后庇護；另一方面隨時伺機反撲。中平六年（一八九年）八月，何進獨自進宮晉見何太后，權閹張讓糾集宦官數十人持兵潛伏禁中。何進出來後，宦官張讓、段珪詐以太后詔召何進，

將何進殺害，然後矯詔對外宣布：「何進謀反，已伏誅矣！」（《後漢書．何進傳》）

唐順宗時期，朝臣王叔文等人奪取禁軍兵權失敗，宦官俱文珍以順宗久病為口實，矯詔禪位於太子，逼迫順宗遜位。

北宋權閹梁師成最為「陰賊險鷙」，他利用「凡御書號令皆出其手」之便利，竟敢以假亂眞，矯詔行事，「多擇善書吏習仿帝書，雜詔旨以出，外廷莫能辨」（《宋史．梁師成傳》）。這種模仿書跡、魚目混珠、擅造假詔的做法，在歷史上不為多見。

第六節　隔絕君臣　專擅朝政

古之朝臣與君主見面的機會不多，黎民百姓能見到帝王的機會更是微乎其微。在君權至上時期，宦官擅權弄權最簡便的辦法，就是從空間上將君主和朝臣隔離起來。君主與朝臣的溝通，全部依靠宦官。宦官於是瞞上壓下、左右其手、狐假虎威、盡得其便。

東漢順帝時，宦官執掌中樞之權，所有大臣的奏章都要經過宦官之手，於是宦官們累有寢章之舉。中常侍張防橫行不法，「特用權勢，請託受取」，司隸校尉虞詡不畏強權，多次彈劾張防。然而，這些奏章都被宦官們壓下了，「屢寢不報」（《後漢書．虞詡傳》）。

漢代宦官不但可以瞞報，甚至還私自拆閱大臣奏章。東漢靈帝初立，外戚大將軍竇武奏請皇太后誅權閹。「典中書者先以告長樂五官史朱瑀，瑀盜發（竇）武奏，罵曰：『中官放縱者，自可誅耳，我曹何罪，而當盡見族滅！』」（《資治通鑑．漢紀四十八》）正是宦官朱瑀盜發奏章，才導致宦官集團搶先下手，反將竇武及參與者悉數誅殺。

明代宦官專權局面的形成與發展，與當時的君臣之間處於隔絕狀態是分不開的。明中葉以後，在位的君主與廷臣接觸極少。成化七年（一四七一年）至弘治十年（一四九七年），凡二十六年，歷憲宗、孝宗兩任君主，都未與廷臣見面。明武宗則忙於南北遊樂，廷臣極少得見。明世宗在位四十五年，即位三年後就漸疏大臣，其後四十餘年間只召見過一次。明穆宗即位三年後，尚未與廷臣見過面。明神宗在位凡四十八年，其中後三十年只召見過群臣一次。「統計自成化至天啓一百六十七年，其間延訪大臣不過弘治之末數年，其餘皆簾遠堂高、君門萬里」（趙翼：《陔餘叢考》卷十八）。

明代這種君門萬里、君臣相隔的狀況，與君主貪圖安逸相關聯，更與宦官故意誘惑隔絕密不可分。宦官們對帝王都是導以淫色、玩樂、技藝、巫術、鬼神等事，使帝王心迷其中，忘記一個帝王應盡的職責。宦官們則充當著君主與朝臣之間聯繫的紐帶，口含天憲，自是有機可乘，「是非由其愛憎，刑威恣其燔炙，兵事任其操縱，利權歸其掌握」（《國朝宮史》），於是多有瞞上壓下、矯詔行事之舉。

君臣隔離，宦官成爲君權的代表人物，宦官的影響力甚至遠勝於皇帝。明憲宗成化時，宦官汪直專政，以致當時的人「只知有汪太監，不知有天子」。明孝宗時期，權閹劉瑾專權，時人稱天下有兩個皇帝，一個「朱皇帝」，一個「劉皇帝」；一個「坐皇帝」，一個「立皇帝」。明熹宗時期，權閹魏忠賢權勢熏天，皇帝爲「萬歲」，魏忠賢被呼爲「九千歲」、「九千九百歲」，全國遍建魏閹生祠，天下百姓知熹宗者少，不知魏忠賢之名者絕少，幼兒聞其名爲之噎哭。「掖廷之內，知有忠賢不知有皇上；都城之內，知有忠賢不知有皇上。即大小臣工，又積重之所移，積勢之所趨，亦不覺不知有皇上，而止知有忠賢」（《明史紀事本末》卷七十一）。

第七節 強奴欺主 挾主自用

古人云：「子係中山狼，得志便猖狂」。一些宦官得勢之後，便將禮義廉恥置之腦後，完全擺出一幅無賴的嘴臉和太上皇的架勢，欺凌君主，挾主自用。

東漢靈帝即位時，宦官勢力已經坐大成患。竇太后與其父大將軍竇武執掌朝政，他們聯合太傅陳蕃等官僚朝臣，欲「斥罷宦官」，「悉誅廢，以清朝廷」。打算先誅「頗具才略、專制省內」的宦官管霸和蘇康，再捕宦官頭目曹節、王甫。宦官集團聞知這一消息之後，搶先下手，劫持了靈帝與竇太后，逼其下旨收捕竇武等人，大肆誅殺朝臣。之後，宦官們大邀其功，曹節官至尚書令，張讓、趙忠等十二名宦官皆爲中常侍，封侯貴寵。

北魏權閹挾主自用者，前有宗愛，後有劉騰。宗愛在陷害太子、弒殺太武帝、誘殺秦王等人後，策立吳王拓跋余爲帝，以此功身登極品，位居元輔，「坐召公卿，權恣日甚，內外憚之」（《魏書．宗愛傳》）。權閹劉騰與領軍將軍元叉發動政變，幽廢靈太后後，「表裡擅權，共相樹置」，生殺之威咸決於二人之手。權閹劉騰權勢凌駕於帝王之上，朝廷高官貴族都必須看他的顏色行事（《魏書．劉騰傳》）。

唐代宦官李輔國因策立唐肅宗有功，又結張皇后爲助，遂執掌禁軍和專擅朝政，「事無大小，輔國口爲制敕，寫付外施行，事皆聞奏」。李輔國得志後，一反向日謙恭之態，十分猖狂。對於太上皇唐玄宗李隆基，李輔國全沒放在眼中，隨時可以欺凌，並驅逐流放一直侍奉玄宗身邊的宦官高力士。他身兼十數職，官拜兵部尚書猶不足，公然要求擔任宰相。唐肅宗病重，李輔國發動政變，誅殺張皇后，逼死肅宗，擁立唐代宗。代宗即位後，李輔國將代宗當做兒皇帝或者是傀儡般地對待。代宗對其畏怯三分，尊其爲「尚父」（《舊唐書·李輔國傳》），將其提升爲司空、中書令，使其如願以償地當上了宰相。

唐後期的權閹仇士良、田令孜、楊復恭、劉季述等人亦是惡奴欺主，囂張至極。唐文宗在權閹仇士良面前可謂主奴倒置，大氣都不敢喘，只能背後落淚悲涕，感歎：「赧、獻受制於強諸侯，今朕受制於家奴，以此言之，朕殆不如」（《資治通鑑·唐紀六十二》）。仇士良曾打算廢黜文宗，並當面「歷階數帝過失」，文宗唯有俯首聽責而已（《新唐書·仇士良傳》）。

宦官劉季述對待昭宗的態度更是惡劣。他發動兵變，廢黜昭宗，並「以銀檛畫地」，歷數昭宗罪狀：「某時某事，汝不從我言，其罪一也」，如此至數十罪仍不止。其後將昭宗幽禁深宮，「手鎖其門，鎔鐵錮之」，「穴牆以通飲食，凡兵器針刀皆不得入。上求錢帛俱不得，求紙筆亦不與。時大寒，嬪御公主無衣衾，號哭聞於外」（《資治通鑑·唐紀七十八》）。生爲帝王，其狀如昭宗者，不亦悲乎！

南漢後期，宦官專權的局面愈演愈烈，權閹反奴爲主，其權勢淩駕於君主之上，許多事情都是權閹們說了算，皇權完全被架空，以致後主劉鋹被俘後在宋太祖面前感歎說：「在國時臣是臣下，（龔）澄樞是國主」（《宋史・南漢世家》）。此言或有推責之意，更多的則是無奈。

第八節　操縱君主　擅謀廢立

小人得志，連象徵著最爲神聖不可侵犯的君主身家性命，都全掌控在宦官手中。宦官操縱君主廢立，其表現有三：一是干預儲君廢立。儲君意味著未來的君主。宦官根據自己的喜好，或者政治鬥爭的需要，常常左右儲君的廢立；二是干預君主廢立；三是干預皇后廢立。皇后與儲君相關聯。廢立皇后常常意味著變更繼承人。

春秋戰國時期，多次發生宦官參與廢立儲君事件。宋國的寺人惠牆伊戾，「爲太子內

師而無寵」，遂僞造證據，誣陷太子「將爲亂」，終借宋平公之手逼死太子。其後，宋平公「徐聞其（太子）無罪也，乃烹（寺人惠牆）伊戾」（《左傳．襄公二十六年》）。宋國另一名宦官寺人柳，也曾採用同樣的手段誣陷逼走了太子佐的寵臣。

西晉時期，晉武帝死後，惠帝即位，賈后專權。太子司馬遹非賈后親生，而且聲譽很好，爲賈后所忌。賈后於是想方設法要廢黜和殺害太子，「素忌太子有令譽，因此密敕黃門閹宦媚諛於太子」，引導太子自損其譽。接著，「又使黃門自首，欲與太子爲逆，詔以黃門首辭班示公卿」，捏造事實，誣陷太子謀反。太子被廢黜後，賈后「矯詔使黃門孫慮」進毒「以害太子」。「（孫）慮乃逼太子以藥，太子不肯服，因如廁，（孫）慮以藥杵椎殺之」（《晉書．愍懷太子遹傳》）。一個素有令譽的太子司馬遹就這樣被冤殺了。

唐代宦官擁禁軍自重，脅迫天子，「劫脅天子如制嬰兒」「使天子畏之若乘虎狼而挾蛇虺」（《資治通鑑．唐紀七十九》）。唐代後期即位的幾位君主多爲宦官所擁立。其中自唐穆宗至唐昭宗凡八帝，唐憲宗與唐敬宗爲宦官所弒，唐昭宗爲宦官所幽廢，「而爲宦官所立者七君」（《新唐書．僖宗紀贊》）。其中：順宗是被宦官逼迫禪位的；憲宗、敬宗都是被宦官殺死的；穆宗、文宗、武宗、宣宗、懿宗、僖宗、昭宗七位皇帝都是由宦官擁立的。

元朝的宦官在宮廷內部的爭鬥中也扮演著重要的角色。宦官李邦寧曾唆使元武宗改立太子。宦官拜住曾直接參與了后妃之間的謀殺活動。宦官朴不花與奇氏合謀，企圖使順帝將君位內禪於皇太子。「至正十九年（一三五九年）十二月……帝（元順帝）在位久（時三十九歲，已在位廿六年），而皇太子春秋日盛，軍國之事，皆其所臨決。皇后奇氏乃謀內禪，遣資政院使保布哈（朴不花）諭意於丞相泰費音，泰費音不答……太子遂決意去泰費音。」（《續資治通鑑．元紀三十三》）。

第九節　視民如蟻　肆意其凶

君主專制時代，百姓沒有任何人格尊嚴可言，他們承擔著太多的勞役、兵役、賦稅，承受著兵災、天災、匪禍，財產權、人身安全都沒有保障。

宦官大多出身低微，但他們一如阿Q一般，一旦有權，便作威作福，欺壓百姓。他們的權力欲望強烈，對社會有著近乎瘋狂的報復欲望，可以為一己之私利，肆意侵害掠奪百姓，陷民水火亦無所顧忌。

漢代宦官得勢時，私調民役，增民調，強掠民田，強取民財，強占民女，無所不爲。貪圖民財時，「輒誣以大逆，皆誅滅之，沒人財物」，甚至「侵犯百姓，劫掠商旅」（《後漢書．侯覽傳》）。

唐代宦官禍害百姓最爲直接最爲惡劣的是兩種情況：一是通過「宮市」強買民物。宮市即是宦官以給宮廷採辦物品爲名，在都城長安市場強行收買百姓物品。宦官倚仗權勢，逼迫物主送物入宮，或白取貨物，或低價強購，還強取「進奉門戶」和「腳價錢」，使長安百姓深受其害；二是五坊小使橫行肆虐。五坊即宮廷所置雕、鶻、鷹、鷂、狗等禽獸事務的機構，由宦官主持。宦官則利用此類事務敲詐欺凌百姓「暴甚寇盜」（《新唐書．仇士良傳》）。宦官藉此爲惡最厲害的是收羅了一批市井無賴惡少充當「五坊小使」。五坊小使這些二狗子狐假虎威，橫行鄉里，興冤獄、掠錢貨，爲非作歹，恣意勒索，使「百姓畏之如寇盜」（《舊唐書．裴度傳》）。

明代宦官對百姓禍害最爲直接、最爲深刻。從萬曆二十四年（一五九六年）起，明神宗即派出許多宦官充任礦監稅使，在全國各大城市以徵商開礦爲名，大肆掠取民間的金銀。萬曆二十九年（一六〇一年），一年之中，由宦官直接送往北京的稅款就有白銀九十餘萬兩、黃金一千五百七十五兩，又有金剛鑽、水晶、珍珠、紗羅、紅青寶石等物，而裝進宦官及其爪牙私囊的還不在內。這些宦官往往以開礦爲名，強占土地，或巧立商稅名目，橫徵暴斂。手下豢養的拳師棒手直入民家，姦汙婦女，甚至隨意捕殺人民，直接受害的大都是城市居民。

明熹宗時期，權閹魏忠賢還大搞恐怖政治，殘殺無辜，鉗制輿情，「民間偶語，或觸（魏）忠賢，輒被擒僇，甚至剝皮、刲舌，所殺不可勝數，道路以目」（《明史．魏忠賢傳》）。

古語云：天下興，百姓苦；天下亡，百姓苦。無論天下興與亡，百姓都是無助的，是備受欺凌和壓榨的。宦官則爲虎作倀，充當幫兇，使百姓深受其害。

第九章　宦官逞欲

欲海無邊，這不只是印證在帝王身上，也體現在宦官的身上。子係中山狼，得志便猖狂。宦官對於權力、金錢、情欲等方面的貪婪與放縱，大大地超出了我們的想像。

人總是充滿各種欲望的，只是各人的目標、意志力和手段有所差異罷了。宦官亦如常人，有七情六欲。而且由於生理的缺陷和心靈的扭曲，使得他們一旦有機會，其種種欲望遠勝於常人。即使是按照馬斯洛的需求理論來衡量，都難以理解宦官變態之欲。

宦官肆意逞欲，與他們的人生經歷有著很大的關係。他們或者本身是罪犯，或是罪犯的子弟，或者是被擄掠者，或者是出身貧苦無奈者，或者是仰慕富貴的低微者，而且他們在殘酷、冷漠的宮廷鬥爭中學會了種種權術。這些經歷就決定著他們的性格、人生目標和行爲與常人不同。宦官趙高的殘暴源於自小是罪犯之子，高力士的貪婪源於他原本是嶺南討擊使李千里所進獻的「閹兒」，魏忠賢的陰險狡詐源於他原是市井無賴。如果從經歷上去探知他們種種變態心理，似乎一個個又都「情有可原」了。

宦官逞欲，多在其專權得志時表現得淋漓盡致。宦官專權以後，大都朝政黑暗，民不聊生。「王朝終歸不可能是我家的，隨便我怎麼糟蹋也沒有關係。不像那些掌權的將軍，爲了自己有朝一日接手不至於太過破爛，多少對朝政還是盡心的。」所以，宦官一旦掌權，被壓抑的怒火必然就在心裡蔓延開來，仇恨傾囊而出，報復給那個對他們不公的社會。其事雖可悲，其情卻可憫。

第一節 權欲無涯

在官本位專制時代，權力很難得到有效監控，有權就預示著可以超越一切法律制度而為所欲為，這是一個非常現實的規律。

閹人從奴到官，本身就意味著身分的變化和權力的擴張。宦官權力的擴張，從宮廷雜役進而擴展到宮廷事務的管理，再擴展到參與宮廷政治鬥爭；從宮內向外拓展到朝廷政務、地方政務，延伸至政治、經濟、軍事、刑獄等各個領域、各個角落。

宦官對於權力貪戀，是永無止境的。歷代宦官有官至宰相者，如秦代宦官趙高，官至中丞相；北魏宦官宗愛，官任大司馬、大將軍、太師、都督中外諸軍事、領中祕書；北齊宦官鄧長顒，「任參宰相」；唐代宦官李輔國，任司空、中書令；南漢宦官龔澄樞，官任太師；宋代宦官童貫，累進太尉、太傅、太師，開府儀同三司，領樞密院事；宦官梁師成官拜太尉，「所領職局至數十百」。這些宦官們都是官至宰相，位極人臣。

歷史上，宦官從名義上擔任宰相職務的還是不多。但是，就其實權而言，古代權閹們無宰相之名、有宰相之實者大有人在，其實權甚至凌駕於帝王之上。如秦國宦官嫪毒；漢代宦官石顯、單超、張讓、趙忠、蹇碩；三國蜀國宦官黃皓；兩晉時期漢國宦官嚴震、申扁；

南齊鬱林王時期宦官徐龍駒；北魏宦官劉騰；唐代宦官高力士、程元振、魚朝恩、吐突承璀、王守澄、仇士良、田令孜、楊復恭、劉季述、韓全誨；南宋宦官董宋臣；元代宦官朴不花；明代宦官王振、汪直、劉瑾、梁芳、魏忠賢；清代宦官李蓮英、張蘭德，等等。

古代對臣子而言，象徵著權力與榮耀者莫過於封王封侯。歷代宦官封王封侯者不乏其人。有封爲王者，如北魏時期的宦官宗愛、王琚、趙黑、張祐，北齊的宦官韓寶業、盧勒叉、齊紹、秦子徵、陳德信、鄧長顒。封侯者則數不勝數。

「子係中山狼，得志便猖狂。金閨花柳質，一載赴黃粱」（《紅樓夢》）。宦官貪權，能官至宰相，位極人臣，封王封侯，權傾天下，這已是極致了。然而，這些只是爲臣者的權力頂峰，古代社會眞正權力和榮耀的頂峰就是當皇帝。

古代宦官權力欲膨脹到想當皇帝的，亦不乏其人。

秦朝宦官趙高任中丞相後，按常理，從一個閹人提升到一人之下萬人之上的丞相，甚至使秦二世徒有虛名，這已是至富至貴了。然而，人的欲望無止境，趙高還有更大的野心。西元前二〇七年，趙高發動宮廷政變，在望夷宮弒死了二十四歲的秦二世。胡亥死後，趙高就做起了皇帝夢來，「引璽而佩之」，拿著皇帝的玉璽就不想放下了。左右百官雖然畏懼趙高，卻從沒有見過宦官當皇帝，似乎內心也是無比的恥辱，所以冒著殺頭的危險都不肯接受，「左右百官莫從」。這時，趙高率群臣到正殿去，「殿欲壞者三。高自知天弗與，群臣弗許，乃召始皇弟，授之璽」（《史記．李斯列傳》）。

明朝宦官曹吉祥，原來投靠於權閹王振的門下，後因支持太上皇英宗復辟之功，當上了司禮監太監，其嗣子曹欽及諸從子皆官任都督，「門下廝養冒官者多至千百人，朝士亦有依附希進者」。曹吉祥之權勢可謂盛矣。

後來，曹吉祥寵信漸衰，居然也做起皇帝夢來。遂「不自安，漸蓄異謀」。其嗣子曹欽野心滋盛，曾詢問門客曰：「自古有宦官子弟為天子者乎？」門客答曰：「君家魏武（曹操），其人也。」曹欽聞言大喜，決意謀反。天順五年（一四六一年）七月，西北甘肅、涼州邊防告警，英宗命懷寧伯孫鏜、兵部尚書馬昂統京軍前往征討。曹吉祥、曹欽父子企圖趁朝廷西征之軍未發之際發動宮廷政變。密謀中途洩露，曹欽倉促起事，率兵衝進朝房，砍傷值班官員，縱火焚燒東西長安門。孫鏜急召西征軍投入戰鬥，「鏜軍銳甚，賊眾披靡」。曹欽窮途末路，投井自殺身亡。三天後，曹吉祥被囚並磔死於市，其同夥、「姻黨皆伏誅」（《明史．曹吉祥傳》）。

歷史上還有許多專權的宦官，他們過著皇帝般的生活，享受著皇帝般的權勢與尊榮，也做過許許多多皇帝夢。他們之所以寧願「挾天子以令諸侯」，也不敢貿然篡位，主要是因為宗法觀念深入人心，正統的世襲制成了一道難以逾越的鴻溝。任何鋌而走險的宦官，哪怕其權勢再大，都會招致朝臣群起而攻之，必然無立足之地。這也是權閹們最爲顧忌之處。

第二節　瘋狂斂財

自古以來，權力與財富都是孿生兄弟。閹人自從成了官，就有了官秩。然而，官秩所帶來的俸祿再多，也只是養身養家而已。絕大多數宦官對財富天生就有一種特別的貪戀，其財富之多、手段之狠、道義之泯，就是生活在現代社會的我們，也要爲之詫異。

古代宦官所聚財富之多，是非常驚人的。權閹們依靠權勢獲取財富，其聚財的速度和數量都是令人難以置信的。我們只要從史料中略爲檢索幾例，就足以說明權閹們所聚財富之多。

東漢宦官專權，時人評述爲「羽毛齒革、明珠南金之寶，殷滿其室，富擬王府」（《後漢書．黃瓊傳》），由此可見其財富之豐。

明武宗籍沒權閹劉瑾家時，除得到大量珠寶珍玩之外，又有「金一千二百五萬七千八百兩，銀共二萬五千九百五十八萬三千六百兩」（彭孫貽：《明史紀事本末補編》卷五）。劉瑾在其專權四五年的時間裡，能聚集上千萬兩的黃金，達兩億多兩的白銀，其財富之巨、斂財之速，簡直匪夷所思。

能夠在較短的時間內聚集大量的財富，這需要非同尋常的手段。宦官斂財是不擇手段的，只要有機會，他們便會採取各種各樣的辦法聚斂財物。其手段之卑鄙，令人髮指。

較典型的例子是明武宗時權閹劉瑾斂財。劉瑾擅權，貪贓枉法，其手段很多：一是官員「厚獻」。凡入覲、出使的官員，均須對劉瑾有所「厚獻」。各省地方長官至京，賄銀多至二萬兩。一時銀兩不足者，「往往貸於京師富豪」。復仕之後，取官庫銀兩償還，名曰「京債」；二是向官員橫索。凡是有職權的官員都得向劉瑾獻金，如果不獻納，或獻少者，劉瑾則公然向其索要。「天下三司官賄，人千金，甚者至五千金者。不與則貶斥，與之則遷擢」，對於索賄不得、「橫索金錢不應」的官員，劉瑾則往往「因中以法，欲置之死」；三是強占官私田產。在修理其莊田時，侵占「官地五十餘頃，毀官民房屋三千九百餘間，發民間墳二千七百餘塚」（《明史紀事本末》卷四十三）。

歸結歷代宦官斂財手段，主要表現爲以下五個方面：

一是邀帝王恩賜。一些宦官想方設法在慫恿君主開心的同時，向帝王邀賞。這些方面在前面的章節中已有表述，以下僅略舉例予以說明。

賜物：唐代自玄宗晚期以後，宦官得寵，被賞賜的財物甚多，包括金銀、錦帛、錢財、宅園、器皿等等。唐敬宗治國不在行，是一個耽於「擊毬」、「角觝」優樂之主，對宦官賞賜非常大方，動輒賞以宅園，「賜中官孫仲彥宅一區」；「中官朱惟亮、周文晟、楊文晟各賜永興坊宅一區」（《冊府元龜．內臣部．恩寵》）。

賜祿：除了正常的官秩外，帝王還給受恩寵的宦官加秩。如東漢時期，隨著宦官勢力的增大，宦官的秩也相應地得以大幅增加。東漢初，中黃門官秩爲「比百石」，中常侍爲「比千石」，後來分別增秩至「比三百石」、「比兩千石」。兩漢官秩達二千石等級的，即被視爲尊官高秩，而東漢宦官中的中常侍、大長秋、皇太后諸卿都在兩千石以上。

賜邑：受寵的宦官被封爵並享有食邑。秦國宦官嫪毒被趙太后爵封長信侯，賜以毒國。秦朝宦官趙高爵封安武侯。東漢宦官封侯，大多享有食邑，而且食邑數量較大。如單超等同日所封的「五侯」，食邑多者「兩萬戶」，少者「萬三千戶」，均爲「萬戶侯」。

北魏時期，大批宦官被封爵食邑。權閹宗愛、王琚、趙黑、張祐等人還被封爲王。

二是貪汙受賄。貪汙受賄是宦官斂財最主要的手段。

受賄。受賄是官僚政治下最爲頻發的政治現象。宦官受賄，主要途徑是利用帝王的寵信，廣泛地參與朝政，特別是參與官員的選任。歷朝歷代都有大量的宦官受賄的史料。

春秋時期，宦官夙沙衛爲齊靈公所寵信。齊國伐萊，萊人「賂夙沙衛以索馬牛，皆百匹」。夙沙衛接受了萊人的賄賂，慫恿齊靈公召還齊師（《左傳．襄公二年》）。

東漢時期，宦官專權，他們利用典掌中樞機要、監議朝會、察舉用人、典領軍務、司法治獄、內廷財務等職權大肆地索賄受賄，聚斂財富。「倚勢貪放，受納貨遺以巨萬計」（《後漢書．侯覽傳》）。靈帝時期的權宦張讓，「一書出門，便獲千金」，用現代人的語言表達就是，爲人請託寫一張字條就可以得到一千兩黃金的豐厚回報，由此可見其權勢之重、聚財之速。

東漢宦官受賄最主要的形式就是賣官鬻爵。東漢初期，察舉用人之權漸爲宦官所浸。到桓、靈時期，選拔任用官吏的大權幾乎已完全被宦官所控制。「貨賂中官及輸西園錢一億萬」者，即可「位至太尉」。「以珍玩賂」宦官者，即可官拜州刺史。地方上辟召選舉賢才，都得看宦官的眼色行事，「州牧郡守承順風旨，辟召選舉，釋賢取愚」（《後漢書．曹節傳》），以至「宦官方熾，任人及子弟爲官，布滿天下」（《後漢書．楊秉傳》）。

清朝權閹小德張，其貪婪的本性比前輩宦官們有過之而無不及。光緒後期，某官員欲

謀江海關監督官缺，遂賄賂小德張白銀二十萬兩，經小德張在光緒皇帝面前求情，此官員終得如願以償（參見《晚清宮廷生活見聞》第二三頁）。

貪汙。歷史上，宦官常常受命掌管宮廷財物、督造工程、採辦、督軍等差任，他們利用職權，貪汙官錢。

王莽政權時期，宦官掌管財政事務，「諸寶物名、帑藏、錢穀官，皆宦者領之」（《漢書·王莽傳》）。漢代宦官機構中的尚方掌宮內器用及兵器的典造，御府掌宮內的衣物財寶典藏。還有倉、廄、祠祀、食官令長丞等職名。一些宦官便利用職務之便從中貪墨。

明神宗派遣大批宦官充當礦監稅使爲其斂財。這些礦監稅使以徵稅爲名，不分途徑、不擇手段地強行掠奪和敲詐勒索。他們所掠奪搜刮的大量錢財，只有少部分進奉朝廷，大部分則被這些宦官私下吞沒。「水沮商舟，陸截販賈，徵三解一」（《明史·陳奉傳》）。能徵三解一已爲不錯了，礦監稅使則是「大率入公帑者不及什一」（《明史·陳增傳》），「私充囊橐十得八九」（沈鯉：〈請罷礦稅疏〉）。

明代宦官典兵，多有侵蝕軍實之事。吃空餉，吞軍資，「諸監多侵剋軍資」（《明史·高起潛傳》）。「吞噬爭攫，勢同狼虎」（《明史·孫磐傳》）。

清末，權閹更是利用職務之便，大肆侵吞官錢。據《清稗類鈔》記載，小德張得勢時，極力「設法騙取宮中之錢」，曾經手宮內某佛殿的修理工程，「報銷至二百餘萬」。其後，小德張又假隆裕之手，威逼要脅攝政王載灃，強令各省籌納特別解款六百萬兩，爲宮中工程歲修之用。「然三年以內，絕無一木一石之新建築」。此款即多爲小德張及當時的內務府大臣繼祿所貪汙。與小德張關係密切的宦官王子元，「後因宣統帝年幼，宮院地面凸凹不平，不便行走，特令王子元督工修理。王竟開銷至銀一百四十餘萬，其私囊中飽者，約六十餘萬。」

監守自盜。宦官利用掌管財物之便利，盜竊宮中之財、陵寢之寶、工程之物。明嘉靖十年曾在查核御用監錢糧時，發現宮中大量財寶被宦官偷盜，「內府所藏象牙畫絹諸珍奇之物，爲典守者所侵匿無算」（《弇山堂別集．中官考十》）。有關宦官偷盜宮物的記載，數不勝數。

清帝退位居宮禁期間，宦官大肆地偷竊宮物。不少宦官監守自盜或者扭門撬鎖，盜竊宮中各處的珍寶玉器、古玩字畫，然後偷運至宮外變賣錢財。當時北京街頭的古玩店中，時常出現來自宮中的大量珍寶。溥儀年長後，曾力圖制止宮內太監的偷盜之風，打算對宮內的財寶進行清點。一九二三年五月廿七日晚，紫禁城內建福宮一帶突然起火。建福宮係清宮存放珍寶最多的地方，大火過後，建福宮及其一帶數百年的宏偉建築化爲灰燼，該宮

所藏的無數奇珍異寶和古物字畫全部燒毀。這場大火的起因，據溥儀本人從種種跡象推定，係宮內太監監守自盜後有意縱火滅跡。

三是索拿卡要。宦官斂財，不是被動地等人上門，而是主動攻擊，任何斂財的機會都不放過。

唐代宦官索拿卡要的現象非常突出。據新舊《唐書》之〈高力士傳〉記載，當時宦官常常利用出使的機會貪贓受賄或強索錢財。「其郡縣豐贍，中官一至軍，則所冀千萬計，修功德，市鳥獸，詣一處，則不啻千貫」。宦官每出使歸來，「所裒獲，動巨萬計」。宦官利用這些錢財大量購置田產，「故帝城中甲第，畿甸上田，菓園池沼，中官參半於其間矣」。

清代權閹李蓮英得勢時，經常因私欲而藉故刁難輕侮大臣，致使王公權貴重臣以及督撫封疆大吏都不得不向他請求通款。光緒二十六年（一九〇〇年），八國聯軍攻入北京，慈禧太后挾光緒皇帝離京出逃西安，李蓮英等宦官一同隨行。出逃西安期間，各省地方官進奉慈禧之貢品，照例另贈李蓮英一份，否則即多方刁難。

四是巧取豪掠。宦官恃其權勢，敲詐勒索、強行掠奪，在瘋狂斂財中，其貪婪狠毒本性暴露無遺。

東漢權閹侯覽，「貪侈奢縱，前後請奪人宅三百八十一所，田百一十八頃」（《後漢書．

侯覽傳》）。漢靈帝時期的權閹張讓父子巧取豪奪，「京畿諸郡數百萬膏腴美田皆屬（張）讓等」（《三國志．魏書．董卓傳》）。

唐代權閹高力士最爲生財有道。他花鉅資自建佛寺道祠，「珍樓寶屋，國貲所不逮」。然而，高力士建佛寺絕對不會作賠本的買賣，相反，他還以此作聚斂的平臺。佛寺大鐘建成，「力士宴公卿，一扣鐘，納禮錢十萬，有佞悅者至二十扣，其少亦不減十」（《新唐書．高力士傳》）。也就是說，參加宴會的公卿，每人都捐了百萬以上，最高的達二百萬。

南漢宦官林延遇貪圖錢財，公然率將士搶掠海上，「以兵入海，掠商人金帛，中外騷然」（《南漢書．中宗紀》）。

五是道義泯滅。歷代奸佞貪財，全然不顧禮義廉恥、國家安危。

古人云，寧願得罪君子，不要得罪小人。帝王對於宦官，只能富養，不能苛刻。宦官爲了財富的緣故，可以挑撥是非，爲害王室。

宋英宗對宦官施捨甚少，宦官們遂生是非，挑撥離間，弄得皇帝與皇太后不睦。「嘉祐八年（一〇六三年）六月。帝（英宗）初以憂疑得疾，舉措或改常度，遇宦官尤少恩，左右多不悅者，乃共爲讒間，兩宮遂成隙」（《續資治通鑑．宋紀六十一》）。

宋英宗的母親是一個非常厲害的角色。兩宮爭權，自是皇太后得勢，宦官則從中漁利。

「治平二年（一〇六五年）二月，帝……既即位，以服藥故，皇太后垂簾聽政，宦官、宮妾爭相熒惑，並謂近臣中亦有異議者」（《續資治通鑑．宋紀六十三》）。

明代權閹馮保貪財，竟將公主的婚姻大事和終生幸福當做犧牲品。萬曆年間，明神宗為其胞妹永寧公主選婿。權閹馮保因收受了「數萬之賂」，極力推選病入膏肓的富室子梁邦瑞。結果婚禮尚在進行中，新郎即「鼻血雙下，沾濕袍袂，幾不成禮」，「甫匝月遂不起，公主嫠居數年而歿，竟不識人間房幃事」（《萬曆野獲編》卷五）。

宦官重財輕義，對財富有著很深的眷戀，完全可以置國家危亡於不顧。

晉懷帝時期，漢國大兵壓境，國勢極危，懷帝打算自都城洛陽撤出，但被宦官們所阻。「宮中及黃門戀資財，不欲出」（《晉書．孝懷帝紀》）。最後，懷帝因困守孤城，被漢國軍隊所俘。

唐天寶年間，安祿山將反。唐玄宗為了探清虛實，派親信宦官輔璆琳為使，以賜珍果為名，前去探軍情，「潛察其變」。輔璆琳到達後，受到安祿山熱情款待，並得到了鉅額的賄賂，於是返京後盛言安祿山「竭忠奉國，無有二心」（《資治通鑑．唐紀三十三》），致使玄宗放鬆了警惕，待安祿山變亂時已是猝不及防，只得倉皇西奔。

清末，袁世凱為了個人野心，挾革命黨人以自重，威逼清帝退位。隆裕太后猶豫不決，遲遲不肯正式發表〈遜位詔書〉。袁世凱爲了勸誘隆裕，於是向隆裕所寵信的宦官小德張及慶親王奕劻各自賄賂了白銀三百萬兩。小德張既受了袁世凱的賄賂，乃勸隆裕共和，謂共和僅是去掉攝政王之職權，太后之尊嚴與享受依然如故。隆裕信之，遂有遜位之舉（參見《晚清宮廷生活見聞》第七七頁）。

第三節 情感宣洩

從生理角度看，宦官被閹割後，便不能如常人一樣過性生活。所以，從人性的角度來看，宦官是最值得同情的。

然而，宦官亦是人，也有他們的情感世界。

歷史上數以萬計的宦官們，他們的情感宣洩方式多種多樣。主要表現爲以下五種情況：

一是對食。同居深宮，宦官與宮女一樣，都是寂寞、無聊的，他們無論是從情感上還是生理上都有著對異性的渴求。宦官無妻，宮女無夫，經常性的接觸，使得他們走近，遂結爲臨時伴侶，以慰深宮孤寂。這種現象在歷史上稱之爲「對食」與「菜戶」。據《秋燈錄》載：「宮中舊例，內監與宮女各配夫婦，謂之對食……偶俱相比，無異民間伉儷。」

明代內廷宦官與宮女「對食」之風尤盛，以至「內中宮人鮮有無配偶者」，「唱隨往還，如外人夫婦無異。其講婚媾者，訂定之後，星前月下，彼此誓盟，更無別遇。亦有暗約偷情，重費不惜」（《萬曆野獲編》卷六）。

明代大太監魏忠賢與明熹宗朱由校的乳母客氏就結爲對食。客氏最早是與太監魏朝結爲對食。魏忠賢進宮後，拜在魏朝名下，從而結識了客氏，倆人性情相投，狼狽爲奸。魏忠賢因此還與魏朝大打出手，驚動了熹宗。熹宗在詢問了客氏的意見後，同意魏忠賢與客氏結爲對食，並將魏朝趕出了宮。

二是娶妻。宦官娶妻，是宦官社會地位提高的象徵，對傳統宗法制度是一種衝擊，對宦官本人而言卻是一種情感上的慰藉，使他們能夠得到有妻有室的滿足感。

宦官娶妻，在歷史上有一個發展、變化的過程。並不是每一個朝代都允許宦官娶妻，也並不是每一個宦官都可以娶妻。宦官娶妻都是宦官勢力擴張的朝代，而且絕大多數情形是只有高層次的宦官才享有此特權。

在漢、唐、明等朝代，宦官勢力強盛，部分上層宦官已取得了正式娶妻納妾的合法權利。

東漢出現「常侍黃門亦廣妻娶」（《後漢書．劉瑜傳》）。桓帝時期，五侯得勢，宦官左悺、具瑗「多取良人美女以爲姬妾，皆珍飾華侈，擬則宮人」（《後漢書．單超傳》）。一些宦官則依仗權勢、強搶民女，「虜奪良人，妻略婦子」（《後漢書．侯覽傳》）。

在唐代，尤其是唐後期，宦官多得勢，不但明目張膽的娶妻，甚至皇帝出面爲宦官娶妻。權閹所娶之妻還相當講究，不僅要有姿色，而且還要出身名門。權閹高力士曾將某官吏頗有「姿色」之女「娶之爲婦」。唐肅宗曾爲權閹李輔國娶故吏部侍郎之侄孫女「爲妻」（《舊唐書．宦官傳》）。

明初，明太祖是嚴禁宦官娶妻的，違者剝其皮。但到明成祖時開始寵信宦官，太祖禁令逐漸廢弛。其後，隨著宦官勢力的壯大，宦官娶妻納妾的現象愈演愈烈。

三是同性戀。年長的宦官將年輕的宦官作爲性戀對象。一些晚清太監自述：一些年輕俊美的小太監，難免成爲「老太監所俘獲的伴兒」。

四是嫖娼宿妓。歷史上宮禁雖嚴，但總有宦官出宮入市，與娼妓偷情苟合，甚至是包養歌妓。

北宋時期，宋徽宗喜歡微服進入煙花樓嫖妓，隨行宦官也自得其樂。《宋史．宦者傳》對宦官嫖妓養妓現象有所記載。宦官林億年告老後曾養娼女盈利，「養娼女以別業」。南

宋宦官陳源犯罪被貶，在貶所和妓女淫亂取樂，「與妓濫」，以至被人懷疑是否爲眞的閹人，「俱以淫媟聞，人疑其非宦者云」。

明代宦官眾多，勢力強大，收入豐厚，活動範圍廣泛，因而嫖娼宿妓者眾多。《萬曆野獲編・宦寺宣淫》對此多有記載。「比來宦寺多蓄姬妾，以余所識三數人，至納平康歌妓。今京師坊所謂兩院者，專作宦者外宅，以故同類俱賤之。」這些宦官與娼妓交往，而且還有娶娼妓爲妻妾之舉。

第四節　宗嗣延勢

古人云：不孝有三，無後爲大。可見中國人最重生子傳承。

除了個別中年閹割的宦官外，絕大部分宦官都是從小時就被閹割了，根本沒有生育能力。但是，與許多沒有正常生育能力的人一樣，宦官通過收養義子義女的形式來傳宗接代。

宦官收養義子以續接其宗嗣，這在歷史上的發展過程中有起有伏，大多都是以宦官得勢時最爲昌盛。對於宦官收養義子，前此章節已有所記述，本節只是歸結其歷史發展趨勢，從中探求宦官在續接其宗嗣過程的變化。

一是從極少數權閹向普通宦官擴散。

宋代以前，宦官養子只局限於高層宦官。

西漢以前，只有極少數的權閹才有資格收養義子。最早見諸史冊的是秦朝權閹趙高收養過義女。

東漢中後期，宦官得勢，高層宦官普遍收有養子，並且可以由養子襲爵。時人抨擊：「今中官邪孽，比肩裂土，皆競立胤嗣，繼體傳爵，或乞子疏屬，或買兒市道，殆乖開國承家之義」（《後漢書·劉瑜傳》）。

此後，在宦官最爲得勢的北魏、唐朝、南漢等朝代只有上層宦官才有資格收養義子。

宋代宦官收養義子的範圍得以擴大，似乎更充滿人性。宋太祖趙匡胤乾德四年曾頒布詔令，「詔內官及三十以上，乃許養一子，士庶不得以童男養爲宦者」（《續資治通鑑長編》卷七）。這個詔令明確規定，宦官只要年滿三十歲以上，就可以收養一個義子以繼嗣，並且禁止民間人士閹割童男爲宦者。終宋一代，都是允許普通的宦官收養義子，而且其義子多爲宦者。

二是從收養一個閹童向收養眾多義子擴散。

最初，極個別高層宦官收養義女，只是爲了享受家庭親情。後來收養義子遂有續接宗嗣之意。但收養義子的數額上一般限制爲一人。然而，在宦官得勢的朝代，這一規定被突破。

東漢上層宦官已取得養子繼嗣、傳國襲爵的合法權利，然而，從史料上看，養子多爲一人。如權閹曹騰，其養子爲曹嵩。權閹鄭眾也只有一個養子。

唐初規定宦官不得養子。至唐德宗時，詔敕：「內侍五品以上，許養一子，仍以同姓者，初養日不得過十歲」（《通典．職官九》）。此後，上層宦官養子成風，養子數量也大爲突破。宦官仇士良有養子五人，彭獻忠有養子六人，楊復光養子至少有數十人，養子最多的可能數楊復恭，其養子當在六百人以上。

宋代多次重申，宦官只許養一子。然而，實際上收養多子的宦官大有人在。宦官李神福、李神祐、周懷政、藍繼宗等宦官的養子至少有二人。宋眞宗時的宦官徐志通曾取男四人爲假子。宋仁宗時的宦官藍元震有養子五人。

三是從一代保一代到代代相傳延伸。

宦官收養義子，大多數只能保持延續一代或二代。歷史上也有少數宦官家族在收養義子方面代代傳承，成爲宦官世家的。

唐代宦官養子亦多爲宦官，養子之養子復又爲宦官，形成世代相承的宦官家族。唐代後期的楊氏宦官家族就是其中的典型代表。唐德宗時，宦官楊志廉任左神策中尉，權傾一時，有養子楊欽義一人。楊欽義後亦官至神策中尉，收養義子三人。唐末著名的宦官楊復光、楊復恭，均是這個家族的成員。楊氏宦官家族先後活躍在唐朝政治舞臺上約一百年左右，號稱「世爲權家」（《新唐書．楊復恭傳》）。

四是從收養宦者向收養正常男性擴散。

歷史上宦官收養義子，其後多是承接其衣缽爲宦者。然而，也有一些宦官收養非閹宦爲義子的現象。

東漢宦官曹騰的養子曹嵩就不是閹人。曹騰豐厚的家產給曹嵩帶來了榮耀，花「一億萬」買官至太尉。曹嵩之子就是歷史上有名的魏武帝曹操。

唐代宦官爲擴充其勢力，乃收外臣武將爲養子。「慓士奇材，則養以爲子，巨鎮強藩，則爭出我門」（《新唐書．宦者傳序》）。權閹田令孜將諸武臣都收爲養子，「纔授諸衛將軍，皆養爲子」（《新唐書．田令孜傳》）。楊復光的養子「以『守』爲名者數十人，皆爲牧守將帥」（《舊唐書．楊復光傳》）。楊復恭之養子權勢最盛，「廣樹不逞皆姓楊」（《新唐書．楊復恭傳》）。

五是從收養族人向強取民子擴散。漢代時，宦官多取其宗族子弟爲義子。然而，由於歷史上閹割技術落後，易致人死亡，一些宗族子弟不願冒生命危險去承接其宦官職業。基於此，後來一些權閹通過購買拐騙來的兒童或強取民子爲義子。

宋代宦官收養繼子，多是幼兒，進行閹割後以繼其衣缽。這些閹兒大多數都是通過購買、強索得來的。宋眞宗時，曾有宦官強取民子而引發的血案，「縱卒略民家小兒，致其母抱兒投海死」（《宋史．王仁睿傳》）。

六是宦官的養子普受恩蔭。宦官依藉其權勢，使其養子養女都受到恩蔭，使其家勢得以延續。

東漢權閹鄭眾被封爲侯，鄭眾死後，其養子鄭閎襲爵。鄭閎死後，鄭閎的養子鄭安嗣侯。鄭氏一門顯赫，幾乎延續東漢王朝的始終。

唐代中後期，宦官養子普受恩蔭，權勢日張。例如，權閹仇士良有五個養子，除第五子年幼外，其他四子仇從廣、仇亢宗、仇從源、仇從渭均身居要職，官階在五品以上。

唐代宦官勢盛，連皇帝都莫奈其何，迫不得已爲其養子加官晉爵。權閹魚朝恩有養子魚令徽，「尚幼，爲內給使，衣綠，與同列忿爭，歸告朝恩」，魚朝恩第二天就向代宗爲其子要官。「臣子官卑，爲儕輩所陵，乞賜之紫衣。」未等代宗答覆，「有司已執紫衣於前，令徽服之，拜謝」。代宗雖「心愈不平」，卻無奈其何，只得說道：「兒服紫，大宜稱」（《資治通鑑·唐紀四十》）。一個童閹，因其養父之勢，一下子就成了三品大員。

第五節 窮奢極欲

宦官是最懂得享受的，帝王便是他們的榜樣。宦官一旦擁有一定的物質基礎之後，他們便會窮奢極欲地放縱自己。

東漢宦官侯覽，「起立第宅十有六區，皆有高樓池苑，堂閣相望，飾以綺畫丹漆之屬，制度重深，僭類宮省」（《後漢書·侯覽傳》）。其他宦官也是「苟營私門，多蓄財貨，繕修第舍，連里竟巷」（《後漢書·曹節傳》）。

東漢權閹們都過著錦衣玉食、驕奢淫逸的生活。《後漢書·宦者列傳序》描述他們當時的生活狀況：「南金、和寶、冰紈、霧縠之積，盈仞珍臧；嬙媛、侍兒、歌童、舞女之玩，充備綺室。狗馬飾雕文，土木被緹繡。皆剝割萌黎，競恣奢欲。」

唐代高層宦官多擁有私第，而且都在大明宮南側、太極宮及皇城東側一帶，以供宦官休浴或不當值時居住。

宋高宗即位時，正值金兵南下。就是在逃亡途中，宦官藍珪、康履、曾擇等人不識亡國之恨，還耽迷於享樂，或「競以射鴨爲樂」；或遊山玩水，「中官供帳，赫然遮道」，或「奪民居，肆爲暴橫」。

清代權閹李蓮英在宮外建有公館府第，極爲豪奢，在宮內亦有單獨非常精緻的生活區，「於宮中別闢精舍數間」，「鋪墊陳設」，其豪華之勢，尤比皇帝，「燦然大備，幾與上用者相埒」（《清稗類鈔．閹寺類》）。據晚清太監回憶：當時的總管和首領太監，生活享受和皇帝、太后幾乎沒有什麼兩樣。他們吃的是山珍海味，穿的是綢緞狐裘。他們養的哈巴狗每天都照例領豬肝、魚蝦。上層宦官還有太監多人伺候，其派頭與主子無異。隆裕太后的大總管小德張，即與隆裕同吃一個灶，每餐同隆裕一樣，菜四十品，有太監二十七人伺候。又如端康皇貴妃的大首領太監劉承平，專有太監十二人爲其泡茶、打飯、穿衣、收拾房屋，自己還專設有帳房、茶房、膳房、客室等（參見《晚清宮廷生活見聞》第一六四、一九二頁）。

第六節　恣意張狂

小人不可得勢，得勢之後，就不知天高地厚，就敢置仁義道德於不顧，藐視天下英才，踐踏天下法律制度，視天下百姓如草芥，甚至陵侮君主，胡作非爲。

一是自視甚高。自古宦官不可有才，有才則易張狂。其才雖爲小才小智，然則小人得志，便傲視天下，視天下如無物。

秦朝權閹趙高有三個方面較突出的才幹：一是「強力」；二是「通於獄法」；三是「敏於事」。趙高就是因爲這三點爲秦始皇所看中，不但被赦免了死罪，恢復了官職，而且受到了重用。趙高善於權謀，主導了沙丘之謀，爲秦二世謀取了帝位；操控了秦二世，以重典治國，天下之權悉歸於己。趙高自負其才，最終卻陰溝裡翻船，竟死於子嬰之手，這是他沒有想到的結局。

權閹魚朝恩，自謂文武全才，掌控軍事、政治、文化等大權，還成爲當時最高學府國子監的主持，「恣談時政，凌侮宰相」，比皇帝還皇帝。

二是附庸風雅。宦官雖然絕大多數出身低微，或粗通文墨，但有一部分人大權在握後，卻要裝出一副風雅的樣子。

春秋戰國時期，諸侯各國的重臣大興養士之風。例如齊國的孟嘗君，「傾天下之士，食客數千人」（《史記．孟嘗君列傳》）。趙國的平原君、魏國的信陵君、楚國的春申君、秦國的呂不韋等人，都是當時著名禮賢下士的人物，他們養士規模都在三千人以上，影響極大。於是，一些躋身於官僚行列的權閹們也紛紛效仿。趙國的宦者令繆賢就曾大量養士，著名的政治家藺相如就出自繆賢的門下。秦國宦官嫪毒得勢時，「諸客求宦為嫪毒舍人千餘人」（《史記．呂不韋傳》）。嫪毒權勢最盛時養了多少士？我們從史料中推測，至少在四千人以上。秦王嬴政誅滅嫪毒時，其門下的舍人亦牽連其中，「其舍人輕者為鬼薪，及奪爵遷蜀四千餘家」（《史記．秦始皇本紀》）。

宋代權閹梁師成喜歡字畫，頌蘇軾之文，風雅得很。

三是肆意張狂。歷史上一些宦官居高位，攬重權，欺下瞞上，凌辱百官，橫行無忌，無惡不作。其黨羽則恃勢為非作歹，欺凌百姓，使整個社會風氣為之敗壞。

東漢靈帝時，宦官趙忠專橫，朝臣懾於其淫威，以致不敢在其面前輕易議論朝政。熹平元年，竇太后死去。關於竇太后葬禮規格問題，宦官與朝臣之間意見分歧。漢靈帝於是「詔公卿大會朝堂，令中常侍趙忠監議」。趙忠主持朝議，參加朝議的大臣莫敢逆其意而先言，「既議，坐者數百人，各瞻望中官，良久莫肯先言」（《後漢書．陳球傳》）。

唐朝權閹李輔國、魚朝恩、仇士良、楊復恭、劉季述等人都是非常狂妄之人，其勢凌駕於君主之上。李輔國在代宗面前表現得非常專橫不遜；魚朝恩動則大發其威曰：「天下事有不由我乎！」仇士良當面厲聲指責文宗過失，「歷階數帝過失」；楊復恭責罵昭宗爲「負心門生天子」；劉季述則歷數昭宗罪狀。唐代後期，宦官氣盛，奴大欺主，多有弒君、廢君之舉，對朝官和百姓更是不放在眼裡。

四是生殺任情。宦官擅權，構陷忠良，嗜殺戮，極爲殘暴。歷史上許多血腥的殺戮都是由宦官主導的。

春秋時期，齊國宦官豎刁與易牙等「三子專權」，在齊桓公死時作亂，大開殺戒，「殺群吏」。齊桓公死後，其五子爭立，數年之間，齊國政權一直動盪不安，君主數易其位，多是宦官參與其中，每一次政變都充滿了血腥味。

明朝宦官專橫無忌，上至皇帝，下至黎民百姓，遭其殺害者不可勝計。

第十章　帝王之殤

宦禍深於女禍、戰亂。帝國之興，群雄伏首。太平之時，禍生於內。奴大欺主，養虎成患。宦官坐大成勢，擾亂朝政，擅謀廢立，主宰著整個皇室家族和國家的命運。螻蟻毀堤，蚍蜉撼樹，小人誤國。帝王亡國亡身而不悟，不亦悲乎！

中國歷代的帝王對於宦官，只是視爲卑下的奴才，信任有加，幾乎是不設防的。但令人意想不到的是，正是這些通常在帝王面前表現得非常忠誠、柔順、能幹的奴才們，卻將大半個封建王朝玩弄於股掌之中。

多少創業之主何其艱辛，絕對想不到身邊最不起眼的宦官就是日後屠子滅國的元兇。多少承業之主自鳴得意，絕對想不到自己最寵信的宦官竟暗藏禍心，自己的身家性命、後宮妃妾以至江山都在宦官們的掌握中。

然而，歷史是不容假設的，歷史常常於不經意之中簡單地重複著同樣的悲劇。這是歷代帝王永遠無法擺脫的夢魘。

第一節　擇嗣之殤

遠古時代，崇尚舉賢能以承帝位，「鄙德忝帝位」，意思是說，鄙俚無德之人，如果來履行天子的職責，是汙辱了帝王這一職位。

堯在位時，大臣放齊曾推薦堯的嗣子丹朱，堯立刻予以否決：「吁！頑凶，不用。」幾經考察，才選擇仁孝賢能的虞舜做接班人。舜有子商均，然傳位治水有功的禹。

禹死之時，以天下授益，益讓禹之子啓。自啓以後，以世襲制取代了禪讓制。後世雖然也出現過禪讓，但已經不是堯舜時代眞正意義上平和地傳位於賢能之士了。

家天下的世襲制，擇嗣傳承出現過各種不同的情形：有子承父業的，有弟承兄業的，有孫承祖業的，有叔承侄業的，有宗親相傳的，等等。正統的承傳一般爲子承父業。然而，這子承父業制度也是十分複雜，或長兄，或嫡親，或其他不按長幼次序的兄弟。如果只有一個兒子，這擇嗣大多別無爭議，只是自古帝王大都有多個兒子，這就引發了奪嗣之爭。

經過夏、商、周、春秋戰國及秦朝的歷史經驗總結，至漢代逐漸明確了嫡長制的傳承模式。即由皇后所生的長子繼承皇位。然而，縱觀歷代傳承，都沒有一個固定的模式，紛紛擾擾，一直爲擇嗣之事爭鬥不休。

正是這種沒有固定規則的傳承機制，使得歷代宦官在擇嗣大事上扮演著重要的角色。宦官由於伴隨帝王左右，察知宮廷動向，其勢盛時，掌控朝廷內外事務，拿捏帝王廢立。宦官參與皇儲和帝王廢立，絕大多數人不是堅守正統的嫡長制傳承思想，也不是以賢能爲標準，而是按著是否有利於自身利益的標準來支配自己的行爲的。也正是在這種思想的作

用下，在中國歷史上演繹了許許多多擇嗣的悲劇。

春秋戰國時期，就出現過多起宦官操縱儲君和君主廢立之事。最典型的有兩起：一起是發生在齊桓公晚年。桓公有十多個兒子。相國管仲在位時，就以孝公昭爲嗣，「桓公與管仲屬孝公於宋襄公，以爲太子」。桓公後來寵信宦官豎刁，聽從豎刁之言，又答應立公子無詭爲太子，致使五位年紀較長的公子都爭立爲太子，「管仲卒，五公子皆求立」。桓公死後，豎刁與易牙等人謀作亂，殺群吏「而立公子無詭爲君」（《史記．齊太公世家》）。此後，齊桓公這五個兒子一直爲爭君位互相殘殺，動亂不已；另一起是發生在宋國。宋國的寺人惠牆伊戾，因爲不爲太子所寵信，「爲太子內師而無寵」（《左傳．襄公二十六年》），遂僞造證據誣陷太子「將爲亂」，借宋平公之手逼死太子。

西漢初，太后呂雉稱制，宦官張釋等人逐漸得勢。孝惠帝劉盈無子，「呂太后命張皇后取他人子養之，而殺其母，以爲太子」。劉盈死後，「太子即皇帝位，年幼，太后臨朝稱制」。少帝當了三年皇帝後，也知道了自己的身世了，對呂后有了恨意，並且在日常言語中不經意流露出來，「后安能殺吾母而名我！我壯，即爲變！」身邊的宦官將少帝的話傳給了呂后以邀功，於是，呂后將少帝「幽殺之」（《資治通鑑．漢紀五》）。

東漢王朝，宦官勢力迅速膨脹，發展成爲一個對朝廷政局具有舉足輕重作用的政治集團。這些權閹不僅干預朝政，其權勢發展到可以操縱帝王的廢立。

漢安帝時，太子劉保之廢，源於宦官的構陷。「（安帝乳母）王聖、（宦官）江京、樊豐等譖太子乳母王男、廚監邴吉等，殺之，家屬徙比景；太子思男、吉，數爲歎息，京、豐懼有後害，乃與閻后妄造虛無，構讒太子及東宮官屬。帝怒，召公卿以下，議廢太子」。太子因此被廢，「廢皇太子保爲濟陰王」（《資治通鑑．漢紀四十二》）。

太子劉保被廢後的第二年，三十二歲的漢安帝就駕崩了。在謀立新君時，宦官江京、樊豐等參與其中，與閻皇后及閻顯兄弟相勾結，「貪立幼年」，迎立年幼的北鄉侯爲少帝。少帝在位半年時間，就病死了。外戚閻顯等人下令徵諸王子入京，企圖從中擇易制者爲新君。而另一個宦官集團孫程則另有所圖，他們打算擁立原太子劉保爲帝，並趁機剷除外戚閻氏集團及依附於閻氏的宦官江京等人。「孫程、王康、王國與中黃門黃龍、彭愷、孟叔、李建、王成、張賢、史汎、馬國、王道、李元、楊佗、陳予、趙封、李剛、魏猛、苗光等聚謀於西鍾下，皆截單衣爲誓……俱於西鍾下迎濟陰王即皇帝位，時年十一」（《資治通鑑．漢紀四十三》）。劉保即位，爲順帝，孫程等十九名宦官因擁立之功，俱被封侯，其養子承襲爵位亦自此成爲定制，從此，宦官勢力又有新的擴張，影響到東漢中後期的政治格局。

唐玄宗中後期，宦官勢力迅速膨脹。太子李瑛被廢，皇子李亨之立，均與宦官有關聯。

宦官李輔國因勸立唐肅宗李亨為帝而得寵專權，後又逼死李亨，擁立唐代宗。代宗之後，宦官勢力更盛，至整個唐朝中後期的帝王都是由宦官所廢立。憲、穆、文、武、宣、懿、僖、昭八帝均為宦官所擁立。順宗為宦官逼退，敬宗為宦官所殺，武、宣均受惑服金丹中毒而死，文宗之太子李成美為宦官所廢，懿宗年長諸子悉被宦官所殺。李唐王朝子孫受制於宦官，唐太宗地下有知，不亦悲乎。

明代宦官勢力最為鼎盛，宦官多挾君主以制天下，而沒有如唐代宦官一樣任意去廢立君主。明代宦官對於整個朝政的影響是無時無刻不存在的。在靖難之變中，因恭閔惠皇帝朱允炆治宦甚嚴，於是許多宦官紛紛投奔燕王朱棣，為朱棣奪取帝位立下了大功。明英宗發動的奪門之變，主要得力於宦官曹吉祥等人的幫助。

總之，從歷朝歷代來看，正統的嫡長制有不少的缺陷，其本身缺少競爭、擇優的機制，有的長子天生懦弱，根本不具備當君主的資質；有的長子雖有才幹，卻不得其父皇的歡心。面對權力的誘惑，許多君主都貪戀其位，以致遲遲不願立嗣。宮廷中各種勢力也是影響帝王擇嗣的重要因素。這就給帝王在擇嗣問題上帶來了困惑。

在君權至上的時代，當上皇儲或立為皇帝，與一般的皇子，在權力和享受方面有著天淵之別，這就使得宮廷之中的權力鬥爭變得異常的複雜、尖銳和殘酷。也正是這種複雜的宮廷鬥爭，使得宦官們在其中可以有更多的表現機會。

宦官參與擇嗣，按其參與程度不同，大致分爲四種：一是利用近侍帝王的機會進言，或爲所喜的皇子說好話，或爲所不喜的皇子說壞話；二是設計廢立皇儲，或離間皇帝父子，或構陷太子，或謀立儲君；三是擁立新君。天下之大功莫過於策立之功。宦官在策立新君時，其手段多陰險殘暴。策立成功之後，則多專擅朝政；四是掌控君主，欺凌其主，甚至欲取而代之。

按理，擇嗣本是朝政大事，也是皇室中的大事，而宦官只是宮奴，不應具有話語權，更不能擅自廢立。然而，天意弄人的是，依附於皇帝的宦官們，卻在擇嗣問題上發揮著重要作用。他們以自身利益爲導向，構陷、逼退、弒君、專殺等手段無所不用，多少皇子皇孫、文武大臣、後宮嬪妃死於其手，這對皇室乃至整個朝廷都是一件悲哀的事。

第二節　成長之誤

人的一生，要具備較高的素質，最重要的，莫過於在成長過程中所受過的良好的教育和各種歷練。世上也有少年懵懂而大器晚成的，有少年輕狂而幡然悔悟的，但是，這些只是極個別的現象。

一個稱職的君主應具備良好的身體素質、卓爾不凡的才智和良好的品德，這些都有賴於在其成長過程中的精心培養和鍛鍊。

然而，中國歷史上一直缺少培育和造就明主的機制和環境。

在歷代君主的成長歷程中，除了部分開國創業之主外，大多深受宦官的影響。清朝末代皇帝溥儀回憶說：「講我的幼年生活，就不能少了太監……他們卻整天不離我的左右。他們是我幼年的主要伴侶，是我的奴隸，也是我最早的老師」（《我的前半生》）。司馬光述評帝王與宦官的親密度爲：「人主自幼及長，與之親狎，非如三公六卿，進見有時，可嚴憚也」（《資治通鑑．唐紀七十九》）。

在宦官呵護下成長起來的君主，大多數只能是紈褲公子，極少能成爲卓越的統治者。

壹、教育之失

歷代君主都重視對皇子皇孫的教育，或延請名儒大家，教其讀書、識字、作文、明理；或聘請良將武士教其兵法習武；或提供各種機會使其得到歷練。然而，這種教育的效果並不很理想。

典型的例子如宋哲宗。元豐八年（一〇八五年）三月，三十八歲的宋神宗崩逝，十歲的宋哲宗繼位，太皇太后聽政。十歲稚童能審何事呢？這時候大臣呂公著入見，太皇太后遣中使賜食。「公著上奏十事：一曰畏天，二曰愛民，三曰修身，四曰講學，五曰任賢，六曰納諫，七曰薄斂，八曰省刑，九曰去奢，十曰無逸」（《續資治通鑑．宋紀七十八》）。

不單是呂公著爲幼主著急，名臣名儒司馬光、程頤等人亦爲幼主的教育操心。元祐元年（一〇八六年）三月，以校書郎程頤爲崇政殿說書，從司馬光之言也。頤進三劄，其一曰：「陛下春秋方富，輔養之道，不可不至。大率一日之中，接賢士大夫之時多，親宦官、宮妾之時少，則自然氣質變化，德器成就。乞遴選賢士入侍勸講，講罷，常留二人直日，夜則一人直宿，以備訪問。或有小失，隨事獻規。歲月積久，必能養成聖德。」其二曰：「三代必有師、傅、保之官。師，道之教訓；傅，傅其德義；保，保其身體。臣以爲傅德義者，在乎防見聞之非，節嗜好之過；保身體者，在乎適起居之宜，存畏謹之心。欲乞皇帝左右扶持祗應宮人、內臣，並選年四十五以上厚重小心之人，服用器玩皆須質樸；及擇內臣十人，充經筵祗應，以伺候起居，凡動息必使經筵官知之。」其三曰：「竊見經筵臣僚，侍者皆坐，而講者獨立，於禮爲悖。乞今後特令坐講，以養主上尊儒重道之心，臣以爲天下重任，惟宰相與經筵，天下治亂繫宰相，君德成就責經筵，由此言之，安得不以爲重！」

呂公著所言十事，程頤所言三事，用心良苦，可年幼的哲宗能夠聽得進去嗎？肯定是聽不進的。「頤每以師道自居，其侍講，色甚莊，言多諷諫。……帝不悅」（《續資治通鑑·宋紀七十九》）。

歷史上重臣名儒講學，不只是年幼的哲宗不喜歡，幾乎絕大多數君主都不喜歡。究其原因，大致有四：第一，教師所教，都是正統的思想和艱澀的文章，這對那些從小養尊處優的皇子皇孫而言，近似於一種苛求和懲罰；第二，教師的態度一般都比較嚴謹，對皇子皇孫的天性亦是一種束縛；第三，教師也只是在有限的時間裡與皇子皇孫接觸，而大部分時間是由宦官侍候；第四，皇帝所過的奢侈生活是皇子皇孫們的一種潛在的樣本，容易激發他們去效仿。所以，古代對那些未來要肩負重任的皇子皇孫而言，其成長時期的教育是失敗的。

對於如何教育好太子，宋代理學大師朱熹認爲最重要在於得人，在於有賢德之士相輔佐。淳熙十五年（一一八八年）十二月戊子，朱熹進言：「輔翼太子，則自王十朋、陳良翰之後，官僚之選，號爲得人，而能稱其職者，蓋已鮮矣。而又時使邪佞、儇薄、闒冗、庸妄之輩，或得參錯於其間。所謂講讀，亦姑以應文備數，而未聞其有箴規之效。至於從容朝夕，陪侍遊宴者，又不過使臣、宦者數輩而已。夫立太子而不置師傅、賓客，則無以發其隆師、親友、遵德、樂義之心。宜討論前典，置師傅、賓客之官，去春坊使臣，而使詹事、庶子各復其職」（《續資治通鑑．宋紀一百五十一》）。然而，朱熹之言是很難實行的。

在皇子皇孫特別是太子的成長過程中，宦官對其影響是最大的。宦官與皇子皇孫接觸最多最長久，而且深知其個性，懂得如何去引導、侍候他們開心。可以說，宦官對皇帝成長中的影響是最直接的。他們能給皇帝或未來的皇帝們以什麼樣的影響呢？大多數宦官就是對他們百依百順，「伺候顏色，承迎志趣」，「甘言卑辭」，「與之親狎」，這些都是正統教育所不容的，然而卻最易討得主子們的歡心，影響著主子們整個人生。

歷史上也有些君主安排認爲很有才幹的宦官去給皇子皇孫當先生的，如春秋戰國時期，宋國寺人惠牆伊戾曾任「太子內師」，齊國寺人夙沙衛曾任「太子少傅」；秦朝時宦官趙高被秦始皇任命爲幼子胡亥的老師；明朝時宦官王振侍英宗於東宮，「帝嘗以先生呼之」。這些宦官或許有些才能，但他們決不是事事處處從嚴要求，去教皇子皇孫們走正道，以天下爲己任，而是教以邪門歪道，以固結其心。

明代權閹王振，據傳是先讀書後爲宦的，「獨有王振爲已讀書而後爲奄者」（《明史講義．奪門》），英宗稱之爲先生。王振教英宗什麼呢？他以「周公輔成王」自況，「導帝用重典御下」（《明史．王振傳》），狡黠用事，以致英宗爲也先所俘，卻對王振無怨無悔。

歷史上有許多年幼即位的君主，對他們而言，童稚未脫，卻肩負國家重任，實在是強人所難。如漢代，大多數君主就是年幼即位的，其即位年齡：漢惠帝十三歲，漢昭帝八歲，漢元帝九歲，孺子劉嬰一歲，漢和帝十歲，漢殤帝三個月，漢安帝十三歲，漢順帝十一歲，漢沖帝二歲，質帝八歲，桓帝十五歲，靈帝十三歲，廢少帝十五歲，獻帝九歲。

歷代年幼之主，最大的特性就是貪玩，這也是人之常情。例如，遼聖宗耶律隆緒，十一歲繼位，童心未泯，喜歡踢球。宋端拱二年（九八九年），十八歲聖宗嘗與大臣分朋擊鞠，諫議大夫馬得臣上疏諫曰：「伏見陛下聽朝之暇，以擊球爲樂，臣思此事有三不宜：上下分朋，君臣爭勝，君得臣奪，君輸臣喜，一不宜也；往來交錯，前後遮約，爭心競起，禮容全廢，若貪月杖，誤拂天衣，臣實失儀，君又難責，二不宜也；輕萬乘之貴，逐廣場之娛，地雖平至爲堅確，馬雖良亦有驚蹶，或因奔擊，失其控御，聖體寧無虧損？太后豈不憂虞？三不宜也」（《續資治通鑑．宋紀十五》）。如耶律隆緒一樣貪玩之主，大有人在。

除了貪玩，君主在成長過程中，最易爲聲色犬馬所惑，這也是巧佞的宦官慣用的邀寵手段。君主年幼懵懵，精力過盛，缺乏理智與自制，權力大又好意氣用事，往往墜入宦官的計策之中。

如何給年幼的帝王以良好的教育，這是古代無法破解的難題。這個難題，難就難在，年幼的帝王無論從身體和智力都不足以擔當君主的重任，而君主集權制則又要求其必須履行其職責；難就難在朝廷重臣的嚴教與帝王身邊的宦官諛佞相衝突時，年幼的帝王更傾向於依賴宦官；難就難在後宮嬪妃眾多，在帝王未成年時就各展其能爭寵，而長輩女性對此也很難控制。所以，年幼承位的帝王，絕大多數不如創業之主英武明斷，而且大多數貪圖安逸享樂，這與他們所受的教育有很大的關係。

貳、歷練之失

現代管理的一個重要理念就是：資歷即資本。人要經歷各種鍛鍊和磨難，才能積累各種經驗，才能走向成熟。

遠古的時候，君主傳位很注重通過實踐來考察後任者的德才。堯禪位於舜，是經過長時間的考察的。「堯妻之二女，觀其德於二女。舜飭下二女於媯汭，如婦禮。堯善之，乃使舜慎和五典，五典能從。乃徧入百官，百官時序。賓於四門，四門穆穆，諸侯遠方賓客皆敬。堯使舜入山林川澤，暴風雷雨，舜行不迷」（《史記．五帝本紀》）。堯對舜是經過長達二十年的反覆考驗，並讓其攝政，最後認可舜有聖者之德才和業績，才禪位於舜。

後世亦有注重儲君或皇子歷練者，如元朝初期的統治者，他們注重讓皇子們直接領兵

打仗，以增強他們的才幹，再從中擇優爲繼任者。但如堯之於舜，古之帝王之中絕難做到。他們鍛鍊皇子皇孫，最大的限度就是讓其就國，或兼領一定的朝職。

如宋太宗注重太子的歷練，「至道元年（九九五年）八月，以開封尹壽王元侃爲皇太子，改名恆，大赦天下。詔皇太子兼判開封府」（《續資治通鑑．宋紀十八》）。讓皇太子掌刑獄，也不失爲一種好的鍛鍊。因此，在北宋，趙恆爲帝時，還算是一個稱職的帝王。

帝王之中開明者有時也讓儲君立於朝廷之上，學習其父皇如何處理國家大事。

宋孝宗在位時曾讓皇太子侍立殿朝，以參與朝政。「淳熙十五年（一一八八年）正月，乙巳。帝（宋孝宗）諭宰臣曰：『皇太子參決未久，已自諳知外方物情。自今每遇殿朝，令皇太子侍立』」（《續資治通鑑．宋紀一百五十一》）。然而，令人啞然失笑的是，當時孝宗已六十一歲，而皇太子趙惇已四十一歲了。四十一歲的皇太子猶未參政，豈不埋沒了嗎？

可是，在古代，孝宗這種作法還算通達的，相當多的君主是忌諱讓儲君參政的。儲君稍微用權，則被視爲有不臣之心，就有可能被廢，甚至招惹殺身之禍。所以，歷代的皇子皇孫，甚至是太子，可以享樂，但不可以有政治欲望，就是與大臣交往都要受到限制，更談不上各種歷練了。這樣，對於有政治欲望的皇室成員而言，只能選擇忍耐，而中人以下，則誠惶誠恐地過日子，其性格日趨怯弱。

宋英宗趙曙被仁宗收養在深宮，缺少歷練，非常膽怯。一〇六三年，五十四歲的宋仁宗死了，三十二歲的英宗當立。「輔臣入至寢殿。後定議，召皇子入，告以帝晏駕，使嗣立。皇子驚曰：『某不敢爲，某不敢爲！』因反走。輔臣共持之，或解其髮，或被以御服，召殿前、馬步軍副都指揮使、都虞候及宗室刺史以上至殿前諭旨。」懦弱的英宗被強行擁立爲帝後，心裡壓力很大，不久就病了。「帝自感疾，即厭服餌，韓琦嘗親執藥杯以進，帝不盡飲而卻之，藥汙琦衣」（《續資治通鑑．宋紀六十一》）。英宗厭藥之態，猶如小兒，可見其資質之低。

歷代的儲君和傳承之君絕大多數都缺少實踐的鍛鍊。他們生活中接觸最多的是宦官和女人，最喜歡過的生活是縱情享受，一旦臨以大事，要麼如盲人騎瞎馬，不知其危，舉措失當；要麼是茫然無措，不知所爲。

最無知的要算西晉惠帝司馬衷了。惠帝生於深宮之中，長於婦人之手，稟性癡愚，鬧出了許多經典笑話。他嘗在華林園，「聞蝦蟆聲，謂左右曰：『此鳴者爲官乎，私乎？』或對曰：『在官地爲官，在私地爲私。』及天下荒亂，百姓餓死，帝曰：『何不食肉糜？』」（《晉書．孝惠帝紀》）。由此可見其愚癡達到了何種地步。

昔周公作〈無逸〉以戒成王，其言曰：「商王中宗及高宗及祖甲及文王以無淫於觀、於逸、於遊、於田，是以膺無疆之福，子孫蕃昌。」

周公所指，正是歷代帝王所無法克服的誘惑。歷代傳承的帝王多爲觀、逸、遊、獵所惑，故國運多舛，子孫被難。究其原因在於中國歷代王朝缺少一個帝王健康成長的機制。這些帝王們自小就被宦官與女人們所環繞，錦衣玉食，缺少歷練，不知民間之艱辛，不識世事之險惡，不知急難之應對，不抵淫逸之誘惑，不辨是非之曲直，其志也短，其才也疏，其行也荒誕不經。以這樣的君主治國齊家，其國與家不衰不亡，難矣。

第三節　後宮之失

古代有女色誤國，有宦者誤國。歐陽修認爲，宦禍遠比女色誤國更甚。「自古宦者亂人之國，其源深於女禍」（《新五代史．張居翰傳》）。歐陽修之言，是非常精闢的。

歷代王朝，由於帝王實行多妻制，後宮人數眾多，多者「十萬盈宮」。這麼多的宮女，其命運其實是悲慘的。帝王之中，專情者稀，濫情者多。許多皇帝只是獵奇和占有，絕沒有更多的精力去關心和照顧她們。而大量的管理和服務工作落在宦官身上。寂寞、無聊，是後宮大多數女人一生的寫照。後宮女人爲爭寵爭權，明爭暗鬥。宦官們在服侍和監護後宮眾多女眷過程中，將其陰謀、權力發揮到了極致。後宮中的血案、兇殺、構陷等，大多都是借助宦官之手完成的。

對於大多數普通的宮女而言，其地位是低下的，境遇與奴才無異，她們能得到皇帝垂幸的機會微乎其微。只有達到相當級別的女人，才有機會接觸皇帝，接近權力。後宮之中，最高權力在於皇后，其次有貴妃、美人等，她們才是後宮中的主角。

宦官既是后妃們的服務者，又是她們的監督者，在經常性的接觸之中，扮演著不同的角色。

一是爲滿足后妃私欲提供服務。后妃的私欲主要表現在於：一是顧念其家族；二是貪圖錢財珍寶；三是爭寵爭權；四是極個別的逞於淫欲。

古代許多后妃對其娘家親戚顧念甚重，甚至出現外戚藉機擅政的局面。而宦官們爲討好后妃，往往爲外戚的提升與尊榮而效力。最典型的是西漢呂后稱制，眷顧后族，不顧漢高祖的禁令，「欲王諸呂」，恐大臣不服，「使大謁者張釋風大臣」（《資治通鑑．漢紀五》）。宦官張釋因擁立諸呂爲王之功，得封建陵侯。

古代許多后妃對於金銀財寶也有著特別的嗜好，她們多借助宦官進行斂財。東漢靈帝時，靈帝母子公開賣官鬻爵，聚斂財富。「私令左右賣公卿，公千萬，卿五百萬」（《後漢書．孝靈帝紀》）。而承擔替皇帝皇太后賣官鬻爵重任的是被寵信的宦官張讓、趙忠等人。「貨賂中官及輸西園錢一億萬」者，即可「位至太尉」（《後漢書．曹騰傳》）。

后妃的所有私欲都是爲君主專制統治所不容的。然而，宦官卻在爲滿足后妃的私欲中得到了實實在在的好處。例如，宋代權閹童貫獲寵之道，其中重要的一條就是以金錢財寶極力籠絡妃嬪。這些後宮妃嬪得到童貫的好處之後，自然是在皇帝面前稱頌其能。「後宮自妃嬪以下皆獻餉結內，左右婦寺譽言日聞」（《宋史．童貫傳》）。

二是參與後宮爭寵爭嗣爭權鬥爭。後宮中的鬥爭都是以皇權爲中心展開的，后妃們爲得到帝王的寵幸，或者爲了其子能得以嗣位，或者爲了爭奪皇后之位，或者爲了奪取更大的權力，她們多借助宦官，以達到其目的。

爭寵和爭嗣位是后妃們經常上演的戲碼，歷史上每朝每代都有發生。尤其是母以子貴，後宮命婦諸嬪妃爲了討得皇帝寵幸和生子以封爵或繼位，用盡心思和手段，演出了無數宮闈醜劇。

西漢呂后是一名鐵腕人物，爲妒寵和掌控嗣君而大開殺戒。戚夫人先前有寵，有子趙王如意，呂后怨之。劉邦死後，呂后立刻報復，「令永巷囚戚夫人，髡鉗，衣赭衣，令舂」，「欲召趙王并誅之」，將趙王鴆殺後，又「斷戚夫人手足，去眼，煇耳，飲瘖藥，使居廁中，命曰『人彘』」（《資治通鑑．漢紀四》）。第二任皇帝惠帝劉盈「不忍母之殘酷，遂棄國家而不恤，縱酒色以傷生！」結果英年早逝。劉盈子幼，呂后爲了便於控制，「取他人子養之，而殺其母，以爲太子。」少帝稍懂事，則又「幽殺之」（《資治通鑑．漢紀五》）。

西晉惠帝司馬衷之后賈南風亦好妒且兇殘，「以戟擲孕妾，子隨刃墮地」（《晉書．惠賈皇后傳》）。賈后在廢黜和殺害非親生的太子司馬遹時，得力於宦官的幫助。

宋朝時，後宮曾發生三起大的變故。皇后郭氏因與尚、楊二美人爭妒誤傷高宗而被廢，早逝，人疑爲宦官下毒而死。「景祐二年（一〇三五年）十一月，廢后郭氏薨……時諫官姚仲孫、高若訥劾文應『方命宿齋太廟，而文應叱醫官，聲聞行在；郭后暴薨，中外莫不疑文應置毒者。請並士良出之。』」（《續資治通鑑．宋紀四十》）。皇后王氏曾遭宦官構陷，亦早逝。「大觀二年（一一〇八年）九月，癸酉，皇后王氏崩。后性恭儉，鄭、王二妃方亢寵，后待之均平。宦寺希旨，有誣后之過者，驗之無跡。后見帝，未嘗語及，帝轉憐之。崩，年二十五」（《續資治通鑑．宋紀九十》）。崇恩皇太后劉氏亦被逼自縊。「政和三年（一一一三年）二月，庚寅。崇恩皇太后劉氏，帝以哲宗故，特加恩禮，而后頗干預外事，且以不謹聞。帝與輔臣議，將廢之。辛卯，后爲左右所逼，即簾鉤自縊而崩，年三十五」（《續資治通鑑．宋紀九十一》）。

三是成爲女主執政的依靠力量。歷史上曾經多次出現過幼主登臨，母后稱制的現象，最嚴重時甚至出現了帝后即位當上皇帝的情況。由於男女大防所致，后妃妻妾平時極少接觸正常男性，一旦出現幼主登極、母后臨朝的局面，服侍供奉於內廷的宦官，便常常能夠成爲母后執掌國政的依靠力量。

戰國中期，秦國國君惠公死後，即位的新君出子年僅二三歲，其母執政掌權「用奄變」。母后重用宦官，引起了廣泛的不滿。「群賢不說自匿，百姓鬱怨非上」（《呂氏春秋．不苟論．當賞》），結果引發了一場兵變。貴族公子連起兵逼殺了秦出子母子，「沉之淵旁」（《史記．秦本紀》）。公子連即位，是爲秦獻公。

東漢多是幼主即位，母后稱制，「臨朝者六后」（《後漢書．皇后紀序》），爲宦官干政提供了機緣。《後漢書．宦者傳序》中指出：「女主臨政，而萬機殷遠，朝臣國議，無由參斷帷幄，稱制下令，不出房闈之間，不得不委用刑人，寄之國命。」於是，這些宦官們「手握王爵，口含天憲，非復掖廷永巷之職、閨牖房闥之任也」。

清代後期，慈禧太后及隆裕太后先後「垂簾聽政」，權閹安德海、李蓮英、小德張等人趁機得勢。這些權閹權勢之盛，不單是王公大臣競相與之交結，甚至連皇帝皇后都要看其臉色，受其凌辱。

從歷朝歷代來看，後宮女人只有極少數爲強悍之主，大多數則是悲涼、落寞、可憐之人。她們的悲慘命運與宦官變態的行徑糾纏在一起，演繹了更多的悲劇。

第四節 宗室之失

如果說，生在帝王之家，從小就有享不盡的榮華富貴，令人傾慕的話，那麼，我們審視歷史就會發現，事實遠不是我們想像中的那麼美好。

歷朝歷代，宮廷陰謀和宮廷政變層出不窮，演出了一幕幕子殺父、弟殺兄、母殺子、叔殺侄的悲劇，多少帝王子女宗族難以善終。

蔣虎臣《麓瀍薈錄》卷三記載：「六朝帝王之子，多橫死，不可計數……始平王子鸞，其被害時，嘗禮佛曰：『願身不復生王家』，與宋順（帝）、魏莊（帝）、隋恭（帝）語同。」

悔生帝王之家，確實是許多悲劇的主角們眞心的哀歎。

在宗室的各種權力鬥爭中，宦官往往充當重要角色。

春秋戰國時期，各諸侯國的宮內內部矛盾十分激烈，宦官參與其中，表現十分活躍，許多公子死於非命。如晉獻公在位時，寵愛夫人驪姬。驪姬爲了使親生的兒子奚齊能立爲太子，先是讒殺太子申生，接著「盡逐群公子」，隨後派宦官去刺殺出逃在外的公子重耳，「重耳踰垣，宦者逐斬其衣袪」（《史記·晉世家》）。

漢初，呂后稱制，對非己出之皇子及皇宗成員，凡不合意者，則派人予以誅殺。皇子劉如意爲戚夫人之子，被呂后鴆殺。趙幽王劉友因不喜呂族之女爲后而被呂后活活餓死。趙王劉恢之后爲呂產之女，王后恃勢擅權，劉恢悲憤自殺。

西晉王朝建立不久，即大封皇子皇孫爲王。然而，在權力的誘惑下，西晉爆發了皇族骨肉相殘的「八王之亂」。在「八王之亂」中，宦官表現得十分活躍。趙王司馬倫率先發難，與齊王司馬冏聯合發動宮廷政變，廢賈后，誅賈氏親黨及宦官劉振、董猛、孫慮、程據等。司馬倫篡位，齊王司馬冏、成都王司馬穎、河間王司馬顒三王起兵討伐司馬倫，在朝臣和內廷的協助下，迅速攻克都城，使惠帝復位。「賜倫死」，司馬倫的四個兒子均被誅。因討伐司馬倫有功，司馬冏得勢驕橫，司馬顒遂起兵與長沙王司馬乂一同討伐司馬冏，「斬

（冏）於閶闔門外，徇首六軍。同黨皆夷三族，死者二千餘人。囚冏子超、冰、英於金墉城，廢冏弟北海王寔」。此後，司馬穎、司馬乂、司馬顒等王又互相攻伐殘殺，「帝兄弟二十五人，時存者惟穎、熾及吳王晏」（《資治通鑑·晉紀七》），死難者還不包括其子孫與宗親，由此可見其鬥爭的殘酷性。在鬥亂之中，宦官孟玖等人又乘間用事，使得晉專制君權進一步被削弱。

十六國及南北朝時期，各國戰亂頻繁，宗室互相猜忌，宦官乘間用事，帝王與宗室之間多有相互殘殺之舉。如漢國及前趙主劉聰寵信宦官，不但大誅朝臣，「一日尸七卿」，而且連皇太弟劉乂及「素所親厚大臣及東宮官屬數十人」（《晉書·劉聰載記》），亦遭宦官構陷被誅。

南朝之中的陳朝後期，後主陳叔寶即位之初，其弟始興王陳叔陵與之爭立。在兵爭之際，陳叔陵被宦官王飛禽所殺，王飛禽因此功被陳後主封爲「伏波將軍」（《陳書·始興王叔陵傳》）。

武則天自稱制後，爲了打擊各種反對勢力，大肆任用酷吏，獎勵告密，嚴厲鎮壓抱有反抗意圖的唐宗室、貴族和官僚。「先誅唐宗室貴戚數百人，次及大臣數百家，其刺史、郎將以下，不可勝數。」許多唐王朝的宗室被捲入政治鬥爭之中，多慘遭殺戮。這其中，

宦官勢力逐漸發展，多參與宮廷內爭之中。

唐朝中後期，宦官掌控君主的廢立，宗室的命運全在宦官的掌握之中。如唐懿宗病重時，宦官劉行深等爲了便於控制新君，將懿宗年長的兒子全部殺掉，策立懿宗年僅十二歲的第五子李儇爲帝，是爲僖宗。

明初，朱元璋大封諸子，分據津要，以爲中央之藩衛。初雖不使干預政事，但後來諸王多擁有兵權，驕蹇不法。傳至惠帝時，燕王朱棣起兵攻破南京，遂奪取了帝位，是爲明成祖。成祖起於「靖難之變」，所以對各藩鎮採取裁抑措施，並大量發展特務政治，委派宦官監視各藩王的動靜。自成祖之後，明代以宦官主導的特務政治甚囂塵上，皇帝宗親亦累遭其手。萬曆年間發生宦官群毆駙馬冉興讓一事，更是使宗親的顏面喪盡。

清康熙共有三十五子，除立次子胤礽爲皇太子外，還有一部分人被封爲親王。康熙晚年，常派皇子出辦旗務，其目的是要加強對各旗的控制，但是這些皇子多與各旗相勾結，倚仗各旗的勢力，樹立朋黨，互相殘害，展開了爭奪皇位的鬥爭。皇四子胤禛（即雍正帝）後來通過奪嫡取得了皇位。

爲了削弱旗主的勢力，雍正一方面大殺滿洲親貴，嚴禁滿洲親貴與外吏交結，同時還直接委派他的親信管理旗務，下令八旗旗丁必須尊奉皇帝爲至高無上的君主，並不得在旗主門下行走。從此八旗旗主的權勢被削弱，皇帝也加強了對旗主和八旗軍的統治。

家天下的傳承制度和君主至高無上的特權，使得歷朝都有爭奪帝位的事例發生。而每一次政變中，都有宦官參與其中，都有失敗一方的宗室成員成爲刀下之鬼。即便是平常，皇室成員可以驕奢淫逸，但絕不可輕觸政治，其言行常處於監視之中，稍有不慎，就有可能引來殺身之禍。在帝王寵信宦官和佞臣，或者是女主專政的時期，宗親往往是被打壓的對象，常有悲劇發生。所以說，在歷史上，生於帝王之家，也未必是福。

第五節　外戚之失

古代所謂皇親國戚，其中外戚的地位亦非常重要。如果有女兒嫁入皇宮，被皇帝垂幸，則其外戚迅速顯達。古代有外戚擅權者，亦有外戚篡位者，然而，在權力的鬥爭中，外戚結局大都非常悲慘，尤其是君權與宦官勢力相結合的時候。

西漢時期，外戚勢力最盛。其中雖有起伏，但總體上，外戚的權勢一直未衰。

西漢呂后稱制時，呂家勢力迅速膨脹。在封諸呂為王的過程中，宦官張釋最為賣力。諸呂為王者眾多，其父呂公為宣王，其兄呂澤為悼武王，澤之長子呂台為呂王，呂台死，呂嘉為嗣，嘉廢，呂產為呂王，後更為梁王。呂祿為趙王，呂通為燕王，等等。呂祿女為帝后，諸呂之女，多為劉氏諸王后。呂族滿門皆貴。然而，呂后死後，朝臣即發動政變，誅殺諸呂男女，「無少長皆斬之」（《資治通鑑．漢紀五》）。時空一變，榮衰何殊！

漢武帝時，皇太后娘家田氏遂得勢，太后之同母弟田蚡、田勝均封侯，為朝廷重臣。尤其是田蚡，官至丞相，異常驕橫，「權移主上」（《資治通鑑．漢紀九》）。

整個西漢時期，宦官勢力一度高漲，尤以元帝時最為突出。然而，由於外戚勢力強盛，使得宦官勢力始終未能持續發展。

東漢的情況有了新的變化。整個東漢出現外戚集團與宦官集團交替掌權的局面。宦官由於得到皇帝的支持，每次在與外戚集團的鬥爭中都得以壯大，最後把持朝政，直至東漢的滅亡。這既是東漢外戚的悲劇，也是東漢政權的悲劇。

東漢開國之君光武帝劉秀，鑑於西漢的教訓，對於外戚曾規定「後宮之家不得封侯與政」（《後漢書．明帝紀》），同時也限制宦官勢力的發展。然而，東漢多是幼主即位，母后臨朝，這既為外戚干政創造了機會，同時也為宦官干政提供了便利。

漢和帝十歲即位，竇太后臨朝，大量啓用后族中人當政。以竇憲爲侍中，內幹機密，出宣誥命，諸弟都居親要之職，大批黨徒都作了朝官或守令。和帝居深宮，與外隔絕，只有依靠貼身的宦官。永元四年（西元九二年），和帝授權宦官鄭眾動用部分禁軍發動政變，消滅了竇氏勢力。鄭眾開始參與政事，並受封鄛鄉侯。

西晉時期亦出現外戚干政的局面。晉武帝時，楊駿「以后父超居重位，自鎮軍將軍遷車騎將軍，封臨晉侯」。楊駿及其兩個弟弟楊珧、楊濟分別位列尚書令、衛將軍和鎮南、征北將軍，太子太傅，時稱「三楊」，勢傾天下。楊駿等人後爲陰險的賈后所誅。

唐代自武則天至唐玄宗統治期間，外戚集團曾經得勢於一時。武則天稱帝時，武氏一族得勢。楊貴妃得寵時，楊家兄弟姊妹宗親飛黃騰達。至代宗、德宗之後，外戚集團的勢力一蹶不振，「後宮雖多，無赫赫顯門，亦無刀鋸大戮」（《新唐書．外戚傳序》）。唐代中後期宦官長期專權，與漢代相比較，唐代外戚勢力的衰落亦是一個重要原因。

歷史的軌跡顯示，漢代多次出現外戚專權，隋、唐開國之君亦是前朝外戚。但是，與宦官勢力發展相比較，封建帝王在抑制外戚干政方面似乎要成功一些，而在抑制宦官勢力方面卻難以持之以恆地堅持下去。

第六節　生命之痛

古代帝王既是權力和富貴的象徵，也是一個高危險職業。他們在享受特權、享受人生的同時，自己的生命也時時處於危險之中，隨時可能被覬覦者殺害。古代有許多帝王都死於非命，尤其是戰亂頻繁的春秋戰國、十六國與南北朝、五代十國時期最爲突出，這些朝代的君主幾無善終者。

歷代死於非命的帝王眾多，其死法各式各樣，其中多是血腥味，不堪卒錄。

戰國時期，齊桓公被宦官幽禁而死，齊懿公被僕人丙戎、庸職所弒；齊莊公爲宦官賈舉與大臣崔杼所謀弒。

秦朝三帝，秦二世被宦官趙高所殺，子嬰被項羽所殺。

西漢十六傳，其中少帝、平帝、劉玄被殺，惠帝憂鬱而死，孺子劉嬰被廢。

東漢十三帝，殤帝、沖帝、質帝都是不滿十歲就早夭，廢少帝劉辯被殺，獻帝被廢，除光武帝和顯宗外，其他帝王都在四十歲以下就早逝。

三國兩晉時期，魏五帝，其中高貴鄉公被殺，元皇帝被廢；蜀二帝，後主降；吳四帝，其中會稽王孫亮被廢而自殺，孫皓降；西晉四帝，惠、懷二帝被殺，愍帝降；東晉十一帝，海西公被廢，恭帝被殺。

隋朝三帝，楊堅、楊廣被殺，楊侑禪位於唐。

唐朝二十帝，中宗、敬宗、昭宗、哀帝四帝被殺，武宗、宣宗服藥中毒而死，睿宗中途被廢，順宗被逼退位。

元朝十一帝，憲宗死於戰爭，英宗、明宗被殺，天順帝於政變中不知所終，寧宗七歲早夭，順帝死於逃亡途中。

明朝十六帝，惠帝兵敗自焚，英宗曾被瓦剌所俘，代宗景帝被廢後病死，武宗毅帝死於豹房，光宗貞帝服紅丸藥中毒而死，思宗愍帝自縊於煤山。

清朝十二帝，文宗、穆宗早逝，德宗被廢，溥儀退位。

這眾多帝王之死與宦官有著很大的關聯。中國歷代宦官專權時期，都是帝王荒淫無道或者積弱積貧之時，宦官們掌握著帝王的生死和廢立大計。歷代有許多君主是爲宦官所誘惑而墮落，因宦官私欲膨脹而被殺害。

古代帝王多短壽，這與帝王貪戀女色、驕奢淫逸有關。而宦官在其中充當慫恿、誘惑和服侍等重要角色。這方面的例子非常多。最典型的要算隋煬帝、金海陵王、宋理宗和明武宗。金海陵王最淫亂，大臣之妻以至自己的姊妹都不放過；明武帝最荒誕，在宮中建有豹房，淫亂的花樣百出，直至死於豹房之中。

如果說帝王因縱欲而亡，不能全歸罪於宦官，應歸因於自身無節制的話，那麼歷史上發生多起帝王爲寵信宦官所殺的事件，則是封建帝王永遠揮之不去的傷痛。

春秋戰國時期，各諸侯國家內亂不已，宮廷政變頻繁，「臣弒君、子弒父」的事件不斷發生。《史記・太史公自序》記載：「春秋之中，弒君三十六，亡國五十二，諸侯奔走不得保其社稷者不可勝數。」其中宦官弒君事件多有發生。

南北朝時期，南朝宋前廢帝劉子業爲宦官壽寂之所殺。北朝魏太武帝拓跋燾、南安隱王拓跋余均爲宦官宗愛所殺。

唐朝後期，宦官中分成黨派，爲爭奪朝廷的大權，互相攻殺，廢立皇帝。憲宗、敬宗都是被宦官殺死的。穆宗、文宗、武宗、宣宗、懿宗、僖宗、昭宗七位皇帝都是由宦官擁立的。

如果不計權勢，單從生命之痛來衡量的話，做一個古代帝王，倒不如做一個平民百姓來得自在。

第七節　家國之失

專制統治之下，國家與民族的興衰全繫於帝王一人之身。然而，世襲制使得古代帝王大多並不是依賴其自身卓越才能和顯赫的功績來獲取帝位和最高統治權的，而是依靠其血緣關係傳承來的，這是中國歷代皇帝整體素質低下的主要原因。

有一句民諺，叫做：富不過三代，窮不過三代。就是說，富裕家庭，因爲後代不知創業之艱辛，三代之內就會衰弱；窮困家庭，爲生活所迫，窮則思變，努力去創造，所以三代之內就會改變貧窮面貌。窮不過三代倒未必，但富不過三代卻似乎是普遍規律。

這句民諺同樣也是對古代各個王朝的興衰最爲簡潔的概括。歷朝歷代，除了大多數創業之主和極個別中興之主具備治國之才和勤勉節儉品行之外，絕大多數帝王，尤其是那些少年天子，他們是生於富貴，安於逸樂，不識治國之責，不諳治國之道，不修治國之德。這樣的君主治國，不衰不亡，實難矣。

黃炎培總結歷史週期律爲：歷朝歷代，其興也勃，其亡也忽也。

的確，歷史上絕大多數王朝，往往在三代之內就開始走向衰落。

三代左右即衰亡的例子非常多，如秦歷二世，魏歷五帝，蜀歷二帝，吳歷四帝，西晉四帝，隋三帝，這些朝代或王國，續存只有幾十年的時間就迅速滅亡了。

自秦以後，歷史上能夠延續上百年的王朝，只有十三個：西漢、東漢、東晉、北魏、唐、北宋、南宋、遼、金、西夏、元、明、清。這些王朝大多也是三代之內就開始衰弱，其傳承之主具有雄才大略治國之才者屈指可數，政權都是在變亂震盪中延續著。

歷代王朝的衰落，主要歸結於集權體制下諸傳承之主素質低下、私欲膨脹，同時與宦官推波助瀾、助紂為虐甚至專權擅政，有著莫大的關係。許多君主貪圖安逸，視天下眾生為螻蟻，視祖宗拚殺得來的江山如私產，隨意揮霍。宦官本身屬於性格扭曲的群體，其根深蒂固的思想理念則認為這個江山社稷反正不是自己的，搞好搞壞與自己無關，只要能夠滿足自己的利益就行。許多王朝就是在宦官操控下，迅速走向衰落和滅亡。

歷史上的許多王朝，他們的滅亡與宦官弄權密切相關。

西漢開國之主劉邦起於細微，歷經磨難，集天下賢能之士，戰勝了強大的西楚霸王，統一了中國。太子孝惠帝劉盈繼位後，受制於呂后，自甘沉淪，毫無作為。呂后稱制後，宦官勢力開始抬頭，多人封侯。之後亦有中興之時，但太平日久，宦官勢力日漸擴張，至漢元帝時為盛。西漢後期，朝政為外戚所亂。

明代開國之君朱元璋對歷代宦官認識深刻，處心積慮制定了許多嚴厲的制度。明朝的特務政治將宦官的權勢擴展到社會的各個層面，其影響的深度和廣度為歷代之最。明末為農民起義軍攻占北京而亡，但是，清代統治者總結明亡的教訓認為，明非亡於流寇，而是亡於宦官。此言可謂是道出了明朝滅亡的主要原因。

從上述各朝代的興衰中，我們不難看出，宦官對歷代政權的影響是何其深刻。如果封建專制政權繼續存在下去，宦禍必將永無止境地上演，這是歷史的必然。

第十一章　百官之殤

雖然同是為官，同是為帝王服務，但文武百官與宦官根基不同，所受的教育有著很大的區別。宦官專權弄勢，不僅擾亂了朝政，更重要的是破壞了傳統的政治理念，破壞了正常的仕進制度。強權面前無真理。百官在宦官的權勢面前，也走向了分化。

中華民族大約在黃帝之時，就開始設置了一些官職。《史記．五帝本紀》記載帝堯的功德：「信飭百官，眾功皆興。」案曰：「聖人不獨治，必須賢輔。」意思是說，一個賢明的帝王，不是依靠個人的力量來治理國家的，必須要有賢能的輔臣來佐治。堯的手下就有幾個很有才能的官員，如掌管曆數的天地之官羲氏與和氏，治東方之官羲仲，治南方之官羲叔，治西方之官和仲，治北方之官和叔，治水之官鯀。

虞舜時期，任命了皋陶、伯夷、倕、益、棄、契等二十二名重要官員，「此二十二人咸成厥功……唯禹之功為大」（《史記．五帝本紀》）。

士的身分的確立比官職要晚。「皋陶作士以理民」，說明士是由皋陶所設，是理民之需。皋陶任官的理念也非常可取：「非其人居其官，是謂亂天事」（《史記．夏本紀》）。禹能繼舜後為天子，得力於皋陶的推崇。

在上古時代的夏、商、周時期，官僚制度逐漸發展起來，其政體結構是嚴格按等級劃分的。《左傳．桓公二年》有云：「天子建國，諸侯立家，卿置側室，大夫有貳宗，士有隸子弟，庶人、工、商各有分親，皆有等衰。」

春秋戰國時期，各諸侯國在官僚制度方面最大的貢獻主要體現在兩個方面：一是以商鞅改革為代表，建立了軍功爵制；二是各諸侯國不拘一格，爭相任賢，人才競爭激烈，打破了貴族對高級官位的壟斷地位。

封建社會的官僚制度形成於秦始皇時期。「秦兼併天下，建皇帝之號，立百官之職，不師古，始罷侯。置守太尉主五兵，丞相總百揆，又置御史大夫以貳於相」（《通典．職官一》），中央設三省六部，地方分三十六郡，設郡守、郡尉、縣令等職。秦之制為後代所承襲，故譚嗣同認為：「故當以為二千年來之政，秦政也」（《仁學》）。

自秦以後的兩千多年裡，形成了體系完備、歷史久遠、制度健全的文官制度，無論是考選、銓敘、品階、薪俸，還是考績、監察、賞罰、致仕；無論是品官（政務官）與吏胥（業務官）的劃分，還是限任制（品官）與常任制（吏胥）的建立，在各國政治制度史上，都是首屈一指的。

但是，中國的文官制度再完善，都存在著三個致命的弱點：一是官為君設。官職的設置、官僚的任用，其權力都掌握在皇帝手中。一切都以帝王為中心，凡是與帝王生活相關聯的人員都可認定為官。如漢武帝時，孔安國為侍中，他的職責就是「特聽掌御唾壺」（《太平御覽．漢舊儀》），一個專為皇帝端痰盂的奴才都被認定為官員。每朝每代的帝王，只要是性之所至，都會因人設官職，創意不斷；二是賞罰由君。帝王出口成憲，權大於法，是非隨愛憎，褒貶皆由我。帝王掌握著官吏的生殺、賞罰、升降等方面的權力，所有的法律制度在強權面前都是一紙空文；三是唯上是從。最具民本思想的大聖人孟子，他設計的進取之道是：「是故得乎丘民而爲天子，得乎天子爲諸侯，得乎諸侯爲大夫。」

正是文官制度存在的三個致命弱點，使得服侍帝王的閹豎由奴到官，借助皇權，橫行天下，而所有的正統人士在維護正常的社會制度方面，必然會與宦官發生衝突與鬥爭。這種鬥爭一直延續到整個封建王朝的滅亡都沒有停止過。

第一節　官宦之鬥

自春秋戰國時代開始，歷朝歷代中，百官與宦官之間鬥爭的史料很多，不可詳述。我們只能從歷史上摘取幾件重要的事例來說明百官與宦官之間鬥爭的殘酷性與連續性。

春秋戰國時期，各諸侯國內廷鬥爭激烈，貴族官員與宦官之間的鬥爭時有發生，各有勝負。如秦國第二十四代君主惠公死，二歲的兒子出子被立爲國君，其母掌權。母后稱制多「用奄變」，引起了群臣的不滿，「出子二年，庶長改迎靈公之子獻公於河西而立之。

殺出子及其母，沈之淵旁」（《史記．秦本紀第五》）。

西漢初期，百官反對宦官干政預政的態度非常堅決，抑制了宦官勢力的發展。君主稍有親信宦官的舉動都會受到朝臣和社會輿論的反對。如漢高祖劉邦晚年病重期間獨親宦官，相國樊噲等大臣排闥而入進諫，劉邦只得接受大臣的勸告。呂后「最幸」宦官張釋，封爵至列侯，呂后死後，張釋侯位不到半年就被罷免。漢文帝常以宦官趙談驂乘，大臣爰盎攔車相諫，漢文帝只有令趙談下車。

西漢中期，相權被削弱，君權得以加強，宦官開始用事。漢武帝後期怠於政事，遊宴後宮，「請奏機事，多以宦人主之」（《後漢書．宦者傳序》），引起了士人官僚集團的反對。漢武帝以宦官典尚書事，始置中書謁者令，簡稱爲中書令，爲宦官干政提供了契機，開創了宦官典領中樞政務的先例，是中國宦官制度發展史上的一次重大轉折，對於後世宦官專權產生了深遠的影響。此後，漢宣帝時，中書宦官大見信用。漢元帝即位後，委政於中書令石顯。當世名儒蕭望之爲前將軍，受宣帝遺詔輔政，領尚書事。蕭望之反對宦官專權，主張取消宦官典領中書的制度，招致宦官石顯的嫉恨。石顯等人設計陷害，迫使蕭望之含冤自殺。當時反對宦官專權的朝臣周堪、劉更生、張猛、京房、陳咸、賈捐之等人都先後遭到石顯的陷害。漢成帝即位後，將石顯免官，其同黨或被左遷，或被廢罷，橫恣一時的閹黨集團逐作鳥獸散，宦官典領尚書制度亦被取消，西漢宦官勢力未能再興。

東漢初，繼續執行「罷中書宦官」的制度，但同時，太尉、司空、司徒三公的權力也被削弱。東漢中後期，多是幼主臨朝，母后稱制。母后稱制時，外戚勢力膨脹，但亦須借助於宦官力量；幼主長大後，需奪權正位，宦官更是帝王的依靠力量。在這樣的政治格局中，宦官發揮著舉足輕重的作用，構成了宦官與外戚相互殘殺、交替專權的局面。在這種政治局勢下，地主階級知識分子的正常仕進制度遭到嚴重破壞，百官不但難以左右政局，甚至難以獨善其身。一部分官僚和儒生，不滿腐朽黑暗的政治狀況，在為自己的政治出路堵塞憤憤不平的同時，也恥與宦官閹黨為伍，於是逐漸形成了一股政治上的反對力量，反對外戚和宦官專權。《後漢書．黨錮列傳序》在論述「黨人」集團形成過程時指出：「逮桓、靈之間，主荒政繆，國命委於閹寺，士子羞與為伍，故匹夫抗憤，處士橫議，遂乃激揚名聲，互相題拂，品覈公卿，裁量執政，婞直之風，於斯行矣。」

東漢的「黨人」集團起初是將外戚與宦官一起抨擊，後來則把矛頭集中指向宦官集團。其鬥爭的方式有四：一是品評「清議」，形成廣泛反宦官的社會輿論；二是舉行政治請願，對最高統治者施加壓力；三是依法懲治為非作歹的宦官爪牙黨羽，打擊宦官的勢力；四是直接請誅宦官集團中的頭面人物，以清君側。一系列的鬥爭活動，對宦官勢力打擊很大，權閹侯覽、具瑗被桓帝「竟免（侯）覽官，而削（具）瑗國」（《後漢書．楊震傳》），五侯之一號稱「左回天」的左悺亦畏罪自殺。

然而，宦官集團依託君權，對「黨人」集團瘋狂反撲，「黨人」集團的領袖人物李膺及杜密等二百餘名「黨人」被先後下獄，朝野正直之士多被廢黜流放。其後，又發生第二次「黨錮之禍」，李膺、杜密、陳蕃等百餘名黨人被殺，株連濫捕而「死、徙、廢、禁者六七百人」（《後漢書．黨錮列傳序》）。「黨錮之禍」前後延續了十多年，反宦官勢力受到了極大的摧殘，宦官專擅朝政的局面更加鞏固，直至東漢衰亡。

唐朝初期，以魏徵為代表的朝官，對歷代宦禍認識非常深刻，堅決反對宦官干政，並力圖將宦官的職權限制在內廷雜役的範圍內，對宦官的違法行為嚴懲不貸，有效地抑制了宦官勢力的發展。武則天稱制後，用酷吏，大肆誅殺朝官及李唐宗室中的反對勢力，使朝官處於君權的淫威之下，宦官勢力開始抬頭。武則天退位之後的八年裡，時有政變發生，李唐王朝君位四易其手，一些宦官乘機參與其事，成功者得以超常擢升。唐玄宗兩次發動兵變，均有宦官的參與，宦官高力士、楊思勗等人因此發跡。唐玄宗前期勵精圖治，用賢臣姚崇為相，姚崇力主「臣願宦豎不與政」（《新唐書．姚崇傳》），故有開元盛世；後期則縱欲無度，以高力士為代表的一些寵宦趁機擅權，宦官的權勢大張，宰相等重臣的進

退亦需賴宦官之力。自肅宗以後，宦官開始掌控禁軍，把持中樞機要，其職權範圍極為擴張，其權勢之大，「迫脅天子，下視宰相，陵暴朝士如草芥」（《資治通鑑．唐紀六十一》）。由於宦官干政制度化與合法化，百官反對宦官擅政的鬥爭雖從未停止過，但總是顯得實力不足，軟弱無力，難以扭轉其局勢。

宋代統治者對於宦禍有較深的認識，一直較警惕，這是沒有形成宦官專權局面的主要原因。但是，宋代宦官恃寵專橫的事件時常發生，百官與宦官的鬥爭從沒有停止過。官員主要通過監察御史對驕橫不法宦官進行彈劾，從而遏制了宦官勢力的發展。

南宋時發生了一起重大的事變——明受之變。宋高宗在南逃途中，宦官多驕橫不法。建炎三年（一一二九年），扈從統制官苗傅與武功大夫劉正彥等人利用將士對宦官的不滿情緒，發動了一場誅殺宦官、逼迫高宗遜位的兵變。這次兵變中，大批宦官被殺，從而使得南宋初期的宦官勢力元氣大傷。

宋代宦官弄權最大的特點就是與奸臣相勾結，擾亂朝政，殘害忠良。幾乎所有的忠臣義士都遭受過陷害。著名的將領李綱、宗澤、岳飛、韓世忠等人，著名的朝臣富弼、司馬光、程頤、蘇軾、朱熹等人，均遭受過奸臣與佞宦的陷害。最著名的政治事件是北宋哲宗時期，朝中大興黨人之風，大批敢於直言的朝士被定為黨人，稱為「元祐黨人」，多遭貶逐。南宋理宗時期，權閹董宋臣、盧允升與奸相丁大全等相勾結，招權納賄，無罪不作。監察御史洪天錫多次進諫，卻遭罷職，「太學生劉黼、陳宜中、黃鏞、林則祖、曾唯、陳宗上書攻之，大全怒甚」，「拘管江西、湖南州軍，宗學生于伯等七人，並削藉，拘管外宗司」（《續資治通鑑．宋紀一百七十五》）。宋代佞宦與昏君、奸臣結為一體，故忠臣義士多悲劇。

南宋末期，朝臣的反宦鬥爭還是很堅決而持久的。監察御史洪天錫強烈要求罷斥權閹董宋臣等人，並表示與權閹勢不兩立之決心：「臣留則宋臣去，宋臣留而臣當斥」。也正是這些朝臣堅持不懈地反對宦官用事，雖難挽大廈之將傾，卻對宦官勢力有著很大的制約作用。

明代百官與宦官之爭最為慘烈。明太祖朱元璋曾探討過女寵、寺人、外戚、權臣、藩鎮、四裔之禍，在六禍之中，對於宦禍認識尤為深刻，嚴禁其干政。然而，朱元璋生性多疑，特別是對權臣功臣多猜忌，復起用宦官，「自禁之而自紊之」（《明會要》卷三十九）。朱元璋擴展宦官機構、增加宦官人數、拓展宦官干政的管道、打壓百官，許多朝官為太祖威嚴所脅，謹小慎微，不敢伸張。當時只有朝臣李文忠敢於直言進諫。李文忠所恃者三：一是親貴。他是朱元璋的外甥，後又被朱元璋「撫以為子，令從己姓」；二是功勳。在明王朝建立和鞏固過程中，李文忠屢立戰功，「封曹國公，同知軍國事，食祿三千石，予世券」（《明史．李文忠傳》）；三是忠心。李文忠好學問，知忠義，時掌大都督府兼領國子監事，認爲進諫是自己的職責所在。但是，此時的朱元璋已是專橫猜忌成性，對形同己出的李文忠亦不信任。當李文忠進言「內臣太多，宜稍裁省」時，朱元璋大怒云：「若欲弱吾羽翼何意？此必門客教之。」遂盡殺其門客，李文忠本人「驚悸得疾暴卒」（《弇山堂別集·史乘考》）。朱元璋對宦官之態度，前後大相徑庭，乃至視宦官爲羽翼，眾朝臣親貴無可信之人，宦勢之起，誰能遏之？

憲宗時，宦官汪直專權，西廠橫行，屢興大獄，楊曄、楊士偉、武清、樂章、張廷綱、劉福等眾多官員被西廠無辜收案；兵部尚書項忠因對汪直不恭，竟當庭遭到凌辱，後被「削籍爲民」；大學士商輅等人聯名上疏彈劾汪直，竟遭憲宗嚴責，被迫致仕。

武宗縱欲享樂，宦官劉瑾等人專權，宦官勢力急劇膨脹。劉瑾得勢後，「權擅天下，威福任情」，凡異己之朝臣，均列爲「奸黨」名單，挾嫌報復，苛責群臣，大學士劉健等多人被迫致仕；反對宦官專權的朝官都受廷杖，除名爲民；稍忤其意者，必受嚴責，一次就「執朝官三百餘人下詔獄」；朝官「摭小過，枷瀕死，始釋而戍之」，「枷死者無數」（《明史·劉瑾傳》）。

儘管明代專權的宦官無一善終，但是，明王朝的正直官員受迫害卻不可勝數。宦官專權嚴重地破壞了明王朝的吏治制度和政治經濟基礎。這是永遠無法彌補的歷史之痛。

第二節　百官劣勢

歷代百官與宦官的鬥爭，百官往往鬥不過宦官。自秦朝以後宦官的政治地位越來越高，唐代以後，宦官干政日趨合法化。至明代時，無論是宦官的數量和社會影響度都達到了登峰造極的地步。

爲什麼百官鬥不過宦官呢？我們仔細地比較歷史上一些重大事件，就會發現，在專制君主統治時代，百官實際上一直處於劣勢。

壹、位高權重不如近侍之親

中國歷代的權力運用法則在於，不在於你的官職大小，而是在於你職位與權力的關聯度如何，在於你本人與掌控權力人的關係如何。

古人云：宰相家奴七品官。實際上宰相的家奴往往比七品以上的官員還自負。這些家奴雖然沒有什麼官職，但問題在於宰相是一品官，位極人臣，家奴因爲經常侍候宰相，也就有了替宰相辦差的權力和進言的機會，而這些恰恰是所有有求於宰相的人必須要討好宰相家奴的根源所在。

與宮廷宦官相比，宰相家奴則不可同日而語了。帝王擁有至高無上的權力，那麼侍候帝王的宦官們就是君權的象徵。所有爲官者，任何比你職位低的人你都可以去鄙視他、支配他，但是，只有宦官你不能去得罪他。因爲你得罪宦官就意味著得罪了皇帝，得罪了皇帝的人是絕沒有好果子吃的。

春秋戰國時期，齊國的豎刁本身就是一個官員，就是看中宦官近侍之親的優勢，才自宮爲宦的。也正是利用近侍的機會，豎刁、易牙、開方三子在齊桓公晚年病重時把持朝政，擅謀廢立。

秦朝二世即位後，在李斯與宦官趙高的鬥爭中，從職位而言，李斯是一個資深的左丞相，可謂是位高權重，而趙高是一個剛提拔上來的郎中令，無論從職位、資歷、名望等方面來比較，兩人都不在同一層次上。然而，趙高最大的優勢在於，他與胡亥的關係非同尋常。趙高有了秦二世胡亥的庇護，再多十個李斯也是鬥不過的。

歷數漢代、劉蜀、吳、北魏、北齊、唐、後唐、南漢、明代等朝的宦禍，無不是因爲宦官得近侍之便，刻意討好帝王的緣故。對於這一點，一些帝王也有深刻的認識，朱元璋就曾經指出：「閹寺之人，在左右久，其小忠小信，足以固結君心。及其久之，假威竊權，勢遂至於不可抑」（《明史紀事本末》卷十四）。清代第三任皇帝世祖福臨總結歷史教訓認爲：宦禍「豈其君盡闇哉？緣此輩小忠小信，足以固結主心，日近日親，易致潛持朝政……雖有英毅之主，不覺墮其術中」（〈世祖章皇帝順治十年六月二十九日諭內院旨〉）。

對於宦官近侍干政，歷代名臣都有清醒的認識。

唐太宗時期，名臣魏徵曾指出：「閹豎雖微，狎近左右，時有言語，輕而易信，浸潤之譖，爲患特深」（《貞觀政要．論公平》）。

歐陽修對此分析得非常透徹。他在《新五代史．宦者傳論》云：「蓋其用事也近而習，其爲心也專而忍；能以小善中人之意，小信固人之心，使人主必信而親之……緩之則養禍而益深，急之則挾人主以爲質。雖有聖智，不能與謀。謀之而不可爲，爲之而不可成，至其甚，則俱傷而兩敗。」

近侍之害，體現最爲深刻的是明朝。明朝宦禍至深，重要因素就是帝王倚重宦官，疏遠忠良。英宗初期，唯權宦王振之言是聽，後有曹吉祥。憲宗在位廿四年，沉湎於神仙佛老和聲色貨利之中，宦官汪直專權。武宗沉溺於淫樂嬉戲，恣意妄爲，終日與宦官爲伍，宦官劉瑾、馬永成、谷大用等用事。世宗崇奉道教，荒於朝政，外依奸臣嚴嵩，內依眾宦官。神宗初有宦官馮保專權，成人後晏處深宮，與宦官相處，不見朝臣，不理政事，大學士葉向高爲之慨歎：「一事之請，難於拔山，一疏之行，曠然經歲。」熹宗樂於「倡優聲伎，狗馬射獵」，操斧弄鋸，朝政悉委權閹魏忠賢。

宦官近侍之便，使其在取得帝王信用和借用君權方面盡得其先機，這是眾多官員都無法企求的。官僚制度要從這方面入手來控制宦官勢力，就只有改變近侍制度，讓士人或宗親參與管理中書和宮廷事務。如漢初、曹魏、南朝、元朝等，清朝的「包衣」制度對宦官也是有效的控制。

所以，在歷朝歷代中，百官與宦官較量，絕大多數都因爲宦官因近侍之便，受到君主的庇護，以百官失敗而告終。這也是難以改變的歷史規律。

貳、忠言良策不如宦官的歪理邪說

中國歷史上，有許多思想深刻的政治家，他們的治國理念就是在今天看來都還有許多亮點。尤其是古代許多正直之士，不惜身家性命，敢於犯顏直諫，而且前赴後繼，其精神難能可貴。

在歷代君主中，下詔求直言的多，做表面文章的多，眞心實意虛心納諫者則微乎其微，做得較好的唯有唐太宗李世民一人而已。

古代許多君主對忠言良策都是充耳不聞，但對近侍們的一些謬論和歪理邪說卻容易接受。究其原因，大致有三：一是出發點不一樣。忠言良策多是從國家長遠發展和民生大計出發，宏觀的多，爲大眾的多，而歪理邪說則是從帝王本人喜好出發，能讓帝王直接感受得到；二是進言方式不一樣。大臣進言，多在廟堂之上，態度較嚴肅，語言多深奧規範，宦官進言，常於生活之中隨意之間，語言通俗易懂；三是信任度不一樣。大臣進言，帝王常常想他是在邀譽還是在謀取私利，而宦官進言，帝王幾乎都是不設防的。帝王對於宦官的信任度遠比大臣要高。

歷史上，宦官以微言而勝朝臣大義的事例；最典型莫如李斯與趙高之鬥。秦二世即位後，貪戀玩樂，「事皆決於趙高」，丞相李斯想見二世都很難。不得已，李斯只好上書言趙高之短，「夫高，故賤人也，無識於理，貪欲無厭，求利不止，列勢次主。求欲無窮，」以此判斷趙高「有邪佚之志，危反之行」，建議早日除掉趙高，「陛下不圖，臣恐其爲變也。」然而，胡亥根本就聽不進李斯所說的話。事後，胡亥將李斯的話告訴了趙高，而趙高一句話就斷送了李斯一世的英名，「丞相所患者獨高，高已死，丞相即欲爲田常所爲。」李斯認爲趙高會成爲第二個篡奪君位之人，而趙高則反咬一口，說李斯就是第二個田常。這秦二世對趙高是言聽計從，立即下令：「其以李斯屬郎中令！」（《史記·李斯列傳》）。趙高一句話，秦二世就將李斯以謀反罪抓了起來，而且交給趙高來案治，致使李斯父子被誅。

自古忠奸並存。歷史上既有累累爲虐爲惡之宦官，也不乏忠信耿直之士。這些忠義之人，他們不顧身家性命，犯顏直諫，前赴後繼，敢於鬥爭，其事蹟可歌可泣，令人敬歎。

宋仁宗時期，數起朋黨之爭。宦官奸臣將忠直之士俱指爲朋黨，加以排擠。歐陽修曾爲此上疏直諫，略曰：「臣聞士不忘身，不爲忠信；言不逆耳，不爲諫諍。伏見杜衍、韓琦、范仲淹、富弼等，皆陛下素所委任之臣，一旦相繼而罷，天下士皆素知其可用之賢，不聞其可罷之罪。……昔年仲淹以忠言聞於中外，天下爭相稱慕，當時奸臣誣作朋黨，猶難辨明。自近日陛下擢此數人並在兩府，察其臨事，可以辨也。蓋衍爲人清審而謹守規矩，仲淹則恢廓自信而不疑，琦則純正而質直，弼則明敏而果銳，四人性既不同，所見各異，故議事多不相從。……此四人者，可謂公正之賢也，平居則相稱美，議事則廷爭無私，而小人讒爲朋黨，可謂誣矣。」疏入，不報，忌修者又指修爲朋黨。

歐陽修的忠言，仁宗聽不進，而宦官的話，仁宗皇帝卻輕易就相信了。「慶曆五年（一○四五年）十月，帝遣中使察視山東盜賊，還奏：『盜不足慮，而兗州杜衍，鄆州富弼，山東尤尊愛之，此爲可憂。』帝欲徙二人淮南。（參知政事吳）育曰：『盜賊無足慮。然小人乘時以傾大臣，非國家之福。』議遂格」（《續資治通鑑．宋紀四十八》）。宦官不憂盜賊而憂受民尊敬的官僚，可見其用心之險惡。要不是吳育力爭，要不是仁宗皇帝還能聽些不同意見，杜衍、富弼的命運堪憂了。

在官員與宦官鬥爭時，宦官在帝王面前有更多的話語權，而且更容易讓帝王相信，這也是官員一大劣勢。

參、正統道義不如宦官的急功近利

自古以來，君子重於義，小人重於利。絕大多數帝王都貪於安逸，許多佞臣亦爲利所惑，因此，官宦相爭中，正統道義往往鬥不過急功近利，除非宦官的行徑已危及了帝王本身的安危。

北宋名臣富弼曾分析過宦禍之由，認爲：「宮闈之臣，委之統制方面，皆非所宜。在外則挾權怙寵，陵轢上下。入侍左右，寵祿既過，則驕恣易啓，勢位相及，猜奪隨至，立黨生禍。」富弼認爲，君子與小人相爭，君子是很難獲勝的。他說：「君子與小人並處，其勢必不勝。君子不勝，則奉身而退，樂道無悶。小人不勝，則交結構扇，千岐萬轍，必勝而後已；迨其得志，遂肆毒於善良，求天下不亂，不可得也」（《續資治通鑑·宋紀七十七》）。其意思是說，君子講道義，知進退，而小人趨於利，必然千方百計不擇手段以達到其目的，所以，君子與小人之鬥，君子絕難獲勝。

蒙古僧子聰曾對忽必烈說過同樣的言論。「淳祐十一年（一二五一年）七月，蒙古……

僧子聰擇時務所急者白於皇弟呼必賚，略曰：『明君用人，如大匠用材，隨其巨細長短以施規矩繩墨。君子不以言廢人，不以人廢言，大開言路，所以成天下，安兆民也。……君子之心，一於理義；小人之心，一於利欲。君子得位，能容小人；小人得志，必排君子。明君在上，不可不察。孔子曰：『遠佞人』，又曰：『惡利口之覆邦家者』，此之謂也」（《續資治通鑑‧宋紀一百七十三》）。僧子聰之言，可謂灼見。

富弼、僧子聰等人的言論，可以說是言中了要害。正直的官員講道義，知廉恥，將國家利益、人民的利益擺在第一位，而且胸襟寬廣，能容小人。而包括宦官在內的小人們，則不講道義，只顧個人的利益，爲達目的，任何卑鄙的手段都可使用。因此，歷代正直的官員都很難鬥贏巧佞的宦官，非其他，利益使然。

看看中國歷代貪官與權閹的驚人財富，就不難得出結論：以權力獲取財富的速度是任何生產者都無法比擬的，而在權力和利益面前，正統道義常常是軟弱無力的！

肆、大智大勇不如宦官的小聰明

賢臣良將具有安邦富民之智勇和才具，而宦官們卻有貪權求利的小聰明。

歷史總是有許多無奈，許多大智慧大勇毅之人，卻常常在佞宦的小聰明小手段面前一籌莫展，墜入其圈套，以致身敗名裂。

最典型要算李斯與趙高之鬥。

秦朝丞相李斯，出身於楚國下蔡一員小吏，在秦治政三十餘年，爲秦國的興旺和兼併六國殫精竭慮，可謂是具有大智慧之人。而趙高是罪犯的兒子，從小就被閹割成了宦官，治國安邦之才遠不如李斯。然而，在李斯與趙高的鬥爭中，趙高只用了四個小計謀就徹底打敗了官場老手李斯。

第一計：離間計。趙高在大肆地誅殺大臣和宗室之後，唯一的障礙就是李斯。於是，趙高開始精心策劃誅殺李斯的行動。畢竟李斯在秦朝是德高望重，要打倒他只有借助二世的權力，於是趙高的第一步計畫是離間李斯與胡亥的關係。趙高先是勸說二世，多享樂，用重典，「不坐朝廷見大臣，居禁中。」再去勸說李斯向二世直諫，要寬徭節用，而且多次故意選在二世燕樂最濃之時，以激怒二世。在二世爲此事發怒時，趙高極窮挑撥之能事，盡說李斯壞話，說他參與沙丘之謀後一直想以策立之功裂地爲王，對此有怨望之心；大兒子李由與盜相通；李斯本人挾權自重，「權重於陛下」。這樣使秦二世對李斯徹底失去了信任。

第二計：反誣計。當李斯上書說趙高「擅權擅利，與陛下無異」，「有邪佚之志，危反之行，如子罕相宋也；私家之富，若田氏之於齊也。兼行田常、子罕之逆道而劫陛下之威信」時，趙高反戈一擊，說李斯一直就想像田常一樣篡位謀反，因爲自己是他謀反的障礙，所以李斯才會千方百計想殺死自己。這樣一說，使秦二世堅定決心要案治李斯了。

第三計：酷刑。趙高治獄，以殘酷著稱，更何況必置李斯於死地。「趙高治斯，榜掠千餘，不勝痛，自誣服。」趙高再也不管你丞相不丞相，下獄便是囚徒，酷刑侍候。這李斯本是讀書人出身，又居高位養尊處優多年，也沒有右丞相馮去疾、將軍馮劫那樣有勇氣自殺，而且還想僥倖求活，於是只有「自誣服」了。

第四計：詐訊計。趙高深知治獄之道，知道秦二世還會派人來案驗李斯造反一事的，於是「趙高使其客十餘輩詐爲御史、謁者、侍中，更往覆訊斯。斯更以其實對，輒使人復榜之。後二世使人驗斯，斯以爲如前，終不敢更言，辭服。」（《史記・李斯列傳》）。

可見，在趙高與李斯的鬥爭中，趙高的陰險狡詐狠毒遠勝於李斯的才智勇決。大概李斯從荀卿所學的帝王之術，只是學會了如何去征戰稱霸，如何去治民，如何去與朝臣爭權固位，如何去與正人君子鬥狠（如焚書坑儒），在這些方面，李斯的才能智慧已發揮得淋漓盡致。然而，李斯精通帝王之術謀於陰，而成於陽，謂之神明。卻沒有學會與昏君如何相處，沒有學會與小人特別是詭計多端的宦官如何爭鬥。在趙高的小聰明面前，李斯處處被動，舉措失宜，愚鈍不堪，毫無才智可言，至死都未想通其中的緣由。這或許是荀卿所不曾想到的局面吧，也或許正是歷代傳統教育的最大缺失吧！

如李斯與趙高之鬥一樣，歷史上有許多能攻善戰的將帥、運籌帷幄的謀士、治民有方的官員，他們叱吒風雲，雄視天下。然而，他們的大智大勇卻在宦官的小聰明面前束手無策，多冤死於宦官之手。玩味歷史，常令人扼腕歎息。

伍、直道而行不如宦官的陰謀詭計

政治常常體現為幕後交易，官場常常受制於潛規則。謀於陰，而成於陽，謂之神明。這是千古不易之法則。

對於政治和官場鬥爭的把握，宦官遠勝於文臣武將。文臣武將多受傳統儒家教育較深，行事往往直來直去，按正常的程序辦事。尤其是讀書人，心地多是慈善，行事多猶豫寡斷，患得患失，瞻前顧後。而巧佞之宦官，他們所受傳統教育極為有限，其性格長期受壓抑，已經變態，對社會有一種強烈的報復欲，整日處心積慮，行事心狠手辣，做事乾脆俐落。兩者對比強烈，吃虧的自然是正直之人。

最突出的例子是東漢外戚、大臣、太學生與宦官的鬥爭。

漢桓帝時，以太學生為主體的黨人集團大張旗鼓地反對宦官專權，他們採取品評「清議」、政治請願、依法懲治爲非作歹的宦官爪牙黨羽、彈劾權閹等措施，在一定程度上收到了效果。然而，權閹們則採取排斥陷害的手段，挾持皇帝之權威，對黨人瘋狂反撲，很有名望的李膺、杜密、陳蕃等人均被免職，二百多黨人先後下獄，其後全被「赦歸田里，禁錮終身」（《後漢書·黨錮列傳序》），釀成歷史上有名的「黨錮之禍」。黨錮之禍發生後，朝野正直之士被廢黜流放，宦官橫肆，邪佞囂張。

桓帝死後，靈帝即位，外戚竇武執掌朝政。竇武起用陳蕃等官僚朝臣，欲聯合反宦。然而，他們行事不縝密，反被宦官集團搶先下手，竇武自殺，陳蕃被殺，外戚竇氏及其參與謀除宦官行動的官僚朝臣「皆夷其族」（《後漢書·竇武傳》），李膺等黨人復遭禁錮。此後，宦官更是貪殘妄爲，把持朝政。

靈帝死後，廢少帝劉辯即位，外戚大將軍何進輔政。權閹蹇碩欲發動兵變捕誅何進，事泄反被何進所殺。何進在一部分官僚、名士的策動下，欲進一步清除宦官勢力。然而，權閹張讓等人一方面採取重金賄賂的方式，收買和分化瓦解外戚勢力；另一方面則時刻準備反擊。何進因爲優柔寡斷遲遲下不了誅宦的決心，這一性格成了他的致命傷，反被張讓等宦官矯詔殺害。

從東漢的官員與宦官鬥爭中，我們看到了官員們耿直、依法鬥爭的一面，也看到了其行事不縝、遲疑不決的一面；與之相對照的是，那些權閹們則顯示出軟硬兼施、詭計多端、心狠手辣的本性。因此，兩者的鬥爭是不對稱的，勢必以宦官們取勝而告終。

陸、軍功政績不如宦官的小功績

自商鞅實行軍功爵制以後，官員的人生目標是努力建功立業，期望得到獎賞和擢升。然而，自從閹豎有了官的身分之後，歷代宦官所獲得的擢升和爵祿，遠比文臣武將來得快來得容易。如秦之假閹嫪毒，僅因受寵於趙太后而封侯享國，而著名的戰將白起卻屈死；秦朝趙高因沙丘之謀獲寵，官至中丞相，累有戰功的蒙恬、政績卓著的李斯等人卻死於其手；東漢的「五侯」、「十常侍」僅因參與宮廷政變，就封侯食國。

自古正人義士都很看重名器，然而，這些令人嚮往和敬畏之物，卻是君主的私物，被君主隨意地賞賜給他所喜歡的人。著名的史學家司馬光在作同知禮院時，向仁宗進言：「孔子謂唯器與名不可以假人。夫爵位尊卑之謂名，車服等威之謂器。今允言近習之臣，非有元勳大勞過絕於人，贈以三公之官，給以一品鹵簿，其爲繁纓，不亦大乎！陛下欲寵秩其人，適足增其罪累耳」。

宋代有許多宦官死後都被贈節度使，甚至是謚號。「皇祐二年（一〇五〇年）九月，入內都知麥允言卒，贈司徒、安武節度使」（《續資治通鑑．宋紀五十一》）。「大中祥符八年（一〇一五年）六月，昭宣使、平州團練使、入內都知秦翰卒。帝（眞宗）甚悼惜，贈貝州觀察使……後重贈彰國軍節度使」（《續資治通鑑．宋紀三十二》）。「至和元年（一〇五四年）正月，延福宮使、武信留後、入內內侍省都知王守忠……卒，贈太尉、昭德節度使，謚安僖，特給鹵簿以葬」（《續資治通鑑．宋紀五十四》）。等等。這些宦官的爵與謚，比同時期的名臣范仲淹等人要尊榮得多！

古代許多帝王對身邊的宦官、女寵、術士、伶官、佞臣等人恩寵時，性之所至，則賞以官爵，而對戰功政績卓著之人卻寡恩薄義，「馮唐易老，李廣難封」，成爲多少仁人志士的哀歎。

在官本位的時代，宦官能夠輕易取得名位與權勢，而位高權重勳爵顯赫者常常占據主導地位，這也是官員在與宦官鬥爭中難以控制其勢的地方。

第三節　官宦相結

在強權面前，人們最容易分化：或堅守，或屈從，或依附，或逃避。百官在與宦官鬥爭中，最棘手的敵人不是宦官，也不是皇帝，而是官員內部中的奸臣。奸臣崇尚權勢、趨利避害、趨炎附勢，一旦形勢不利，便將所有的道義、原則都拋諸腦後，屈從或依附於權勢。佞宦與奸臣相勾結之時，整個朝政必然是一片黑暗。

戰國時期，諸侯國中就出現宦官與朝臣相勾結的現象。如齊桓公後期，宦官豎刁等人與衛公子開方相勾結，形成「三子專權」。

宦官得勢時期，一些士大夫「向盛避衰」，「交遊趨富貴之門」，攀附權閹，助長了宦官的聲勢。甚至一些官員爲走捷徑，謀求富貴，竟自宮以進。

唐代權閹擅政時，一些朝臣趨炎附勢，醜態百出。權閹高力士得勢時，「金吾大將軍程伯獻、少府監馮紹正與力士約爲兄弟」（《資治通鑑．唐紀二十九》）。力士遭母喪，「左金吾大將軍程伯獻、少府監馮紹正二人直就力士母喪前披髮哭，甚於己親」（《朝野僉載》卷五）。宇文融、李林甫、楊國忠、安祿山、高仙芝等人，「雖以才寵進，然皆厚結力士，故能踵至將相」（《新唐書．高力士傳》）。唐肅宗時，宰相李揆見宦官李輔國「執子弟之禮，但稱『五父』」（《舊唐書．李輔國傳》）。其後的權閹都是極爲囂張之輩，朝臣唯有阿附者得存。

宋代奸臣與佞宦相勾結的現象十分嚴重。如宋徽宗時期，奸臣蔡京、朱勔、王黼與權閹童貫、梁師成、李彥、楊戩等人相互勾結，形成一體，無惡不作，使北宋迅速走向衰亡。南宋時期，奸相秦檜、史彌遠、丁大全、賈似道等先後執政用事，宦官甘昇、陳源、王德謙、董宋臣、盧允升等人頗有寵，「相與盤結，士大夫無恥者爭附之」，奸相丁大全就是通過諂事董宋臣、盧允升等宦官才得以發跡的。

明代朝臣中多媚骨之人，耿直之士則難立足。宦官王振專權時，廣植爪牙，結黨營私，朝臣徐晞、王祐均因諂媚王振而分別擢爲兵部尚書、工部侍郎，府、部、院諸大臣或「攫金進見」，或「跪門俯首」。京城公侯動戚敬稱王振爲「翁父」，畏禍者、投機者爭相投靠王振。

明代閹黨人數最多、爲害最廣者要算熹宗朝宦官魏忠賢專權時。魏忠賢隨著權勢的增長，形成了一個龐大的盤根錯節的閹黨集團，上自內閣、六部，下至四方總督、巡撫、地方官員，內至宮廷內務，遍置魏閹死黨，有文臣「五虎」、武臣「五彪」，有「十狗」、「十孩兒」、「四十孫」，徒子徒孫不可勝數。「皇上爲名，忠賢爲實」，全國上下，滿朝文武，多以諂媚魏忠賢爲能事，實爲中國官僚史上的一件奇恥大辱！

君主集權制使得帝王擁有無上的權力，而宦官是與帝王最親近的人，因此，宦官也就成了眾多趨炎附勢的奸臣們接近帝王、獲取權勢的最佳捷徑。宦官則借助於奸臣擴展其勢，招權納賄，橫行無忌。

奸臣與宦官相勾結，使得正直有識之士在反對宦官干政方面阻力更大，而且反了一個權閹，又會出現另一個權閹，永無絕期。

第四節　賢者遺恨

古之賢者立志於修身治國平天下，故從小就發奮求學，百煉其身，文以治政，武以衛國，崇尚立德、立功、立言，期以功名顯聖於後世。然而，官場比商場更奸詐，比戰場更殘酷。許多仁人志士，曾經身經百戰、戰功顯赫，曾經計謀無算、算無遺策，曾經滿腹經綸、著作等身，曾經治國有方、安邦有術，卻在不經意間身敗名裂，長恨難解。

這樣的例子，在歷史的長河中實在太多，俯身可拾。

東漢末年李膺、陳蕃兩位名臣很有名望。時評為「天下楷模李元禮（膺），不畏強禦陳仲舉（蕃）」。然而兩人均死於宦官之手。

李膺名望最高，士人與他交遊，被譽為「登龍門」，可以身價十倍。李膺為司隸校尉時，懲不法宦官，「諸黃門、常侍皆鞠躬屏氣，休沐不敢復出宮省」（《後漢書·李膺傳》）。延熹九年（西元一六六年），李膺殺術士張成，張成生前與宦官關係密切。在宦官的支使下，張成的弟子牢修誣告李膺「養太學遊士，交結諸郡生徒，更相驅馳，共為部黨，誹訕朝廷，疑亂風俗」（《後漢書·黨錮傳序》）。桓帝受宦官慫恿，收繫李膺，並下令郡國大捕「黨人」，詞語相及，共達二百多名。第二年，李膺及其他黨人被赦歸田里，禁錮終生。這就是史上有名的「黨錮」事件。

漢靈帝建寧元年（西元一六八年），名士陳蕃為太傅，與竇太后之父大將軍竇武共同執政。他們起用李膺和被禁錮的其他名士，並密謀誅殺宦官。宦官矯詔捕竇武等人，陳蕃、竇武皆死，其宗親賓客姻屬都被收殺，門生、故吏免官禁錮。次年，曾經打擊過宦官勢力的張儉被誣告「共為部黨，圖危社稷」，受到追捕，黨人橫死獄中的共百餘人，被牽連而死、徙、廢禁的達六七百人。熹平五年（西元一七六年），各州郡均受命禁錮黨人的門生、故吏和父子兄弟，人數眾多。直到黃巾起義發生後，黨人才被赦免。

李膺、陳蕃之死，令後世多少學者儒士憤慨。革故鼎新、去害圖新、掃除積弊，這是古代多少仁人志士的心願，也是一些企圖有所作爲的帝王的心願，然而，積弊太深，刮骨療毒又何易爲之！

北宋著名的大臣寇準，其一世英名，亦爲宦官周懷政與佞臣朱能所折。「天禧三年（一〇一九年）三月。入內副都知周懷政，日侍內廷，權任尤盛，附會者頗眾。性識凡近，酷信妖妄。有朱能者，本單州團練使田敏家廝養，性凶狡，遂賂懷政親信得見，妄談神怪事以誆之。懷政大惑，援引能至御藥使、領階州刺史。俄於終南山修道觀，與殿直劉益輩造符命，託神言國家休咎，或臧否大臣。時寇準鎮永興，能爲巡檢，能詐言天書降。帝訪諸大臣，或言準素不信天書，今使準上之，百姓必大服；乃使懷政諭準。準始不肯，其婿王曙詒書要準，乃從之。是月，準奏天書降乾祐山中」（《續資治通鑑．宋紀三十四》）。其後周懷政事發，朱能叛亂，禍連寇準。寇準先被貶相州，再貶道州，最後死於雷州，亦可歎也。

北宋不只是寇準被陷害，許多名臣，如范仲淹、歐陽修、司馬光、蘇軾等等都被貶過。宋仁宗似乎對此深有感觸，他說：「朕覽舊史，每見功臣罕能保始終者」（《續資治通鑑．宋紀三十七》）。在宋仁宗看來，自古功臣極少能得善終，這已經成了一種歷史規律了。覽歷朝政事，爲官實難，爲好官更難，才高正直者多遭妒忌陷害，諛佞附勢之人常得勢，歷史的悲劇常常重複上演，讓人看著也悲憤、也憂傷。

歷代帝王也曾表彰過英烈，也曾表彰過忠義，也曾詔求過直言，然而，這些多是些欺騙善良的幌子，決不可相信和盲從。

例如，宋度宗即位後詔求直言。官員黃震信以爲眞，「咸淳二年（一二六六年）六月，壬午。史館檢閱慈溪黃震輪對，言時弊：曰民窮，曰兵弱，曰財匱，曰士大夫無恥。……時宮中建內道場，故震首及之。帝怒，批降三級；用諫官言得寢，出通判廣德軍」（《續資治通鑑．宋紀一百七十八》）。黃震直諫，結果是官降三級，被貶出京城。

歷史上有許多仁人志士非常單純、天眞，如同黃震一樣去相信帝王的話，恨不得將平生所學都賣與帝王家。然而，他們所得到的卻是苛責乃至懲罰，這就是理想與現實的衝突。因此，古之賢者心中其實都充滿了入世之艱難與出世之無奈。報國無門，只有修身養性，獨善其身了。

棄官歸隱，不是每一個賢能者能夠做得到的。於是，一些爲官者又衍生出種種逃避現實、自我麻醉的怪像。如曹魏時，阮籍裝瘋賣狂，亦是一種逃避。西晉時，朝廷內外奢侈成風，名士大夫無一例外地醉心於清談，力圖用玄學理論來爲自己貪鄙的行爲和欲望辯護。還有一部分士大夫甚至墮落至終日醉酒，裸體狂歡的地步。歷史上還有一些官員，或寄情山水，或放醉酒樓，或潛心玄學禪理，或修道學佛，等等，不一而足。

這種退隱和逃避的思想，無時無刻不影響著歷史上有良知的才智之士，這也是正直之士與奸臣佞宦鬥爭難以取勝的一個致命弱點：歷史上的賢能者都缺乏與邪惡勢力進行持久鬥爭的韌性！

古之賢者，常是非曲直涇渭分明，通權達變者極少，且難於爲後人稱道。能夠立於亂世混濁之中，憑藉機警與權變，作出一番功德者，則更是難得。覽古代賢能之人，唯明朝張居正稱最。

明代名相張居正登上政治舞臺始於第十二任君主穆宗時期。爲了政治鬥爭的需要，張居正與權閹司禮監馮保深相結納，擊敗了政治對手，出任首輔，獨攬朝綱。第十三代帝王神宗朱翊鈞於隆慶六年（一五七二年）即位，時年九歲，內任馮保，外倚張居正。張居正遂得以展其抱負，針對時弊，大力推行改革：頒布考成法，精簡機構，裁汰冗官，唯才是舉，嚴懲貪官汙吏，以整肅吏治；清丈全國土地，打擊豪強，查出隱占田地八十多萬頃；推行「一條鞭法」，抑制豪強漏稅，緩解賦役不均，整頓經濟秩序；推行教育改革，整肅府、州、縣學，核減生員，黜革潑皮學霸；整肅驛遞制度；改革宗藩條例；重視邊備，等等。

經過張居正十年的改革推進，明朝經濟復甦，吏治好轉，邊境穩定，國力日升。然而，張居正內心卻充滿矛盾，對權閹馮保優禮有加。馮保內倚李太后，外倚張居正，挾制幼主，益爲橫肆，以至「即帝有所賞罰，非出保口，無敢行者」（《明史．馮保傳》）。對於馮保所爲，張居正只能容之、護之，以鞏固張馮聯盟。

始作俑者，能無後乎！張居正系列改革必然觸動許多人的利益。張馮聯盟更是讓神宗及反對者難於接受。萬曆十年（一五八二年）六月，張居正在憂患中病逝。受到張居正打擊和冷落的官員紛紛上疏彈劾張居正。十二月，馮保被謫，貶至南京。兩個月後，馮保死，神宗下令查抄馮保之家。次年三月，神宗下詔追奪張居正官秩，並命令太監張誠等率人籍沒其家財。「誠等將至，荊州守令先期錄人口，錮其門，子女多遁避空室中。比門啓，餓死者十餘輩」（《萬曆野獲編補遺》）。

張居正之死，不只是張居正一家噩夢的開始，也是明王朝衰亡的轉捩點。

第十二章　宦官之殤

宦官有其風光的一面，也有其痛苦的一面。身心的痛楚與屈辱，隨時可能發生的性命之憂，造就了許多宦官的悲劇人生。

歷史上，宦官也曾有過常人不曾有的富貴、風光與榮耀。可宦官有宦官的苦楚與煩惱。如果從宦官的角度去觀察，歷史上的風風雨雨又顯得那麼的自然，那麼的讓人產生無窮的懊惱、憐憫與無奈。

宦官是一個特殊的群體，其生理和心理特徵與常人有明顯的區別。如果我們揭開其背後鮮為人知的一面，去看看其所受的屈辱，必然會讓有良知的人生出許多憐憫。從總體上講，絕大多數宦官，他們的一生都是悲劇，既是他們個人的悲劇，也是我們社會的悲劇。

第一節　寂寞與無聊

作為一般的宦官，他們被閹割成為內廷奴僕之後，雖然不為吃穿住行犯愁，然而，他們心靈蒙受的巨大的創傷卻是一生都無法痊癒的。他們或許也有許多夢想與期盼，但畢竟成為讓人羨慕的上層宦官只是少數人。他們大多數時候是幽住在封閉陰森的深宮中，每天從事簡單重複的勞作，大量空閒時間使他們無所事事，扭曲的人格特徵和嚴格的宮廷制度使他們倍加無聊與寂寞。有的宦官甚至萬念俱灰，頹廢渾噩，成爲只知滿足生存需要的行屍走肉。

在這無邊無盡的落寞之中，有一部分有才學見識的宦官不甘沉淪，發奮圖強，亦有所作爲。最爲典型的是西漢司馬遷，在遭受宮刑後，「僕以口語遇遭此禍，重爲鄉黨戮笑，汙辱先人，亦何面目復上父母之丘墓乎？雖累百世，垢彌甚耳！是以腸一日而九回，居則忽忽若有所亡，出則不知所如往。每念斯恥，汗未嘗不發背霑衣也」（《漢書．司馬遷傳》），幾乎是痛不欲生，陷入了人生的最低潮。然而，他並沒有就此沉淪下去，而是重新認識人生，立志修史，在與古人的精神交流中來排遣心中的鬱結和尋求精神的寄託，開創了紀傳體寫史模式，成爲一代史學名家。

然而，如司馬遷一樣發憤自強的畢竟是極少數。

歷代宦官大多數人都沒有什麼學問。如明朝大宦官劉瑾就是個文盲，魏忠賢連自己的名字都不認識。歷代的帝王並不重視宦官的文化學習，唯獨明朝宣宗時設立了內書堂，用今天的話來說就是宦官學校。宦官學校收容了十歲以下的閹人學生兩三百人，司禮監總督任校長，學長由德高望重的長者擔任，請翰林院的學士來教導學生。宣德四年（一四二九年），具有大學士頭銜的禮部尚書陳山擔任教師。學生所研讀的課本是《百家姓》、《千字文》、《孝經》及《四書》、《千家詩》、《神童詩》之類。評定成績的標準是背誦能力和字體的工整度。成績特別低劣和犯規者，由老師登記在成績表上交給總督。明朝宦官王振就出自內書堂。這種為宦官辦學堂的現象在歷史上實屬少見。

大部分宦官不僅文化層次低，精神也特別空虛。他們排遣寂寞與無聊的方式主要有以下五種：

一是吃喝玩樂。《明宮史．飲食好尚》記載，明代宦官「讀書安貧者少，貪婪成俗者多」，他們「飽食逸居，無所事事」。為了打發時間，他們「三五成群」，飲酒賭博，或者「約聚輪流辦東，幫湊飲啖」，「所談笑者，皆鄙俚不堪之事」。

二是打罵自虐。《明宮史．飲食好尚》記載，明代宦官「多醉後爭忿，小則罵打僮僕以遷怒，大則變臉揮拳，將祖宗父母互相喚罵，為求勝之資；然亦易得和解，磕過幾個頭，流下幾點淚，即歡暢如初也。」

三是迷信鬼神。宦官們常處於無知、無聊、無奈境地，最易相信星占、卜筮、風水、命相、鬼神之說，他們對鬼怪神話和荒誕禁忌之事津津樂道，並且深信不疑。晚清太監特別迷信「殿神」。他們認為「殿神是屬於太監的保護神」，「每到初一、十五，逢年過節，都要給殿神上供」（溥儀《我的前半生》）。太監如果無意中衝撞了殿神，就認為自己必然會受到殿神的捉弄和懲罰。

宦官還常常從宗教中尋求精神寄託。北魏宦官大多崇信佛教，修建寺院。唐代宦官還常常像和尚一樣戒葷念佛，權閹李輔國是一個典型的佛教徒，「不茹葷血，常爲僧行，視事之隙，手持念珠」（《舊唐書·李輔國傳》）。宋代僧道並行，權閹王繼恩常在寺院裡接待「士大夫之輕薄好進者」，「每以多寶院僧舍爲期」（《宋史·王繼恩傳》）。元代將佛教定爲國教，宦官朴不花「欲要譽一時」，乘民間饑疾之時，大興佛事，「就萬安壽慶寺建無遮大會」，「又於大悲寺修水陸大會三晝夜」（《元史·朴不花傳》）。明清時期，宦官更是普遍崇信佛教道教，吃齋念佛，禮敬僧道，修建寺院，非常熱心。

正如並不是每一個崇佛信教的人都是善男信女一樣，宦官們迷信鬼神和崇信佛道，絕對不代表他們的內心是善良的。恰恰相反，許多權閹往往是壞事幹多了，通過崇信佛道來排解和安慰自己的靈魂罷了。

四是自尋開心。深宮中的宦官，整天無聊之極，只要有一丁點樂事或者新鮮事，都能讓他們開心和興奮不已。元朝末年，宮中曾發生一起大火，其起因是宦官們熏老鼠所致。「至正十一年（一三五一年）正月，清寧殿火，焚寶玩萬計，由宦官熏鼠故也」（《續資治通鑑·元紀二十八》）。無聊之時，群宦們到處熏老鼠以找樂子，結果釀成了火災。

五是信謠傳謠。大多數宦官對朝政和天下大事並不知情，但又十分關注。天下發生動亂、地震、水災、旱災、火災、蝗災、星變以及朝政事務，種種謠傳，等等，都會成爲他們最熱門的話題，爲他們所津津樂道，甚至誇大其事。

總之，因爲寂寞與無聊，使得宦官們做出許多荒誕的行爲以求排解，亦在情理之中。

第二節　無窮的屈辱

宦官們常常要背負一生屈辱。不管其財富如何豐厚，地位如何顯赫與榮耀，這種生理上、心理上的屈辱都如影隨形，一直壓在他們心頭，永遠都無法掙脫。

壹、生理上的痛苦

宦官的身體，不只是在閹割時遭受常人難以忍受的痛苦，在其一生中都經受許多常人不曾遭受的痛苦。

貳、自卑與猜忌

宦官不僅生理上畸形，而且心理也和常人有殊。他們喜怒無常，猜疑心重，有自卑心理，還有強烈的排外心理，宦官與宦官之間常常「抱團」。

宦官對於直接或間接影射其「欠缺」的事物很敏感。如果和宦官同座，看到無尾或尾巴被切短的貓狗時，應轉彎抹角地說「鹿尾的狗」；如果看到缺少柄的茶壺時，應若無其事，不要聲張；對「切」、「斬」、「割」這些字眼要避開，改成別的字眼。

宦官最大忌諱，就是堅持不讓正常的男人看到他的下身，否則，認爲這是極大的侮辱。在北京有一條胡同名「盡忠胡同」，這是太監下班之後的聚居之所，胡同中設有剃頭店、裁縫店、吸煙房（清朝的太監幾乎都吸鴉片）和浴池。這個浴池的顧客都是太監，連浴室中的夥計也是被淨過身的，這是因爲太監絕不願讓非同類之人看到他們的下身。

自卑到極點，則是狂虐。他們在無權勢時，會堅忍一切屈辱。一旦擁有權勢，則恃強凌弱，對異己之人實行瘋狂的報復。趙高瘋狂地殺害秦朝的宗室大臣，將秦始皇的子孫誅殺殆盡，其實是一種狠毒的報復。趙高爲趙國人，父親爲罪犯，趙高兄弟從小就被閹割進宮，這種刻骨銘心的仇恨從小就種在了心裡。在其成長過程中，爲出人頭地，他博聞強記，苦學律令，學會了堅忍，贏得了秦始皇和胡亥的信任。即便是秦始皇曾赦免過他的死罪，他也不會對秦始皇感恩戴德。一有機會，便會反撲。

宦官這種危險的性格特徵，古代許多帝王都未引起重視。許多宦官或者來自被俘的敵國宮中，或者來自罪犯及罪犯子孫，或者來自於拐騙，或者來自於山獠，或者來自外國的進獻，或者來自市井無賴，或者來自特別貧困家庭，等等，這些不同尋常的來歷，對其性格的形成本身就是一個危險的信號。我們只要從他們的出身來觀察他們的性格特徵和種種暴行，就很容易找出其中的因果關係。

參、社會的歧視

不管歷史上的宦官有多麼的顯赫，但是，無論從宗法觀念，還是輿論導向，宦官總是受到社會正統人士的歧視。拿破崙曾經感歎地說，世界上最難征服的是人心。無論宦官多麼有權有勢、功勳卓著，公眾發自內心的歧視卻是永遠難以消除的。

春秋戰國時期，鄙視宦官、排斥宦官的傳統觀念已經形成。人們鄙視宦官，不只是因爲其受刑，主要是認定其身分不過是宮廷中的僕隸。一旦出現君主寵任宦官和宦官干政的情況時，便常常會遭到來自傳統觀念的抵制和反對。君主以宦官充任使臣，常常會視爲對對方的一種汙辱。如魯國的臣子臧堅被齊國所俘，齊國派宦官夙沙衛去赦免其不死，臧堅認爲齊侯「使其刑臣禮於士」，是對自己的恥辱，於是自殺身亡。

北宋有許多士大夫看重自己的身分名節，恥與宦官爲伍。宋仁宗時，曾令宦官王守忠與朝官同殿飲宴，朝官引以爲恥，進言予以抵制。「慶曆八年（一〇四八年）十一月，戊戌，景福殿使、入內都知王守忠領武信留後。尋詔守忠如正任班，他無得援例。守忠遂移閤門，欲綴本品坐宴閤門，從之。侍御史何郯言：『祖宗典法，未嘗有內臣殿上預宴之事，此弊一開，所損不細。伏望指揮下閤門速行改正，一遵舊制。』初，西上閤門使錢晦亦言：『天子大朝會，令宦官齒士大夫坐殿上，必爲四夷所笑。』然竟爲奏定坐圖。及郯又言，守忠自知未允，宴日，辭而不赴」（《續資治通鑑·宋紀五十》）。

在今人看來，宦官王守忠的官職相當於正部級，而且受到仁宗皇帝的寵任，與朝官同殿飲宴，理所當然。然而，古之士大夫就是看重自己的身分與出身，不願與宦官同殿而飲。

中國歷史歷來就有重身分與名節的傳統，宦官再得勢，都無法改變來自社會各個階層對宦官的鄙視。這種鄙視情結對於那些忠心義膽、屈受宮刑的宦官而言，是他們一生不堪重負的屈辱，而對於那些重利輕義、崇尚權勢的宦官而言，則是他們攫取權力、財富、榮寵的動力和瘋狂報復社會的病源。

第三節　相互傾軋

宦官們在與外戚或士大夫相爭鬥時，會同病相憐，同惡相濟，「抱團」取暖。他們在共同的利益面前，表現出相互呼應，有很強的凝聚力。

然而，當宦官內部自身利益相衝突時，他們則各展其能，相互傾軋，相互殘殺，毫不容情。許多權閹在與朝官相鬥中志得意滿，卻死於宦官內鬥之中。一些帝王採取以宦制宦的辦法，使其自相殘滅。

秦國宦官嫪毒為亂，秦王嬴政發兵攻之，許多宦官都參與攻戰，「戰咸陽，斬首數百，皆拜爵，及宦者皆在戰中，亦拜爵一級」（《史記．秦始皇本紀第六》）。

北宋太宗亦採取以宦制宦的辦法，分化宦官的勢力。宦官王繼恩在血腥鎮壓四川王小波、李順領導的農民起義中，為宋廷立下了功勳。當王繼恩擁重兵滯留成都居功自傲時，宋太宗恐其坐大難制，又派另一名宦官衛紹欽「與王繼恩同領招安捉賊事」（《宋史．衛紹欽傳》），藉以分散王繼恩的兵權並對其進行牽制。

明朝宦官的權力很大，但宦官與宦官之間相互傾軋也時有發生。明憲宗時，權閹汪直累遭朝臣彈劾卻不能撼動其勢，後來與主持東廠的太監尚銘發生矛盾，尚銘密奏汪直漏泄禁中祕語，憲宗才開始疏遠汪直。

明代宦官提督的特務機構東廠、西廠權力很大，爲了進一步強化控制，權閹劉瑾還設立了內行廠。內行廠的偵緝範圍非常廣，「雖東、西廠皆在伺察中」（《明史．刑法志》）。可見內行廠是爲強化宦官內部控制而設立的，是凌駕於東廠、西廠之上的廠中之廠。

權閹魏忠賢在勢微時攀附宦官魏朝，與其結爲兄弟。魏忠賢得力於魏朝的引薦和幫助，才有機會與熹宗親近，並且因此與魏朝的對食熹宗的乳母客氏結識。魏忠賢與客氏結識後，臭味相投，一拍即合，盡得熹宗的歡心。魏忠賢與客氏一體，得勢後立即將魏朝攆出了皇宮，並將其殺害。

魏忠賢排斥魏朝後由惜薪司升任司禮監秉筆太監兼提督寶和三殿，弄權的最大障礙是掌印太監王安。王安是光宗朱常洛東宮舊侍，熹宗初立，他和諸大臣同受顧命，爲人剛直不屈。天啓元年（一六二一年）八月，魏忠賢指使給事中霍維華彈劾王安專權，客氏從中附和。熹宗不究眞假，下詔革去王安職務，貶爲南海子淨軍，其後將其殺害。王安死後，魏忠賢引司禮監王體乾及李永貞、石亢雅、涂文輔等爲羽翼，客氏爲內援，權勢日益顯赫。

歷代宦官互相傾軋，大體分三種類型：一是各爲其主，互相攻伐；二是爭寵爭權，彼此陷害；三是爭奪財色，互相殘殺。

爭奪財產方面的事例，譬如宋代就發生過宦官養子爭奪財產互相攻伐的事件。「宋開寶四年（九七一年），內侍養子多爭財起訟，戊午，詔：『自今年滿三十無養父者，始聽養子，仍以其名上宣徽院，違者抵死』」（《續資治通鑑．宋紀六》）。

爭奪女色方面的事例，譬如明代發生過宦官韋力與養子妻淫亂將養子殺死的事件。明景泰年間，宦官韋力「與養子妻淫戲，射死養子」（《萬曆野獲編》卷六）。

深宮深似海，許多宦官的全部生活意義就在於，將平靜無聊的生活擾亂，使之變得更有戲劇性、刺激性，所以，宮廷中宦官相互幫襯、相互傾軋的事件總是在不斷地上演著，永遠沒有止境。

第四節　無妄之災

伴君如伴虎，虎性易傷人。入宮為宦，風險也大，平時哪怕你謹小慎微、勤勤懇懇、忠心耿耿，或者為皇室立下卓著的功勳，都有可能因小事而受到責罰，甚至丟掉性命。

在君主主宰一切的時代，宦官的榮辱、賞罰、身家性命等，都如帝王的私家財產一般，隨著帝王的喜怒哀樂而變遷。歷史上有許多宦官就是死於無妄之災，至死都無處申冤。

秦始皇爲強悍、殘暴之君，宦者稍有違忤，即遭殺戮。秦始皇曾經偶然從山上遠遠望見丞相李斯的車騎經過，對其車騎儀仗過盛表示不滿。「中人或告丞相，丞相後損車騎」（《史記．秦始皇本紀》）。秦始皇對於「中人」洩漏其語十分惱怒，下令追查嚴辦。由於無人敢承認，秦始皇竟下令將當時在場的所有「中人」全部處死。自然，這些「中人」絕大多數屬於冤死。

秦二世之殘暴不減乃父，宦官只有噤口或報喜不報憂以圖自保。秦二世末年，宦官趙高發動宮廷政變，女婿咸陽令閻樂與其弟郎中令趙成內外勾結，攻打秦二世所在的望夷宮。「郎宦者大驚，或走或格，格者輒死，死者數十人」，「左右皆惶擾不鬥」。這些侍奉君主的宦官們在大難來時，唯有退縮自保，毫無鬥志。最有趣的是，秦宮中一個宦者的一番話足以說明二世平日的殘暴和宦者自保的心態。「旁有宦者一人，侍不敢去。二世入內，謂曰：『公何不蚤告我？乃至於此！』宦者曰：『臣不敢言，故得全。使臣蚤言，皆已誅，安得至今？』」（《史記．秦始皇本紀》）。如果說，秦二世早一些得到政變的消息，稍加防範，便不會讓趙高得逞。然而，秦二世平日裡只喜歡聽好消息，對向他報憂的人常施以嚴刑，因此，侍奉在二世身邊的宦者們爲求自保，只能選擇報喜不報憂，以致大難來時亦是如此。再說，即使有宦者冒著殺頭的危險向秦二世報告，秦二世恐也未必會相信。這大概是中國一句古話「自作孽，不可活」所說的意思吧。

南朝陳國宮內宦官蔣裕等近侍亦成了政治犧牲品。陳廢帝即位後，其叔陳頊輔政專權，勢將逼宮篡位。沈太后「憂悶計無所出，乃密賂宦者蔣裕」，企圖聯絡外臣共誅陳頊。密謀洩露後，沈太后「恐連逮黨與」，便提前下手殺人滅口，將「頗知其事」的「左右近侍」「並殺之」（《陳書．世祖沈皇后傳》）。

唐末，宣武節度使朱全忠受密詔率軍入京誅宦，在鳳翔處死了大小宦官七十餘人，進入長安後，又大量屠殺留存在京的宦官，「盡誅第五可範等八百餘人於內侍省，哀號之聲聞於路，留單弱數十人，備宮中灑掃」，並傳詔諸道節度使，凡各處充任監軍的宦官，「所在賜死，其財產籍入之」（《新唐書．韓全誨、張彥弘傳》）。朱全忠後來稱帝，針對誅宦事件，亦多感歎：「此屬（指宦官）吾知其無罪，但今革弊之初，不欲置之禁掖」（《資治通鑑．後梁紀二》）。朱全忠亦知所誅殺的絕大多數宦官是無罪之人。

如果說歷史上所發生大批誅殺宦官事件，使一些無辜者屈死，是事出偶然的話，那麼，在經常性的服侍皇室過程中，稍不如意，或者捲入是非之中，也會受害，輕則鞭笞、降職、罰薪、貶逐，重則殺頭，有冤無處訴。這樣的事例在歷史上累有發生。只是正史多不屑記載而已。

第五節 得失之間

如果說封建時期天下的百姓生活艱難，命運多舛的話，那麼大多數宦官只是在衣食方面比百姓稍好些，但是在其他方面，並不比老百姓好到哪裡去。大多數宦官的命運是悲慘的。他們從事宮廷中大量的勞役，細心服侍帝王後宮的衣食住行遊玩，稍不如意，就會遭受責罰。受了責罰還不能聲張埋怨，還得陪笑臉讓主子高興。老了病了，便會被打發出宮，其命運更是淒慘。

大多數宦官的一生是在清冷森嚴的宮廷中度過的，那些服侍主子、一心討主子歡心的宦官看似風光，其實過得也不易。他們要處心積慮、想方設法讓主子高興，使主子信任自己、依賴自己，並且使其沒有空閒與他人接觸。他們在主子面前是沒有自我的，也是沒有自由的，思想上也時常處於緊張狀態。所以，受寵的宦官，他們也是拿生命和人格在作賭注。

歷史上絕大多數權閹都難以善終。他們曾呼風喚雨、橫行無忌、權傾一時、春風得意過，但他們最終的結局大多是悲慘的。他們或爲群臣所劾，或爲君主所忌，或爲民眾所恨，遭受報應，身敗名裂。世事難料，榮衰何殊，令人哀之、歎之、悲之。

秦國宦官嫪毒得勢時，天下事「事無小大皆決之」，「家僮數千人，諸客求宦爲嫪毒舍人千餘人」，嫪毒還曾想立與太后所生兒子爲王，可謂是紅極一時。然而，嬴政漸長，嫪毒事發，只有起兵冒險一搏。嫪毒兵變，秦王嬴政立即發兵討伐，將嫪毒誅殺，並「夷嫪毒三族，殺太后所生兩子」，「諸嫪毒舍人皆沒其家而遷之蜀」（《史記．呂不韋列傳》）。

唐代宦官累累得勢，權閹層出不窮，然而，絕大多數權閹的最終結局都是悲慘的。權閹高力士被流放而死；權閹李輔國爲代宗所殺；權閹程元振削官長流溱州；權閹魚朝恩被代宗處死；權閹吐突承璀爲宦官陳弘志等人所殺；權閹劉克明等人弒殺敬宗而立絳王爲帝，權閹王守澄、梁守謙又誅殺了劉克明與絳王，立江王爲帝，是爲文宗；權閹劉季述幽廢昭宗，後被宰相崔胤所誅；唐末，權閹田令孜、韓全誨及第五可範等八百多個宦官全被朱全忠所誅。

宋代由於君臣大都對歷代宦禍有一定的警惕性，故其間宦官違法者多被懲處。宋初懲宦甚嚴，宦官江守恩因擅取民田麥穗被杖殺。「宋大中祥符三年（一〇一〇年）九月，癸巳，杖殺入內高品江守恩於鄭，坐擅取民田麥穗及私役軍士故也。論者謂朝廷行罰不私，中外莫不悚慶」（《續資治通鑑·宋紀二十九》）。江守恩官至入內高品，位亦高矣，卻因「擅取民田麥穗及私役軍士」而被杖殺，歷史上不多見。眞宗時，權閹周懷政因洩露宮中祕密被誅。「昭宣使、英州團練使、入內副都知周懷政伏誅。」宦官雷允恭坐盜被誅。「允恭坐擅移皇堂，並盜金珠、銀帛、犀玉帶等，杖死於鞏縣，籍其家；弟允中絕配郴州編管」（《續資治通鑑·宋紀三十四至三十五》）。

明代的權閹多死於非命。明英宗時，權閹王振死於亂軍之中。其死之際，明軍將士猶不解恨，捶擊其屍，表示「爲天下誅此賊」（《明史紀事本末》卷二十九）。消息傳至北京，王振在京黨羽即被憤怒的朝臣當場擊殺，王振的家族成員悉被斬首處死。英宗復辟後，權閹曹吉祥與嗣子曹欽擅政，野心滋盛，欲學曹操，政變未遂，曹吉祥被囚縶並磔死於市，曹欽投井自殺，其同夥及「姻黨皆伏誅」（《明史·曹吉祥傳》）。

清初對宦官約束非常嚴，不許違禮、飲酒、下棋、鬥牌、說閒話、隨意走動、交接阿哥與朝臣等等，並制定了〈宮殿監處分則例〉，凡違者都予以嚴懲。清代宦官地位很低，宦官也不敢輕易違法，直到清末時才有所抬頭。清末時女主稱制，出現了幾個權閹。其中權閹安德海死於非命。安德海「知書能文」，恃寵驕奢，「中外傾慕」，出外織辦龍衣時被山東巡撫丁寶楨在濟南將其正法。

古代一些權閹，其得勢之時，權勢熏天，「天下任其取之」，尊榮無比，王侯將相為之側目。其失勢之時，人神共憤，樹倒猢猻散，牆倒眾人推，身敗名裂，其族受辱。人生得意時，難計身後事。一切榮華富貴如過眼雲煙，不亦悲乎！

然而，幸福總是在比較中被感知。古代宦官的處境，從總體上而言，他們的確要付出許多常人難以想像的痛苦和努力，但是，他們比尋常百姓生活還是好得多，他們獲取榮華富貴比尋常文臣武將官僚世家要容易得多，他們遭受無妄之災和身死受戮的風險機率比帝王將相還是要少得多。即使是正常人，當面對唾手可及的權勢、財富、榮耀時，也很難抵制得住其誘惑，會不惜身家性命冒險一搏的，更何況是宦官。

第十三章　宦治之困

小人難養，宦禍連綿。古代許多帝王也很清楚宦禍的嚴重性，也曾想方設法限制宦官勢力的發展。然而，歷史上宦官之禍卻是屢禁不止，愈演愈烈，成了專制帝王永遠無法擺脱的夢魇，成了中華民族斬不斷、割不盡的毒瘤。

古代治國最講究以史爲鑑，幾乎每一個開國之君都注重總結前朝失敗的教訓。秦朝滅亡，漢高祖劉邦對其宦禍非常警醒。唐太宗李世民、宋太祖趙匡胤、明太祖朱元璋、清世祖福臨等帝王，他們對歷代宦禍總結得尤爲深刻，所採取的限宦、治宦措施也非常有力。然而，縱覽歷史，歷朝統治者在對宦官的管理和整治過程中，總是犯同樣的錯誤，上演更爲慘烈的悲劇。這是最讓史學研究者痛心疾首之處。

爲什麼宦治有這麼難？皆因爲宦之患，猶如吸血蟲，深存於人體之內。醫者投鼠忌器，割毒傷筋，難以去之。宦之患，又如韭菜一般，割而復生。因爲其根在，其土在，其生存的條件在，所以難以根治。只要統治者稍爲放鬆、放縱，則宦之禍必然迅速膨脹。歷史就這樣周而復始地運行著。

第一節　認識之困

統治者對於宦官的認識和評價，決定了宦官的社會地位、管理制度、影響程度。事實上，歷代統治者對宦官作用的認識都存在矛盾與衝突。

對於宦官的認識，歷代統治者在不同的時期有著不同的看法。這些看法中夾雜著太多的情感因素和複雜的歷史條件。

春秋戰國時期，數有宦官亂國之舉，如齊國宦官豎刁、秦國宦官嫪毒亂政就是最突出的例子。但是，在紛亂的時代，政壇怪事太多，統治者也無暇去總結其教訓。

秦朝開國之君秦始皇親歷嫪毒亂政，但他卻只是把嫪毒亂政看成是極個別現象，並沒有從根本上去認識。秦始皇滅六國，不但聚集了六國的佳麗，而且還有大量的宦官。受春秋戰國時期的選賢任能思想影響，秦始皇對宦官中有才能的人並不輕視，有的還特別看重。如重用犯有死罪的宦官趙高就是突出的例子。而秦二世是趙高一手扶持起來的，對趙高視作恩師和政治上最可靠的人，沒有半點防範之心。

但歷史之痛總是容易被忘記和忽略的。東漢時期，帝王們將宦官視爲政治上的依靠力量，使宦官勢力無限制地膨脹，朝政於是陷入萬劫不復之地，最終走向滅亡。

三國時期，各國在不同的時期對宦官的認識不一。魏國開國之君曹操雖係宦官養子之後，但對東漢的宦禍是深存戒備的。而蜀後主劉禪、吳主孫皓都是昏亂之主，對東漢的宦禍視而不見，親信宦官，沉湎享樂，因宦亡國。

魏晉南北朝時，統治者對秦漢的宦禍已視作遙遠之事，不再有傷痛之感受。尤其是北方少數民族建立的北魏政權，君主對秦漢歷史教訓可謂是視若無睹，放心重用和寵信宦官，遂使宦禍更爲慘烈。

唐初的統治者善於從歷史中汲取經驗教訓，對秦漢的宦禍認識深刻。自武則天當政，不得不依靠宦官傳令和出使，宦官勢力漸張。唐代中後期的帝王對歷史教訓早已忘記，重蹈歷史覆轍，上演了一幕幕令人痛心疾首的歷史慘劇。

宋初統治者對秦、漢、唐之宦禍有很深刻的認識，但同時對文武大臣亦深存猜忌。這種思維模式一直影響著整個宋代。因此，整個宋代雖未出現宦官專權的現象，但是，宦官的活動空間仍非常巨大，尤其是多次出現昏君、奸臣、佞宦一體的現象。

元朝初期的統治者在漢化過程中，對歷史上宦禍是有清醒的認識的。只是整個元朝的統治者注重的是武力統治，而且多貪婪驕奢，這給了宦官一定的生存空間，出現過宦官干政的現象。

在歷代君主中，明太祖對歷史上宦禍的認識可謂是最深刻的，並制定了嚴格的裁抑措施。然而，破壞制度的恰恰是明太祖本人。明代的特務政治爲宦官的發展提供了廣闊的空間。所以，在歷朝歷代中，明代的宦禍影響面最廣、持續時間最長、爲害最烈。

清初的統治者對歷代宦禍，尤其是明代的宦禍認識極爲深刻。統治集團總結明朝滅亡的教訓是，「明亡不亡於流賊，而亡於宦官」（《國朝宮史·乾隆七年十一月二十二日上諭》）。所以，清朝在防範宦官勢力方面一直是高度警惕的，措施也是行之有效的。但畢竟不能斷其根本，故到清末女主掌政，宦官勢力又有所抬頭。

從歷史的脈絡中，我們不難看出：一、歷代統治者對宦官的認識是有分歧的；二、宦禍都是建立在君主對宦官充分信任的基礎上的；三、歷代開國之君大多對宦禍有一定的認識，但承襲之君多重蹈歷史覆轍；四、宦禍的根源在於統治者的特權太大、私欲太盛。

歸結歷代統治者對宦官的認識，大致分爲三種：有害論、無害論、兩可論。

壹、宦者有害論

歷史上的正統人士和英明之君，對於宦者的身分是鄙視的，對其職責範圍是要求限制在內廷雜務性工作上的，對其掌權弄權是痛恨入骨的。他們也曾探求過引發宦禍的原因，有的歸結爲女禍，認爲是皇宮嬪妃太多；有的歸結於帝王與宦官接觸太密，受其影響太大；有的歸結於宦官出身低微，好勢利，多奸險，等等。他們這些認識都是建立在認可其存在必要性基礎之上，都不能從專制統治這一根本因素上去探究其原因，因而，這些認識都是

表面的、膚淺的，是不能從根本上解決宦禍的。

認為宦者有害，其表現形式如下：

其一，從傳統宗法觀念出發，鄙視宦官的閹人賤隸身分。古代正統人士非常看重身分出身。宦官都是經過閹割，而且多是俘虜、罪犯、山獠等出身低微之人。儘管宦官居宮中，有了官的身分，享有爵祿，甚至手握重權，然而，正統士大夫對他們都是鄙視的。英明的帝王雖然使用宦官，但也是把他們當做奴才看的。這種正統的思想在統治者和士人階層中有著廣泛的共識。

史籍中記載鄙視宦官出身的言論很多。《後漢書．宦者列傳論》云：「刑餘之醜，理謝全生，聲榮無暉於門閥，肌膚莫傳於來體」。《金史．宦者傳序》云：「古之宦者皆出於刑人，刑餘不可列於士庶」。清聖祖玄燁云：「太監最為下賤，蟲蟻一般之人」（〈康熙二十年正月初六日上諭〉）。

歷史上對此感觸最深的要算西漢太史令司馬遷了。司馬遷世代為士人，因為李陵降匈奴而辯護，被受刑為閹人，經歷了痛不欲生的煉獄。「最下腐刑，極矣」。「重為鄉黨戮笑，汙辱先人，亦何面目復上父母之丘墓乎？雖累百世，垢彌甚耳！」「刑餘之人，無所比數，非一世也，所從來遠矣……夫中材之人，事關於宦豎，莫不傷氣，況忼慨之士乎」（《漢書．

司馬遷傳》）。

正因爲這種認識，使得許多士大夫以與宦官共事或交接爲恥。這樣的事例在古代多有發生。如春秋時，齊魯兩國交戰，魯國大臣臧堅被齊國所俘。齊侯非常敬重臧堅，於是派遣寵信的宦官夙沙衛去面見臧堅，宣布赦其不死。臧堅對於齊侯「使其刑臣禮於士」的做法深感恥辱，於是「以杙抉其傷而死」（《左傳．襄公十七年》）。臧堅爲保持士大夫的尊嚴，用小木樁剔破其傷口，以死洗辱。

其二，從抽象的「人性」出發，將宦官貶斥爲「邪惡小人」。在古代，人們常將人分爲兩類，即君子與小人。正統人士則常將宦官歸入小人之列，而且認爲是小人之中最爲險詐之徒。

唐宋八大家之一的蘇洵，曾指斥宦官爲「陰賊險詐」的「小人之根」（蘇洵〈上仁宗皇帝書〉）。

其三，將宦官視爲一切「亂政」、「誤國」行爲的罪魁禍首。歷代有識之君及士大夫，非常注重以史爲鑑，對於秦、漢、唐等朝代的宦禍是有深刻認識的。

三國時吳國的陸抗認爲：宦官係「姦心素篤而憎愛移易」的「小人」，「春秋已來，爰及秦漢，傾覆之釁，未有不由斯者也」（《三國志．吳書．陸抗傳》）。

宋代大臣、史學家司馬光對於宦禍描寫最爲深刻與細膩。他分析道：「宦官用權，爲國家患，其來久矣。蓋以出入宮禁，人主自幼及長，與之親狎，非如三公六卿，進見有時，可嚴憚也。其間復有性識儇利，語言辯給，伺候顏色，承迎志趣，受命則無違迕之患，使令則有稱愜之效。自非上智之主，燭知物情，慮患深遠，侍奉之外，不任以事，則近者日親，遠者日疏，甘言卑辭之請有時而從，浸潤膚受之愬有時而聽。於是黜陟刑賞之政，潛移於近習而不知，如飲醇酒，嗜其味而忘其醉也。黜陟刑賞之柄移而國家不危亂者，未之有也」（《資治通鑑．唐紀七十九》）。

《金史．宦者傳序》認爲宦禍如同毒藥猛虎一樣爲害甚劇，不可救藥。「宦者之害，如毒藥猛虎之不可拯」。

清代學者趙翼總結唐代宦禍認爲：唐代「宦官之權反在人主之上，立君、弒君、廢君，有同兒戲」，其起源即在於人主「倒持太阿而授之以柄，及其勢已成，雖有英君察相，亦無如之何矣」（《廿二史箚記》卷二十）。

清代統治者對於宦官專權亂政抱有高度的警惕。清聖祖福臨特命在十三衙內樹立了嚴禁宦官干政的鐵牌，牌上載有福臨的諭敕，其文云：「中官之設，雖自古不廢；然任使失宜，遂貽禍亂。近如明朝王振、汪直、曹吉祥、劉瑾、魏忠賢等，專擅威權，干預朝政；開廠緝事，枉殺無辜；出鎮典兵，流毒邊境；甚至謀爲不軌，陷害忠良；煽引黨類，稱功頌德；以致國事日非。覆敗相尋，足爲鑑戒……特立鐵板，世世遵守」（《國朝宮史》卷一）。

歷史上，宦官弄權誤國累有發生，將其歸結爲罪魁禍首是有失偏頗的。但是，宦官在專制政治下助紂爲虐，胡作非爲，則是加深了社會危機，加速了朝代的崩潰與更替，這卻是不爭的事實。

貳、宦官無害論

與有害的認識恰恰相反，歷史上一些君主認爲宦官可親、可信、可用、可敬，尤勝於士大夫，甚於王公貴族。這樣的君主大多有三種情況：一是貪圖安逸、小害無傷、缺乏明辨；二是用宦所長、借重其能、自信能馭；三是親信有加、不識其害、盲目依重。

歷代帝王寵信依重宦官，認爲宦官無害，大致可概括三種現象：

其一，不計出身，平等相待，尊重有加。古代一些帝王對於宦官卑賤的出身不以爲意，甚至遠勝於常人地敬重宦官。這種平等相待的現象大致表現爲三種情況：

一、尚賢使能，無論貴賤。春秋戰國時期，任賢觀念的興起，爲刑餘之人的使用，排斥了觀念上的障礙。孫叔敖出身低賤，楚莊王任之爲「令尹」。孫臏曾受酷刑，齊威王用

之爲軍師。管仲出身低微，且曾傷及桓公，齊桓公以之爲相。於是，在「尚賢使能」的名義下，君主較易達到重用寵近宦官的目的。齊桓公晚年重用宦官豎刁。楚莊王重用宦官管蘇。這樣，使被人視爲卑賤的宦官有了更多的任職用事的機會。

古代一些宦官也確實具有一定的才能，能讓帝王刮目相看，予以器重。如秦始皇看中趙高強健有力、且通於刑獄；唐玄宗看中高力士能爲其處理朝政；明英宗看中王振有文才，多計謀，等等。但是，這些宦官所謂才能，也只是短促之才、障目之才，絕不是治國安邦之才。而帝王囿於一己之見，對宦官器重有加，足見其識人不明。

二、外族漢化，器重宦官。歷史上出現過幾次由少數民族執政的時期，這些少數民族多是北方的遊牧民族，他們在吸取漢文化過程中，由於原漢室宦官的文化素質相對較高，而且熟悉漢族宮廷制度、歷史掌故，又善於討帝王歡心，因此，對他們非常的器重。

十六國都是由北方少數民族建立起來的政權，其統治者在漢化過程中，也承傳了漢族的宦官制度。漢國及前趙是由匈奴族所建立的政權。其主劉聰耽於酒色，宦官王沈、宣懷、郭猗等人大受信任，「唯發中旨殺生除授，王沈、郭猗等意所欲皆從之」（《晉書·劉聰載記》）。後趙是羯族所建立的政權，其主石勒晚年寵用宦官嚴震，繼任者石虎寵任宦官申扁等人。宦官還參與太子廢立事件之中。

北朝北魏、東魏、西魏都是由鮮卑族拓跋部貴族建立起來的政權。北魏統治者在漢化過程中，主張「隨才文武，任之政事」，較少受傳統禮法觀念的束縛，對宦官非常信任，極大地拓展了宦官的任職範圍、品秩、爵位。

三、自小相伴，格外親近。歷史上大多數傳承之主，從小就由宦官服侍，甚至由宦官擔當教授，因此，他們對宦官非常親近，毫無鄙視之心，甚至是敬重有加。

東漢帝王多是幼年承傳，他們對宦官非常依賴和信任。如東漢靈帝曾公開宣稱：「張常侍（張讓）是我公，趙常侍（趙忠）是我母」，竟主奴倒置，將宦官稱爲「我公」、「我母」（《後漢書．張讓傳》）。

唐朝中後期的帝王多是由宦官擁立，這些帝王大多對宦官非常敬畏。如唐代宗將宦官李輔國稱之爲「尚父」。唐僖宗將宦官田令孜「呼爲父」（《新唐書．田令孜傳》）。

其二，其才堪用，忠順可依，充分信用。對於宦官之才識，帝王因其感情因素，往往將其誇大。更重要的是，宦官爲邀帝王歡心，處處表現出忠誠、順從。這樣，使得許多帝王形成一種堅定不移的思想觀念：唯宦可信，唯宦可依，唯宦可用。

歷史上，其言行可爲帝王之中最典型者爲四人：西漢元帝、南漢主劉鋹、金海陵王、明宣宗。

西漢元帝有一句名言：「中人無外黨，精專可信任」（《漢書．石顯傳》）。他認爲宦官沒有子孫，沒有私黨，業務精通，專心致志，完全可以信任，於是將朝政悉委於宦者。元帝這種思想可以說是歷代統治者重用宦官的主流思想。

南漢是宦者王國，四代昏庸之主都重用和依靠宦官。第四代君主劉鋹猜忌宗室與群臣，大量地使用宦官。「以謂群臣皆自有家室，顧子孫，不能盡忠，惟宦者親近可任，遂委其政於宦者龔澄樞、陳延壽等，至其群臣有欲用者，皆閹然後用」（《新五代史．南漢世家》）。劉鋹將南漢國當做蜜蜂王國似的，以皇帝爲蜂王，其他男性概作爲帝王服務且無生育能力的公蜂。然而，人類社會畢竟不是蜜蜂王國，所以宦者王國也只是曇花一現而已。

金朝海陵王荒淫無道，他的許多荒誕不經之舉都是借助於宦官的力量完成的。海陵王信任宦官，自有其理論依據。他認爲：「人言宦者不可用，朕以爲不然。後唐莊宗委張承業以軍，竟立大功，此中豈無人乎？」（《金史．梁珫傳》）。張承業助後唐莊宗滅梁，的確忠誠有才幹。然而，莊宗滅梁以後大肆享樂，專任宦者，最終死於宦者之手。舞蛇者爲蛇所傷性命，能不悲乎？海陵王亦蹈後唐莊宗之覆轍，復使後人哀之。

明宣宗不但親信宦官，而且用最美好的語言來讚美宦官的忠誠。他賞賜宦官王瑾四塊銀記，銘文分別爲「忠肝義膽」、「金貂貴客」、「忠誠自勵」、「心跡雙清」。在歷代帝王中，沒有一個帝王如明宣宗這般表彰宦官，也沒有朝臣能獲此殊榮。

其三，雖有私欲，或作威福，無害於國。如果說，歷史上一些昏庸之主將宦官當寶貝一般對待，認爲其毫無私念、一心護主的話，那麼，有的帝王卻明知宦官依藉君權在作威作福，卻放任自流，則更爲可悲。

最突出的例子是明代的憲宗和武宗。明成化年間，西廠宦者胡作非爲，大學士商輅等人上疏請罷西廠並論權閹汪直之罪。明憲宗覽疏大怒曰：「一內豎輒危天下乎」（《明史紀事本末》卷三十七），認爲疏文危言聳聽，反而派遣宦官傳旨詰責上疏者。

明正德年間，當朝臣對宦官假公濟私、貪求無厭等行爲進行揭露抨擊時，明武宗卻輕描淡寫地說：「天下事豈專是內官壞了？」（《弇山堂別集．中官考五》）。後在有人揭發權閹劉瑾「陰謀不軌」、企圖「取天下」時，明武宗竟云：「天下任彼取之！」（《明史紀事本末》卷四十三）。

在明憲宗、武宗心目中，宦官會有些胡作非爲的行爲，但他們也只是小傷小害，亂不了國政，無傷大雅，遠比朝臣宗親可靠。

參、兩可論

古代一些君主對宦官的認識，雖則認爲其諛佞、奸詐，然則在現實中卻又依賴、重用宦官。這種知與行互相矛盾與衝突、不相統一的情況，在歷史上屢見不鮮。

秦朝亡於宦者的教訓十分深刻，漢高祖劉邦對此應十分熟稔。然而，漢高祖晚年貪圖安逸，眷戀宦官。劉邦生病時，喜歡「獨枕一宦者臥」，「詔戶者無得入群臣」（《漢書‧樊噲傳》）。相國樊噲闖入宮中，以趙高之事爲鑑，才使得劉邦醒悟。

唐代宗對權閹李輔國專權恣肆妄爲極爲不滿，他所採取的措施是以宦制宦，利用另一權閹程元振將李輔國除掉。然而，程元振比李輔國更爲專橫，代宗爲平息眾怒、安撫諸將，只得將其放逐，復用宦官魚朝恩代之。魚朝恩比程元振更甚，「去程得魚，所謂去虺得虎也」（《資治通鑑‧唐紀三十九》胡三省注），代宗只得借助朝臣力量將其處死。終代宗時期，權閹多次爲禍，代宗知其不可取，卻以宦制宦，使朝政遭受了重創。

南宋開國之君宋高宗在南逃途中，由於宦官驕橫，引發「明受之變」，將士出於激憤，誅殺了大批的宦官，其教訓非常深刻。南宋因此事對宦官深懷戒備。然而，高宗、孝宗、光宗、寧宗諸朝亦間有宦官干政，至理宗時，宦官勢力復張。南宋帝王一直遵循祖訓，對宦官深存戒備，然而因對文武大臣多猜忌，自己又好淫樂，遂使宦官得勢。

第二節 制度之困

制度是帶根本性的。一個社會群體的政治地位，往往體現在其制度的設計之中。統治者對於宦官作用的認識變化，反映在其所確立的宦官制度之中。

在商代以前，雖有個別的閹人得到君主的寵信，擔任過一定的官職，但是，絕大多數閹人仍是奴隸身分，其職掌亦限於內廷雜役。

西周時期是專制王權不斷強化、官僚系統更加完備、宗法制度日趨完善的時期，隨之而起的是王室內廷機構的膨脹和宦官制度的確立。宦官的職掌開始由內廷雜役向內廷糾禁、總領宮務、通令內外等方面延伸，宦官的地位出現了上升，部分上層宦官已擺脫了奴隸身分。《周禮》云：「內小臣，奄上士四人，史二人，徒八人」。能稱得上「士人」，顯然不再是一般的奴隸了。

春秋戰國，社會動盪不安，諸侯國君「多僭王制」，繼承其宦官制度。由於統治集團的內部矛盾加劇和選賢任能觀念的興起，導致宦官有更多的機會參與政事，宦官的職能進一步拓展，地位不斷地上升，宦官與普通吏民一樣在受爵和晉爵方面享有平等的機會。個別的諸侯國出現了內廷宦官管理機構，宦官專權的現象也時有發生。

秦漢王朝是中央集權的封建專制體制得到確立和進一步完善的時期，相伴同行的是，中國的宦官制度也因此定型。宦官的人數迅速膨脹，宦官機構系統化，宦官的活動範圍更廣泛，而且出現內廷近侍「閹人化」，這爲宦官干政擅權大開了方便之門。在宦官勢力的擴大和地位的上升過程中，宦官的身分也發生了重大轉變：由刑人向官吏轉變；由僕隸向地主轉變；在「家奴」與「主人」的角色中不斷變換。這種嬗變爲以後封建專制王朝的宦官制度提供了樣本。

如果說，秦朝在宦官趙高弄權中迅速走向滅亡，使漢朝統治者對宦官有所顧忌外，而東漢的宦禍及北魏、北齊的宦官擅權，應足以使唐代的君主警醒。唐初的統治者雖有防宦意識和限宦的舉措，然而，他們卻沒有眞正從制度上著手解決最根本性的問題，反而還爲宦官干政創造了更多的機會。

唐代的宦官制度呈現四個方面的特徵：

一是宦官機構衙門化。內侍省的設置，使得宦官在中央政府內有了獨自把持的機構。其內諸司使成爲有職司、有機構、有僚屬、得置印的固定化的衙署，原本屬於政府機構的許多職能亦爲宦官機構所侵奪或取代，其職司範圍涉及政治、軍事、經濟等各個方面，成爲中央最高決策系統和行政系統的重要組成部分。這種衙門化的機構設置，其職權足以與朝臣抗衡。

二是宦官組織官僚化。秦漢時期只有部分上層宦官才能進入官僚行列，而唐代的宦官整體上都是官僚體系重要組成部分。在唐代，入宮為宦，即為「入仕」。入仕之後，就與普通的士人官僚享受同樣的待遇和特權。

三是宦官干政合法化。衙門化的宦官機構、官僚化的宦官身分，使宦官名正言順地成為統治集團中的正式成員，宦官參與政事亦得到了制度上的保證。

四是宦官專權持續化。也正是制度本身存在的缺陷，使得宦官干政有了合法的制度保障，於是，持續地出現宦官專權現象。在這種種制度下，宦官擁有著太大的權力、太多的干政機會，即使個別君主不斷地懲處專橫的宦官，都是換湯不換藥，於事無補，不能從根本上遏制宦官勢力。

五代十國的宦官制度基本上承襲唐朝，而南漢則有過之而無不及。

宋代吸取了唐朝的一些教訓，將內侍省的機構進行了分化，並限制宦官的官階與爵位，故宋代未出現過宦官專權現象。但是，從宋代整個官僚制度來看，君權高度集中，君主對文武朝臣都猜忌，這就使得宦官當差的機會增多，權閹與佞臣相勾結的現象更突出，一旦遇上昏君，佞宦就可能恣意妄為。

元朝在漢化過程中未出現宦官專權的現象，主要是保持了以貴宦子弟給事內廷的傳統。

宦官不能把持內廷事務，其職能和權力都受到了很大的限制。

明代的宦官機構得以擴大，宦官人數得以膨脹，最主要的原因就是帝王對群臣和宗室的猜忌，從而建立特務政治所致。特務政治使得宦官擁有太廣泛的權力，以致內閣都被架空成爲擺設，帝王亦成爲糊弄對象。

明代的宦禍對清代統治者影響甚爲深刻，因此，清代的宦官制度在歷代中對宦官約束最嚴，大多數宦官實際上處於宮奴的地位。遲到清末女主稱制，才有少數權閹逐漸得勢。

從歷代宦官制度的沿革來看，主要困惑有六：

第一，用與不用之惑。從周朝以後，歷史上幾乎從沒有間斷使用宦官。即便是宦禍再猖獗，任何帝王都不曾放棄宦官的服侍。

第二，官與奴之惑。自周以後，宦官逐漸有了官的身分，有了官的待遇，特別是唐朝以後，爲宦即入仕，這對許許多多寒門人士以用功苦讀求仕是極大的衝擊。

第三，育與用之惑。帝王之於宦官，很少建立系統的培養機制，只重在使用，重在是否順手順心順意。

第四，能與權之惑。宦官大多文化基礎差，其才能出眾者也至多是中人之能。然而，他們卻處於權力中心，賦予了太大的權力，這必然導致權力被扭曲和濫用。古代宦官制度很難處理好宦官權重能低的問題。

第五，獎與懲之惑。宦官因爲在帝王身邊，最易獲得權勢，最易越級提拔，有許多職位、爵祿，是天下賢士良將一生苦苦奮鬥都難以得到的。相對於官吏而言，宦官往往權重責輕，易受到帝王的庇護。

第六，人治與法治之惑。從法治角度來講，每個朝代所建立的制度都應該爲這個朝代的君臣所遵守，因爲這些制度本身就是統治者爲維護其統治而設計的。然而，中國歷史上一向就是人治社會，任何法律制度在權力面前都顯得軟弱無力。

第三節　情理之困

中國歷史上一直實行人治。儘管歷代都制定了宦官管理的法令，或者是累有其教訓，然而，理智常被情感所蒙蔽，法律則成了人治的奴隸。在情與理、情與法的較量中，宦官勢力或有受挫之時，但每次受挫之後，往往意味著更瘋狂的復甦。歷史就是這樣周而復始地輪迴著、起伏著、發展著。

宦官勢力的強弱，取決於帝王對宦官們的情感依存度。

壹、小人易近，君子難親

宦官大多歸屬於小人。小人有「小忠小信」，善於諛佞，與帝王終日相處，感情上非常親近，這是正人君子很難做到的。

在古代帝王中，唐太宗虛心納諫，無人能及。然而，魏徵仍然認爲太宗做得還不夠。太宗貞觀十一年（六三七年），魏徵上疏云：「今立政致治，必委之君子，事有得失，或訪之小人。其待君子也敬而疏，遇小人也輕而狎，狎則言無不盡，疏則情不上通……陛下誠能慎選君子，以禮信用之，何憂不治！不然，危亡之期，未可保也」（《資治通鑑．唐紀十一》）。

司馬光描寫爲「蓋以出入宮禁，人主自幼及長，與之親狎，非如三公六卿，進見有時，可嚴憚也」（《資治通鑑．唐紀七十九》），就非常有代表性地說明了君主親近宦官的原因了。

歷史上君主親近宦官而拒絕接見朝臣的事例實在太多。如秦二世居深宮，不見朝臣；劉邦病時拒見朝臣；漢元帝唯與宦官石顯「與圖帷幄之中進退天下之士」；漢靈帝視宦官爲父母；北齊幼主高恆「言語澀吶，無志度，不喜見朝士，自非寵私昵狎，未嘗交語」（《北史・齊本紀下》）；唐朝中後期，朝政全由宦官把持，甚至君主之廢立「外大臣固不得知」（《唐語林》卷七）。

最突出的是明代。明中葉以後，在位的君主與廷臣接觸極少，憲宗、孝宗兩任君主，連續二十六年未與廷臣見面；武宗極少接見廷臣；世宗在位四十五年，即位三年後就漸疏大臣，其後四十餘年間只召見過一次；穆宗即位三年後，尚未與廷臣見面；明神宗在位凡四十八年，其中後三十年只召見過群臣一次。眞所謂是「簾遠堂高、君門萬里」（趙翼：《陔餘叢考》卷十八）。

君主長年累月與宦官相處，其情感自是朝臣無法替代的。且不說去管好朝政，就是要整治宦官爲非作歹，在感情上就是一道難以逾越的障礙。

貳、私欲難抑，唯宦可依

歷代君主多私欲，貪色、貪玩、貪財貨、圖安逸、圖享受、好虛榮、好猜忌，等等，凡此種種迎合帝王私欲之事，都會遭到正統人士的抵制，唯有諛佞的宦官才能使帝王稱心如意。

秦二世認爲：「凡所爲貴有天下者，得肆意極欲」。他的觀點在古帝王中最具代表性。歷數帝王多欲者，除了極個別君主潔身自愛外，簡直是數不勝數。

帝王多私欲，必借重於宦官。宦官則藉爲帝王當差之機，恣意妄爲。帝王私欲難抑，要想根治宦禍，何期難矣！

對於帝王私欲，已在前些章節中多有記敘，在此不再贅述。

歷史上那些明知宦禍危不可測，卻不得不依賴宦官的皇帝，最讓後人憐之恨之。

明朝開國皇帝朱元璋與亡國之君朱由檢，兩人均精明過人，性好猜忌。朱元璋深知宦官之害，然而對功臣猜忌過甚。經過胡惟庸案、藍玉案、空印案、郭桓案後，受株連而死者超過六萬人，天下幾無可用之人。於是，朱元璋一改初衷，起用宦官。明思宗朱由檢受命於多事之秋，殫精竭慮，欲力挽狂瀾。其即位之初，就將不可一世的權閹魏忠賢及其閹黨或殺或罰，驅逐一空。其後又下令盡撤各處鎮守太監，嚴令「非受命不許出禁門」，嚴禁與朝臣交結。然而，朱由檢剛愎自用，用法苛嚴，在位十七年，所殺大臣不計其數，可謂自毀長城。朱由檢既對廷臣失望，轉而求助於宦官，大批地起用宦官，致使文臣束手，將士離心。在煤山自縊身亡，其臨終遺詔云「皆諸臣誤朕」，可謂是至死而不悟。

參、情感傾斜，善惡難辨

治理宦禍，帝王不但存在感情上和私欲上的障礙，而且在才智上也存在諸多缺失。尤其是許多傳承之主，從小長在深宮，完全缺乏治國之才，對是非善惡，本身就缺乏分辨能力、判決能力、決斷能力。從才能和素質要求上看，要這些昏庸之主管理好宦官和朝政，實在如癡人說夢。

貞觀十四年（六四〇年），司門員外郎韋元方，因爲給宮內辦差的宦官開城門慢了些，宦官就向唐太宗告狀。唐太宗一怒之下，將韋元方貶爲華陰令。魏徵諫曰：「帝王震怒，不可妄發。前爲給使，遂夜出敕書，事如軍機，誰不驚駭！況宦者之徒，古來難養，輕爲言語，易生患害，獨行遠使，深非事宜，漸不可長，所宜深愼」（《資治通鑑．唐紀十一》）。太宗接受了魏徵的意見。以唐太宗之英明，尤不免一時偏信於宦官，更何況其他帝王。

肆、權大於法，萬事由我

君主專制統治最大的特點就是君權至上，達到了幾乎不受約束的境地。這種體制使得馭權者留下許多權力的眞空，爲宦禍留下了滋長的土壤。

唐太宗長子李承乾爲太子時，寵昵宦官。太子詹事于志寧苦諫，李承乾大怒，派刺客張思政、紇干承基去刺殺于志寧。「二人入其第，見志寧寢處苫塊，竟不忍殺而止」（《資治通鑑·唐紀十二》）。

古之如李承乾之流多矣。昏庸之主常寵信宦官，忠直之臣常遭貶殺，古籍中常見。

集權制使得歷代雄才大略之主，亦多困於宦官之治。如秦始皇、漢高祖劉邦、漢武帝劉徹、唐玄宗李隆基、明太祖朱元璋，等等，這些君主都是歷經艱難，做出了一番驚天的事業。然而他們卻難以破解宦治的難題。在他們強勢之下，宦官勢力卻在潛滋暗長，宦禍在當代或後代之中爆發。

集權制使得許多中才之主難於駕馭宦官的勢力發展，而昏庸之主，其君權往往為權閹所盜用，成為招權納賄、恣意妄為的工具。

從歷史上看，什麼時候君權能受到約束，宦官勢力就難以擴展。如宋代，監察御史的權力很大，隨時可以彈劾百官，宦官一旦有違法行為就會遭彈劾。清代皇族內部形成對君權的制約機制，「祖訓」與「家規」被嚴格執行，皇帝也必須遵循。故宋、清兩代一直沒有形成宦官專權的局面。

相反，如果君主可以生殺任情，賞罰隨意，其權力不受約束，則最易使宦官勢力迅速膨脹。最為突出的例子就是秦朝和明朝。

君權過於集中，則易被濫用，所有的法律制度在強權之下都是一紙空文。與君主接觸最爲密切的宦官們，則爲君權濫用的受惠者，其職能在不斷地拓展，官職、爵位便如探囊取物，財富賞賜更是源源不斷，其勢由此而坐大。

歸根究柢，宦官之困，最難的是君權太大。古代歷來都盛行「只反貪官，不反皇帝」的做法，其實際就是不敢去動搖君權。

第四節 裁抑之困

自古帝王都需要人服侍。宦官因與帝王親近，投帝王所好，順帝王之意，受帝王所寵信。然物極必反，寵極必驕，故許多帝王在宦官勢力膨脹時又不得不加以裁抑。一旦平靜或疏忽，或帝王爲私欲所誘，前痛又忘，宦勢再起。歷史就這樣反反覆覆地起伏著、演繹著，而每一次反覆都必然使得宦禍影響更深，爲害更烈。

秦始皇之於宦官，是有褒有貶，有揚有抑，而最終留下了極大的隱患。秦始皇有兩次

懲宦事件：第一件爲王時，執政的第一件大事就是誅殺宦官嫪毒及追隨者；第二件事是秦始皇對丞相李斯車騎過盛有所不滿，而身邊宦官向李斯告密，秦始皇怒而將身邊知情宦官全部殺掉。但秦始皇並不是憎恨所有的宦官，他對犯有死罪的宦官趙高則另眼相待，不但赦免其罪，還予以重用。從這些事件中，我們不難看出，秦始皇對於宦官可謂是有愛有恨，一切都是以自我爲中心予以褒抑。

秦朝及東漢宦禍，使三國時曹魏政權引以爲戒。曹操對宦官制度採取了一系列的裁抑措施。主要表現在四個方面：一是省併中常侍。將散騎與常侍合爲一職，稱爲「散騎常侍」，其職掌亦發生變化，人員則由士人擔任，以防止宦官插手中樞政務。二是設置中書監令，並由士人擔任。三是降低皇太后諸卿地位。不但禁止后族干政，而且將皇太后三卿的地位降爲九卿之下，且由士人擔任。四是限定宦官最高任職。規定：「其宦人爲官者，不得過諸署令」，不得出任朝廷外官。這些措施極大地限制了宦官的勢力。

唐初，統治者善於以史爲鑑，對宦官採取了一系列的裁抑措施：一是控制宦官的人數員額。唐太宗即位後，大批地簡放宮女，減少宦官，「以三十人爲員」。二是限定宦官的職責範圍。唐太宗曾下詔規定：宦官「不任以事，惟門閤守禦、廷內掃除、稟食而已」（《新唐書・宦者傳序》），並且不許宦官充任外使，「自今以後，充使宜停」（《貞觀政要・

論公平》）。三是限制宦官的品秩地位。「貞觀中，太宗定制，內侍省不置三品官，內侍是長官，階四品」（《舊唐書・宦官傳序》），「衣黃衣，不得養子」（《新唐書・韓全誨傳》）。四是嚴懲宦官違法行爲。五是嚴禁皇室成員有親宦行爲。太子李承乾被廢黜，其中一條重要的「失德」行爲就是「寵昵宦官」。

然而，唐太宗時期的種種抑宦舉措，在其後世的君主中卻再沒有得到執行。自中宗、玄宗以後，不但宦官機構得以壯大，人員數額增多，而且宦官職能得以擴展，導致晚唐時期，主奴倒置。

宋代君主對唐代及南漢宦禍的印象是非常深刻的，其裁抑宦官的措施相對要持續有效得多。其具體措施主要有七個方面：一是誅殺敵對政權誤國權閹，以儆效尤。尤其是對南漢的權閹龔澄樞、李托、薛崇譽等人一概殺無赦；二是限制宦官人數。太祖趙匡胤規定掖庭給事不得超過五十人。太宗時「以一百八十人爲定員」。宋代宦官最多時也只有四千餘人，與唐代、後唐、南漢等政權宦官成千上萬相比較，算是控制得比較嚴的了；三是限制宦官干政，裁抑宦官勢力。宋代多數君主都曾頒布過限制令；四是延滯宦官的升遷速度。宦官的磨勘年限遠比士人官僚長；五是限授宦官高官要職；六是限制宦官的恤典；七是強化朝臣臺諫對宦官的糾彈監察作用。宋代士大夫的正統思想較濃厚，對宦官稍有出軌則予彈劾，而且效果也明顯。通過這些措施，限制了宦官勢力的發展。

宋代雖未出現宦官專權現象，但是，宦官干政的現象時有發生，尤其是在昏君和奸相當道之時，宦官表現非常活躍，出現了一些著名的權閹，如童貫、梁師成、董宋臣等人。這些宦官對宋代朝政的負面影響亦非常大。

明太祖朱元璋執政之初，制定了一系列的防範措施：一是限制宦官人數。「不過以備使令，可斟酌其宜，毋令過多」，「鑑前代之失，置宦者不及百人」；二是限制其品秩。「自監正令五品以下，至從七品有差」；三是限制其職掌。「禁宦官預政典兵」，「不得兼外臣文武銜」，「不得御外臣冠服」。並鑄鐵牌「置宮門中」，云「內臣不得干預政事，犯者斬」；四是嚴懲干政和違法的宦官；五是限制宦官識字讀書。「內臣不許讀書識字」（《明史．宦官傳序》），等等。這些措施，旨在恢復早期宦官那種「司晨昏、給使令、供灑掃」的純粹家奴身分。

清太祖努爾哈赤、太宗皇太極在漢化過程中，獨對前朝宦禍刻骨銘心，沒有建立宦官制度。「太祖、太宗鑑往易軌，不置宦官」（《清史稿．職官志》）。他們沿襲滿族家奴式的包衣制度，宮中也少量使用閹人，但與家奴無異。

從總體上看，清朝對宦官的裁抑，在歷朝歷代中效果是最明顯最持久的。主要體現三個方面的特點：一是「祖制」相承，法規嚴密。歷朝清帝反覆強調「祖制」、「家法」，思想上一直保持警戒。其制定的內廷法規條例則非常完備細密，爲前代王朝所未有；二是時刻警醒，防微杜漸。「古來太監良善者少」，「此輩小忠小信，足以固結主心」，「雖有英毅之主，不覺墮其術中」，因此，防範的關鍵在於「要在人主，防微杜漸」。從帝王自身上找原因，這是歷代統治者所不能做到的；三是整飭宦寺，有犯必懲。清代管束宦官的法規條例十分細密，宦官稍有私心，動輒得咎。帝王們對此也絕不心軟，及時懲處。這也是前代王朝難以做到的。

縱覽整個中國歷史，我們不難發現，歷代統治者經歷了許多痛苦的宦禍，也採取了許多裁抑宦官的措施，然而還是宦禍不斷。究其原因，其關鍵點在於專制統治的存在。由於專制統治的存在，權力集中在帝王手中，帝王的喜好就決定了整個國家和民族的發展。而絕大多數帝王本身的素質與所肩負的責任卻遠遠不相適宜，這必然導致宦官得勢。即便是裁抑措施最嚴的清王朝，末期也出現過宦官弄權的現象。

第十四章　宦官人格

中國歷史上宦官之禍連綿不斷，不止是影響著帝王的廢立、後宮的管理、百官的升降、百姓的休戚、王朝的更替，更重要的是影響著我們整個民族的文化取向和心理態勢。這種持久的影響力是基於宦官特殊的人格。特定的宦官人格作為一種精神枷鎖，流毒甚深，需要我們時刻警醒。

宦官是一個非常特殊的群體，無論其外在的形象，還是內在的思想，都與常人有異。絕大多數宦官在取得權勢後都成爲禍國殃民的幫兇或主凶。他們貼近最高權力，處於權勢鬥爭中心地位，在那種充滿傾軋、算計、爭鬥、波譎雲詭的環境裡，他們養成了卑賤、奴性、附勢、孤獨、迷信、多忌、貪婪、兇殘的多面變態人格。這種變態人格，成爲了中國古代官場小人人格中的一個重要類型，並對整個古代官場文化的形成有著不可磨滅的影響。

可悲之人，必有可恨之處。宦官現象的存在，是古代君主專制統治的產物。宦官之爲宦官，身體被閹割，心理受屈辱，令人同情。然而，在權力紛爭變亂之中，在耀眼的榮華富貴面前，他們迷失了方向，泯滅了人性，扭曲了靈魂，令人可悲可歎。宦官中雖不乏賢者，但大多數人都是急功近利之輩，他們爲了逞一己私欲，不擇手段，不顧道義，蠹國殃民，恣肆妄爲，令人痛恨不已。

宦官作爲一種歷史現象，已經消逝在歷史的長河中了。但是，宦官的某些思想和人格卻還時隱時現，影響著中華民族心理和民族發展，需要我們有足夠的重視和警醒。我們不是爲審視歷史而研究歷史，眞正需要的是，從歷史中檢測出殘留下來最醜陋的東西，對其加以抨擊，使其無處遁形，這樣我們的民族就會健康地發展。

第一節 宦官群體形象

宦官的群體形象非常複雜，有時像奴才，有時像無賴，有時像帝王，有時像官僚；有時如同體己的慈母，有時則像狡猾的狐狸；有時如同溫順的綿羊，有時卻是兇狠的餓虎豺狼。這種種形象所形成的混合體，就是宦官的整體圖像。

壹、野性的底子

歷朝宦官得勢時，都表現得非常的野、橫、凶、狠，這種秉性與他們的出身和所受的教育有關。

宦官大多來自八個方面：一是俘虜；二是罪犯或罪犯子孫；三是山獠、苗童；四是市井無賴；五是貧困之人；六是被拐騙的幼童；七是外國進獻之人；八是貪慕富貴的官僚、讀書人、破產商人。這些複雜、低微的出身，就預示著宦官骨子裡所含的野性，一旦掌握權勢，這些野性就會顯現出來。

歷代暴虐的權閹，無不與其出身和所懷的野心有關。春秋戰國時期，對於豎刁自宮，齊桓公與管仲有不同的看法，齊桓公認為豎刁忍痛一割，體現了對自己的忠心；管仲卻不是這麼看，他認爲：「人之情非不愛其身也，其身之忍，又將何有於君」（《史記．齊太公世家》）。後來的事實證明管仲的觀點是對的。管仲死後，豎刁得志，幽禁桓公，殺群吏，擅廢立，齊國始亂。

後世權閹的種種暴行，似乎都可以探究其野性所出。如秦國嫪毒原是市井的大陰人；秦朝趙高、趙成兄弟因是罪犯之子，從小被閹；西漢權閹李延年「坐法腐刑，給事狗監中」（《漢書．李延年傳》），權閹石顯、弘恭「皆少坐法腐刑，爲中黃門」（《漢書．石顯傳》）；東漢權閹張讓、趙忠「少皆給事省中」（《後漢書．張讓、趙忠傳》）；北魏權閹趙黑是戰俘，「沒入爲閹人」（《魏書．趙黑傳》）；唐朝權閹高力士就是在聖歷年間由嶺南討擊使李千里所進獻的「閹兒」（《新唐書．高力士傳》）；明朝權閹魏忠賢少爲市井無賴，猜狠自用，好酒善諂，因賭博輸錢恚而自宮爲宦。等等。這些人從其出身上看，本身就是野性難馴的危險分子。將這些危險分子放在帝王的身邊，隨時都有引爆的可能，這也是歷朝統治者的盲點與悲哀。

歷史上唯有清朝統治者注重考察宦官出身及經歷，這也是對歷史血的教訓的總結。清朝建立了類似現代的政審制度，對新進的宦官，須審查其經歷，並需由其原籍地方官出具印結。他們注重挑選那些「馴謹樸實、實可放心者」，而且「在籍並無爲匪不法情事」。

尤其對於侍奉皇帝和太子的宦官，寧要愚蠢些，也不要那些聰明伶俐之人。清世宗在為阿哥補挑太監事訓諭：「不可將伶俐太監挑去，恐致引誘阿哥干預外事，寧可挑蠢笨老實者與阿哥使令方好」（〈雍正五年七月十二日上諭〉）。這些訓諭說明清初的帝王對宦禍保持著高度的警惕，注重宦官的出身和來歷，注重其一貫表現。

自清朝往前，歷朝歷代宦官成員都是魚龍混雜、良莠不齊，在強勢的君主集權體制下，埋下了許多危險的種子。

宦官秉性中的野性常常被表面上的馴服與乖巧所掩蓋，所以不易被識破。但是，他們這種野性隨時都可能爆發。這種野性在不擇手段謀取權勢、掌權得勢後肆意逞兇時表現得淋漓盡致。檢索歷史，秦代宦官對百官橫加殺戮，東漢宦官操持朝政，唐代宦官凌辱帝王，明代宦官橫行天下，等等。歷史上宦官得勢，掀起了多少腥風血雨，莫不使後人慨歎！

貳、奴才的胚子

宦官最初的角色就是侍奉帝王家族而被閹割的奴隸。他們的一切都依附於君權，因此，他們在主子面前將其奴才的德性發揮到極致。

奴才最突出的特點就是媚上，唯上是從。同樣是奴才，但是，沒有媚骨的奴才是永遠討不到主子喜歡的。歷史積澱下來，使宦官在侍奉和討好帝王或女主時，技巧特別的嫻熟。宦官討好帝王亦是如此，不怕帝王多麼英明，就怕帝王沒有私心和愛好。只要帝王有愛好，宦官絕對可以讓其得逞所願，將其侍奉得舒舒服服，最終形成帝宦一體，使其信之、依之。這就是奴才的本事。

宦官討好帝王的手段很多，其奴性主要表現爲三種：一是逆來順受，一切以帝王爲中心，永遠沒有性格、沒有自我；二是投其所好，讓帝王聽得順耳、看得悅目、玩得盡興。宦官溜鬚拍馬的水準絕對是一流的。他們時時揣摩主子所想所思所需，順其意而說之、爲之，其言易中，其行易信。帝王所好，無非是喜歡聽好話、貪女色、圖寶貨、逞玩樂、迷技藝，這些都是宦官最拿手的本事，絕對可以讓帝王身迷其中、忘乎所以；三是刺探情報，搬弄是非，以表其忠心。帝王所惡者，莫過於皇室成員和朝廷重臣中有違忤之行、謀篡之心。宦官則惡帝之所惡，到處刺探情報，參與宮廷事務，參與朝廷政治鬥爭，以此表忠，以此立功，以此弄權。

奴才的秉性，使宦官在逆境時表現得特別堅忍。主子打他罵他，他要表現得無怨無悔，甚至還要忍受痛苦，換上一副受益無窮似的笑臉，表現出一副「罵是親、打是愛」的榮幸來，使帝王更加關心疼愛。古代帝王常常任性驕橫，宦官挨打挨罵往往如家常便飯。大多數時候，宦官在帝王面前都是一副謙恭溫馴的樣子。如果沒有堅忍的性格，便永遠沒有出頭之日。

奴才的秉性，使宦官在宮廷鬥爭中特別勢利。在皇宮中，不管你是皇帝，還是皇后，或是太上皇，誰手中眞正有實權，宦官就會依附誰、巴結誰。歷史上大多是皇帝掌權，所以宦官多是依附於皇帝。但並不是任何時候都是皇帝掌權，曾經多次出現過女主稱制，甚至有些后妃權力欲特別強，性格特別悍妒，這個時候，宦官們則在權力中心周旋，依強壓弱，以固其寵。歷史上強悍的太后，如西漢呂后，北魏的文明太后，唐朝的武則天，宋光宗之李皇后，清代的慈禧太后，等等，這些太后掌權時，宦官依附於太后，甚至連皇帝都可以凌辱。至於宮中的皇儲之爭，宦官們更是趨炎附勢，參與其事。

奴才的秉性，使宦官對權和利特別的貪戀。有權就意味著有一切，所以歷代宦官對權力有著特別的嗜好。古代宦官的權力滲透到各個領域、各個層次，政治、經濟、軍事、外交等等，無不涉獵。宦官戀權的一個重要目的就是圖利。他們對錢財的貪戀，遠勝於一切。歷代權閹所積聚的鉅額財富，其數量之多，是非常驚人的。爲了貪圖私利，宦官甚至可以置皇室命運、國家的命運和正常的道義於不顧。如唐玄宗時期，安祿山反態已萌，玄宗派宦官輔璆琳去刺探軍情，反爲安祿山收買。清末，袁世凱爲恫嚇勸誘隆裕太后，威逼清帝退位，乃向權閹小德張及慶親王各行賄白銀三百萬兩。小德張受賄之後，積極勸隆裕共和，隆裕信之，清帝遜位。

奴才的秉性，決定著宦官恃強欺弱、貪生怕死。他們遇強則弱，遇弱則強。對於強者，宦官則表現出一副馴服的樣子，對於弱者，宦官則依仗主子之勢，居高臨下，恣意欺詐。許多忠臣義士死於其淫威之下。然而，宦官貪生怕死之態，在面對強敵之時表現尤爲突出。北宋權閹童貫、梁方平等人，他們在鎮壓農民起義和宮廷朝廷內鬥時極爲兇狠，但是面對強勁的金兵時，他們卻畏之如虎，聞其聲而唯恐逃之不速。

奴才的秉性，註定宦官的目光也特別的短淺。宦官多胸無大志，爲一己之私欲，可以將國家之命運、民族之興衰、皇族之安危、生靈之存亡，全都置諸腦後。即便是死到臨頭了，也要顧念其私利。秦之趙高，專權擅政，致天下群雄並起，已兵臨咸陽，危及秦之存亡了，他所想著的不是挽救政局的穩定，而是如何保全自己，甚至趁亂殺掉了二世，欲取而代之。漢末之張讓、蹇碩等人，在天下分崩離析之時，仍醉心於爭權奪利，挾帝自用。蜀國之黃皓，在曹魏軍隊即將伐蜀時，「徵信鬼巫，謂敵終不致」，仍與後主劉禪整日裡尋歡作樂，威權自用。這樣的事例在歷史上不勝枚舉。

觀古代宦官這種奴顏媚骨之態，可以探究其有著深厚的歷史傳承，其奴才文化深入其骨髓，現形於一言一行之中，非一般人所能學得來、做得來的。

參、帝王的影子

宦官與帝王朝夕相處，成了帝王最貼近的人、最知情的人、傳達使令的人，因此，從某種意義上講，宦官就是帝王的代言人。正因如此，宦官的言談舉止、處世方式等方面，無不印刻著帝王的影子。

出口成憲，威福自專。宦官代皇帝宣布各種使令，其權威性無與倫比。他們在宣諭之時，比皇帝還威嚴，幾乎無人敢違背。即便是他們平時講話，也透著帝王般的權威。當他們存心假傳聖旨時，幾乎很少有人會懷疑。由於他們與帝王親近，許多宗室、后妃及高級官員，要想了解皇帝的行蹤、得知皇帝的意旨，都要討好宦官，以便從他們口中探知一二。宦官受到帝王寵信後，所進之言必然爲帝王所用。積久成勢，宦官就成了帝王的化身，言必稱旨，行必含威，所有的法律制度都被踩在腳下，什麼上下尊卑、仁義道德都置之度外。

這樣的例子在歷史上實在太多。秦朝趙高擅權，天下只知有趙高，不知有胡亥。唐代高力士專權時，其權勢與皇帝無二。宋代童貫、梁師成、董宋臣用權，天下沒有他們辦不成的事。明代劉瑾擅權，時稱他爲「劉皇帝」、「立皇帝」，朝野內外大事悉由他說了算。等等。歷史上有許多皇帝，只是持著皇帝的名，其實權多由宦官所掌握。所以說，歷史上那些權閹，就其實權而言與皇帝並無二致。

宦官在朝廷之上擅權如此，受帝王差遣外出，其架子更是非常之大，作威作福，氣焰囂張。他們所講之話，所託之事，都必須順其意而爲之，否則就會遭受報復。

歷代權閹之威勢，今之人無法想像。如明代權閹馮保，出行的儀仗「儼若天子」（《明史·鄒應龍傳》）。明朝文武大臣都懾於權閹的威勢，曲身事之，「國朝文武大臣見王振跪者十之五，見汪直而跪者十之三，見劉瑾而跪者十之八」（《觚不觚錄》）。絕大多數文武大臣見到權閹都要下跪，這只有帝王才能夠享受的禮儀，卻應之於宦官身上，可見其勢之盛。

貪圖享受，驕奢淫逸。宦官在宮中看慣了帝王的享受，所以，他們也仿而效之。歷代的權閹都過著驕奢淫逸的生活，廣聚天下財富，奢住天下豪宅，恣取天下美色，嚐遍天下美味，享受他人服侍。歷數古代權閹，莫不如此，幾乎找不出幾個潔身自愛之人。許多中下層宦官，一有機會也會放縱自己。宦官們驕奢淫逸到達的極點就是，即便國家要滅亡了，也要我行我素，照樣行樂。

一人得勢，福澤其親。中國歷代帝王都注重宗法制度，家天下，皇子王孫大多一生下來就封官封王，安享富貴。宦官受帝王的影響，亦顧念其親。歷代權閹，也是一人得道，雞犬升天，他們無不將自己的兄弟、宗親、姻親都安排爲重要官職。以魏忠賢爲例，足以說明其事。明代魏忠賢得勢時，其兄弟、從子、族叔、族侄、族孫、外孫等人全部得官。其從子魏良卿官至太師，爵爲寧國公。另一從子魏良棟尚在「繈褓中，未能行步」，卻已官拜太子太保，爵封東安侯。其族孫、親戚等大多官至左右都督及都督僉知、僉事。

顯赫榮耀，世人莫比。古代帝王極爲尊榮，但他們尤嫌不足，還要想出種種辦法來顯耀。單從他們的稱號中便可知其虛榮之心。宋代帝王的徽號大多在二十字左右，似乎要將所有的好詞語都用上，如宋神宗的全稱爲：「神宗體元顯道法古立憲帝德王功英文烈武欽仁聖孝皇帝」，達二十二字之多。受帝王的影響，宦官無不追慕虛榮，以顯示其榮耀顯赫。古代宦官官職、官階、爵位、謚號等名器之顯赫，都是尋常文武百官所不能比擬的。

宦官本身是奴才，但是他們是皇帝的奴才，文武百官一定不能將其當奴才看，而是要將其當做皇帝看。自古將宦官當奴才看的文武百官，是沒有好果子吃的；而那些將宦官當皇帝一樣對待的人，則易獲其利。明世宗時期，夏言與嚴嵩之爭就是明證。夏言對於宦官，「負氣岸，奴視之」，而嚴嵩則「必執手延坐，持金置其袖中」。其結果是，宦官在世宗面前「爭好嵩而惡言」。夏言失寵被免，後被殺。而嚴嵩則執掌權柄，權傾朝野。

也正是許多人將宦官當皇帝對待，從而縱容了宦官們的驕氣與傲氣，使他們眞的將自己當做皇帝一般的看待。

肆、官僚的樣子

歷史上的官僚制度與宦官制度有著許多不同點，譬如說，要成爲官員，除了少數蔭襲之外，大多要通過薦舉、科舉的方式，其過程較有競爭性，尤其對於社會底層的人們而言，要成爲官員十分不易。著名的范進中舉就是知識分子耗費一生精力求仕的典型。相對而言，成爲宦官則要容易得多，大多的時候只有忍痛一割，便可爲之。這種進入方式不同，反映了他們文化素質上的差異。又如，官員在任內要進行嚴格的考核，而宦官則無此程序。等等。

但是，官僚制度與宦官制度從本質上是一致的，具有許多共同之處。

兩者最突出的本質特徵是：官爲君所有，官爲君所設，官爲君所用；都是專制主義的派生物，都是爲帝王家天下服務，都爲維護其專制統治的工具。這也正是中國官僚制度與西方官僚制度最根本的不同之處。

古代都是家天下，國土、臣民都是君王一家的私有財產。對於這一點，有三句經典語言一直爲後世所引用和流傳。第一句是：「溥天之下，莫非王土；率土之濱，莫非王臣」（《詩．小雅．北山》）；第二句是：「封略之內，何非君土，食土之毛，誰非君臣」（《左傳．昭公七年》）；第三句是：「無君子莫治野人，無野人莫養君子」（《孟子．滕文公》）。這裡所稱「君子」是指領主，所稱「野人」、「小人」是指農奴。

也正是家天下，所以，古代帝王爲了維護其統治，逐漸將家臣制度演化爲官僚制度和宦官制度。無論是官僚還是宦官，都是爲帝王所設，官職、官位、數額都是帝王的私人財產。古代君主對官僚和宦官都有生殺大權，其制度雖多，其核心權力不變，任由其取捨。只要討得帝王高興，則可以坐直升飛機，超常擢升；一旦爲帝王所厭惡，則棄之如敝帚，甚至隨意將其殺掉。官僚與宦官都是爲帝王一家服務的。古人宣導：食君之祿，忠君之事。說明大家都是被君王所豢養，所以必須對君王忠誠負責。

宦官由奴隸身分轉變爲官員身分，儘管其主要工作性質仍是宮廷雜役，但其他待遇與官僚一樣，都有系統的管理機構，都有相應的官職、官階、品位、爵等、俸祿，有時也享有退休、蔭襲等權利。所以，古人所講的，爲宦即爲「入仕」，意味著只要成爲宦官，就可以食祿，積功累月就可以升職、入品、受爵。

宦官有了官的身分便也有了官的做派，由此而染上了官僚主義的惡習：講話打官腔，行事講排場；只對帝王負責；編織關係網，朋比爲奸。

在官僚制度和宦官制度之下，官僚與宦官共同的特點就是愛財。清官難得，廉吏極缺。濫用權力，貪贓枉法的事時有發生。綜觀歷代史籍，官僚與宦官貪汙賄賂之風從來沒有間斷過，有人認爲，一部二十四史，「實是一部貪汙史」，確實很有道理。北宋初年，名將曹彬認爲天下無官不貪，只是「好官亦不過多得錢爾」。清聖祖玄燁曾說過：「所謂廉吏者，亦非一文不取之謂。若纖毫無所資給，則居官日用及家人胥役，何以爲生」（《東華錄》康熙三十四年）。我們解讀兩千多年的歷史，不難發現眞正爲史家所稱道的清官廉吏卻寥若晨星，這不能不說是人治制度存在的缺失。歷史上懲治貪官汙吏的法律多、繁、嚴、苛，但是，都是建立在人治的基礎之上，所以法律的寬嚴與貪汙之風並無多大關聯。

但就總的來看，宦官之貪與官僚之貪，在手段上、程度上有所不同：宦官之貪，借助君權，不顧道義，不擇手段，不擇對象，敲詐勒索，巧取豪奪，明搶暗偷，無所不爲，數年之間，可聚集大量的財富；官員之貪，相對而言卻沒有宦官那麼兇狠和明目張膽，聚財之速之多亦不如權閹。

宦官長期侍奉帝王，耳濡目染，也熟悉些國家大事，熟悉官場的潛規則。如果不是從深層次和長期的觀察，而是從一般性的談話和處事來觀察，是看不出宦官與官僚有什麼區別的。宦官甚至還了解許多不爲外界所知的事情，所以，從外在的表象看起來，宦官比官僚還官僚。

第二節 宦官的小人哲學

在中國歷史上，根基最深厚的民族文化就是將人群區分爲君子與小人，於是有了君子哲學與小人哲學。這是一相對立的文化取向。

君子與小人之分，歷史淵源可以追溯商周時期，到春秋戰國時期已成定論。儒家創始人孔夫子就有許多關於君子與小人的論述。如「君子坦蕩蕩，小人常戚戚」、「君子學道則愛人，小人學道則易使也」、「唯女子與小人難養也」。自孔子之後，後世哲人名家對於君子與小人的論述，隨處可見，不勝枚舉。

然而，君子與小人並沒有絕對的定義與標準。皆因人之性，常有多重性格。正人君子亦有卑下的情操，奸詐小人亦有正義之舉。君子與小人的根本區別在於，君子即便有卑下的情操，卻並不永遠被卑下的情操所遮蔽；小人即便有高尚之舉，也只是偶爾的良心發現或取信他人的手法罷了。

古人將宦官與小人同等看待，甚至認爲宦官比小人更小人者大有人在。如三國時陸抗認爲，宦官係「姦心素篤而憎愛移易」的「小人」（《三國志·吳書·陸抗傳》）。宋代蘇洵認爲，宦官爲「陰賊險詐」的「小人之根」（蘇洵〈上仁宗皇帝書〉）。明太祖認爲，

「此曹善者千百中不一二，惡者常千百」（《明史·職官志》）。

宦官成爲歷史上一支重要的政治力量，對歷史的進程有著深遠的影響。他們在歷史的長河中形成了一種集體人格。這種集體人格，我們稱之爲小人哲學。

宦官沒有高深的理論，他們所有的思想理念都蘊藏在師承般言傳身教和自己的潛意識之中，而且是上不得檯面的東西。所以，我們只有從他們的隻言片語和具體行爲中去提煉。

宦官對於國家、民族、權力、財富、女色、玩樂、榮耀等等方面的看法和觀點，極少受正統的思想薰陶，缺乏對正統思想的認同。他們更注重的是自己的求存之道、求寵之道、弄權之道、逞欲之道，他們的人生觀和方法論是來自於實踐經驗和自身的感悟，功利性特別強，道理簡單而直截了當，可操作性強，效果明顯。

宦官中也有忠義之人，也有正直之人，也有廉潔自律、勤奮好學之人，等等，但他們不是宦官中的主流。我們所講的宦官人格，是指歷朝宦官中的主流人格，尤其是權閹們的人格，因爲只有他們才對歷史產生過如此大的、負面的影響。對於宦官的思想與人格，我們不可能窮究，只有從中探求出其主流所在。

壹、欲求富貴，須走捷徑

古人云：大富在天命，小富在殷勤。這句古訓只是勸人勤奮。然而，在古代，要改變命運，謀得富貴，實非易事。學而優則仕，讀書人要耐得住十年寒窗苦，然後去擠獨木橋，博取功名，以實現「朝爲田舍郎，暮登天子堂」的夢想。好不容易入仕爲官，卻又要在官場上苦苦掙扎，才能有所擢升。學武之人亦須「冬練三九，夏練三伏」，才能練就一身眞本領，然後要經歷亂世，出生入死，才能建功受賞爲軍官。當上武將雖然風光，但要在官場上混出個人模狗樣，卻並不比戰場上更易。所以，相比較而言，只有入宮爲宦，才是謀取富貴的最佳捷徑。

入宮爲宦，不需要寒窗苦讀，不需要寒暑苦練，不需要百裡挑一的考試，不需要生死相搏的拚殺，只要捨得一割，便可實現願望。而且入宮爲宦後，謀取大富大貴的機會遠比文臣武將要容易得多。大多數文臣武將一輩子都難得見上皇帝一面，即便是朝廷重臣，見到皇帝的機會也不如皇帝身邊的宦官。當所有的官職、權力、榮譽、財富都來自於皇帝的恩賜時，誰與皇帝走得最近，誰就會受益最多。這就是宦官的最大優勢所在。

古代許多人對於這一點都看得非常明白。最典型的代表是豎刁和魏忠賢。豎刁本身爲官，爲謀取更大的富貴，自宮以適桓公，後來果如其願，達到了專擅齊國朝政的程度。魏忠賢本是市井無賴，窮途末路之際自宮爲宦，其後的權勢與財富，無人望其項背。這些都是一般文臣武將所難以做到的。

古代宦官爲爭寵固權也需要付出很多，但是，絕大多數情況是，宦官所付出的努力與犧牲遠比文臣武將少，而所得到的實惠遠比文臣武將多，這卻是一個不爭的事實。

貳、富貴之道，在於媚上

文臣武將大多受正統思想的薰陶，注重的是年資、才能、業績、聲望，注重的是正常的擢升之道，期冀被皇帝發現其才幹，委之以重任。只有少數奸臣最清楚取富貴之道不在於才幹、業績、聲望與年資，而在於是否討帝王之歡心。帝王只是在治亂時才需要有才幹之人，而大多的時候則喜歡巧佞之人。

宦官的職責就是爲皇室服務，他們深知富貴之道全在於是否能得到主子的寵信。在專制政治時代，官僚與宦官的一切權力與利益都源於帝王的恩賜，誰與帝王最貼近，就意味著誰得到權力資源的機會多，由此帶來的好處亦多。所以，宦官近侍之便，使其在媚主方面有得天獨厚的優勢，而手段多樣化的媚主之道，則更是代代傳襲，並不斷地發揚光大。

總結歷代宦官媚主之道，歸結前些章節所述，大致有以下十四個方面：一是策立。謀立新君之功最大，所擁立的新君即位後，參與其事的宦官們便可以晉官加爵，恩寵無比；

二是護主。君主大權旁落，或者面臨困境之時，宦官最有機會護主，或是打擊政敵，或是助主逃難，等等。護主之功，與策立之功相近；三是甘言。有的宦官最善於揣摩主子心意，順其意而言之，口齒伶俐，花言巧語，很稱帝王心意；四是乖巧。靈巧的宦官最善於察言觀色，見風使舵，手腳勤快，脾氣溫順；五是結親。有的宦官將自己的養女或妹妹嫁與帝王，或者與皇室成員有姻親關係，因此成爲皇親國戚；六是獵色。帝王好色，宦官則四處爲其採訪天下美色，以供帝王享受；七是陪玩。帝王好遊玩、技藝、嬉樂、獵奇，宦官則千方百計討其開心；八是寶貨。有的帝王貪財，有的帝王喜歡奇珍異寶，有的帝王喜歡祥瑞，宦官則四處採納集聚以獻之；九是建功。或者多謀善斷；或出軍殺敵，或修建皇宮陵園；或刺探政敵情報；或者出使；或者引薦奇才異士，等等；十是崇仙。有的帝王喜歡修道求佛，有的帝王則一心想成仙，宦官則爲之引方士、助煉丹、助覓仙、助建寺、助修煉；十一是排場。有的帝王大搞排場以祀祖、祀天、封禪、慶典、巡遊，宦官則鼎力爲之；十二是治政。歷史上有相當多的帝王委政於宦官，自己則一心享樂；十三是治內。有的帝王依靠宦官來處理後宮之間的紛爭；十四是獻身。年青俊美的宦官被個別喜歡搞同性戀的帝王相中後，或者被後宮寡居的女主相中，須傾心迎合。

古之帝王多欲望，能克己以奉公者極稀少。所以，宦官的人生目標很明確，就是一心

媚主，而且媚主之術累試不爽。

參、欲求富貴，須捨得付出

君子受正統思想的影響很深，一向強調的是修身、立德、立言、立功、報國，所以，他們把主要的精力致力於苦讀、苦練、苦思、著作、治政、攻伐等方面，很少花精力去考慮自身安危與進退。屈原因爲人正直遭陷害而被流放，憂而著〈離騷〉。岳飛背刻「精忠報國」四字，一生爲恢復大宋江山而奮鬥，最後含恨冤死，其事蹟光照後人。這兩人都堪稱古之君子風範。

宦官深諳付出之道，但其付出之道卻是君子所不齒的，故古之人將宦官、小人並提不二。宦官之付出，在當時或有許多不得已而爲之的情分，卻與現代投入產出的理念吻合，其目的是爲了得到高額的回報。

宦官在侍奉帝王過程中，需要付出一生的精力，去用心揣摩、觀察帝王的一言一行和宮廷形勢的變化，去苦苦思索如何邀寵、固寵、弄權、斂財、逞欲之道。宦官的心力所致、精力所致，都是以自身安危榮辱爲基礎，集中表現在媚主、弄權上。

宦官的付出與捨得，表現在時間、空間、人格、金錢等多個方面。在時空概念上，宦官幾乎沒有自己的時間和空間，需隨叫隨到，時刻與帝王相伴；在物質方面，宦官要善於獵奇斂聚，最大限度地滿足帝王所需；在人格方面，宦官是不能有自我的，要做到逆來順受，絕對不露半點違忤之意，等等，這些付出是正人君子無法做到的，但恰恰是宦官的生存之道、富貴之道。

肆、有權就有一切

在人治制度之下，宦官對於權力的直觀認識和執著的追求，遠勝於文武百官。有權就意味著擁有一切，這一觀念的形成和扎根，幾乎浸透著宦官的一言一行，乃至散發到身上的每一個毛孔。

宦官對於權力的直觀感觸來自於日夜相伴的帝王。除了一些開國之君歷盡艱辛打下江山之外，絕大多數傳承之主是從生下來就享受著家天下和無上權力所帶來的種種好處：有權就可以出口成憲，就意味著權大於法，我即是法；有權就可以唯我獨尊，就會有眾多的人服侍，就可以讓天下英雄屈居其下；有權就可以盡聚天下財富，任由其支配；有權就可以盡窮一己之私欲。這些發生在帝王身上的現象，最能使宦官切身感受到權力的魔力。

宦官絕不會對發生在自己身邊、甚至唾手可及的權力現象無動於衷。從對權力的認識和把握的能力而言，他們並不比眾多的傳承之主差。許多傳承之主只會坐享其成，並不能眞正深刻地認識到權力的由來和重要性，並不能眞正把握和維護好君權，而宦官則更眞切地感受到權力的重要性，對權力的追求欲望和掌控力都很強。從攫取權力的機會而言，宦官盡得近侍之便，常常是君權的形象代表，遠比文武百官獲取權力的機會多。

宦官攫取權力的手段和執著精神，也是一般文武大臣所難以企及的。歷史上多次出現宦官專權擅政的局面，最能反映出宦官對於權力的癡迷。

伍、結黨以固寵壯勢

一枝獨秀不是春，萬枝嫣紅春意濃。宦官要坐大成勢，單靠個人的力量是有限的，必須結成一個利益集團，才能互相呼應，互相支持，形成一種利益相關、榮辱與共的政治勢力。

歷代君主之中，要算唐太宗李世民對於小人結黨之弊看得最清楚。他曾對魏徵說：「爲官擇人，不可造次。用一君子，則君子皆至；用一小人，則小人競進矣」（《資治通鑑．唐紀十》）。

歷史上的閹宦結黨爲害，遠比個別宦官爲害要嚴重得多。春秋戰國時期的齊國，宦官豎刁與易牙、開方，結成政治同盟，時稱「三子」專政，使齊國大亂。秦以後的歷代政權中，閹黨勢力發展極為迅速。閹黨為禍最烈的是東漢和明朝，尤以明朝魏忠賢最為典型，其黨羽之多、分布之廣、權勢之重、為害之烈，曠古無人能及。

閹黨之間聯繫的紐帶是權力與利益。為了謀取更大的權力與利益，他們可以休戚與共，不擇手段而為之。這些手段包括用人唯親、遍植黨羽，互相吹捧、互相維護，招權納賄、互相利用，共同謀劃、排斥異己，挾主自用、狼狽為奸，等等。但是，當他們內部利益出現衝突時，又會鬥得你死我活。

歷史上許多帝王也曾對閹黨勢力加以防範過，但是，極少有一個長效的機制。一旦庸主掌權，或者女主稱制，閹黨勢力又會死灰復燃。古人所說，一個好漢三個幫。其實最懂箇中道理的是宦官。

陸、剷除異己絕不手軟

自古正邪不並存。而正邪之間的鬥爭，正者往往不如邪者好鬥，不如邪者用心險惡，不如邪者手段狠毒，所以，歷史上許多正直果敢之士大多鬥不過邪惡之人。

宦官深知「勝者為王敗者寇」、「順我者昌，逆我者亡」的道理，對異己之人從不心慈手軟，也不會顧及道義，而是採取強權、欺詐、陷害等手段，必將政敵置之死地而後快，功過是非任由他人去評說。

宦官的兇殘狡詐使歷史上許多著名的政治家、軍事家、文人學者死於非命。秦之蒙毅、李斯，漢之李膺、陳蕃，唐之來瑱、裴冕，後唐之郭崇韜，明之于謙、袁崇煥，等等。這些歷史精英之死，說明宦官勢力何其強大，手段何其毒辣。

宦官猜忌之心、好鬥之心特別強，睚眥必報。所以，古人總結：寧願得罪十個君子，也不要得罪一個小人。得罪君子，很快就會被時空所忽略；得罪小人，一輩子都不會放過，甚至代代傳承下去。宦官或許會有一張謙卑的笑臉，但這張笑臉背後所暗藏的仇恨與心機，就是同類也防不勝防。

柒、謀權即爲謀財

宦官對財富有一種特別的占有欲望，而且最簡捷的方式就是以權謀財。自古以來，以權謀財，是世界上最爲神速的聚財方式。宦官深諳此道，對以權謀財之術非常嫻熟。

古代的權閹，不但權焰熏天，而且極爲富有。「貴埒王侯，富埒天子」的現象在古代屢見不鮮。如果能將權閹們所聚的財富作一個考證和統計，其數目一定是非常驚人的。

權閹劉瑾家被籍沒時，除大量珠寶珍玩外，得「金一千二百五萬七千八百兩，銀共二萬五千九百五十八萬三千六百兩」（《明史紀事本末補編》卷五），這筆財富可比當時國庫裡的金銀要多得多。如果將黃金按一比十換算成白銀，則黃金白銀的總值達三點八億兩白銀。當時全國的田賦收入爲四百萬兩白銀，劉瑾家的黃金白銀相當於全國九十五年的田賦收入。以實物換算，一兩白銀等於一石白米，那麼劉瑾家財至少相當於擁有三點八億石白米。如果按一比一千元換算成今天的新臺幣，則達三千八百億元。如果將其珠寶珍玩換算出來，其數額更是大得驚人。

劉瑾專權僅四年時間，就成了擁有資產數千億的富翁，權閹魏忠賢專權達八年之久，權勢更盛，其家資之鉅，更是無法想像。

如果將歷代權閹的財產與貪官的財產比較，權閹的財富之鉅，絕不亞於貪官，甚至不弱於帝王。由此可見宦官對財富的貪婪程度。

捌、人生在世，須及時行樂

宮廷的生活樣本就是皇室成員的驕奢淫逸，無所不能的權勢、鉅額的財富、空虛的精神，這些都使宦官們容易形成享樂主義思想。

宦官的享樂主義思想貫穿於他們的衣、食、住、行、玩樂當中。衣，古代帝王對百官及宦官的衣著都有相應的規定，然而有權勢的宦官常常違制，尤其是在其休沐之時，更是穿著綾羅綢緞，非常豪奢。南漢宦官平時過慣了驕奢的生活，連出降時都是「盛服請見」。食，權閹們是最懂得享受口福的，吃的是山珍海味。如清代權閹小德張，每餐就食都同隆裕太后一樣，菜有四十品，有二十七名太監服侍其就食。住，古代有許多權閹都在宮外建豪宅，以供其休沐或不當值時居住。如唐代權閹高力士、楊思勗、仇士良、楊復恭等等，都在長安城皇宮附近建有豪華私第。行，權閹們出行都是很講排場的。如明代權閹馮保，出行之時，其儀仗「儼若天子」。玩樂，宦官取樂的方式很多，或嫖妓，或姦淫，或敲詐，或遊樂，等等。宋高宗南逃途中，宦官猶不忘享樂，「競以射鴨爲樂」。如此等等，不可盡述。從宦官衣食住行中，無不彰顯其驕縱豪奢。

玖、天下安危，與己無關

按理說，宦官的榮衰與國家興亡、朝代更替息息相關，都是依附於君權才得以獲權逞威的，所以應該更加忠誠於朝廷、忠誠於國家才是。然而，歷史上許多宦官並不在意朝代興亡，彷彿與己無關似的。

歷史上這樣的例子非常多。秦朝宦官趙高專權，天下英雄並起，趙高並不擔心秦王朝的滅亡，時刻不忘的是自己的權勢。漢末天下已是分崩離析，宦官張讓等人猶致力於宮廷內鬥。宦官當權，將朝廷興衰當做是別人的事，我輩照享富貴。三國時蜀國宦官黃皓專權，曹魏大軍壓境，黃皓還在宮中與劉禪享樂。唐末宦官田令孜、楊復恭、韓全誨等人，在各藩鎮割據坐大、政局動盪不安的情形下，猶挾主自用，甚至縱火焚燒宮禁，致使「是時京師無天子，行在無宰相」（《資治通鑑．唐紀七十八》）。如此等等。

宦官這種全然不顧天下安危與朝廷興衰的做法，究其原因，主要有四：

第一，朝代更替，富貴固在。許多宦官認爲無論哪個朝代哪個帝王掌政，都需要宦官服侍，所以不擔心會給自己的生活改變些什麼。歷朝統治者多將敵方宮中的宦官俘爲己用，如秦始皇滅六國後，將六國的宮女和宦官全部俘到咸陽。歷史上有一些知名的宦官都是前朝的宦官。最典型的如元朝著名宦官李邦寧就是隨宋恭帝被俘給事元朝內廷的。這些被俘後仍從事宦官職業的，有的過得比在舊朝還要風光。所以，當朝廷大勢已去之時，許多宦官對自己的命運並不擔心。最經典語言是明朝宦官所說的：不論哪個主子上臺，「吾曹富貴固在」（《明史．高起潛傳》）。

第二，投機取巧，背主求榮。基於前面一種認識，所以，有的宦官乾脆從維護自身富貴出發，背棄舊主，投奔新主。漢末，有的宦官就與張角領導的黃巾軍有密切聯繫；明英宗被也先俘虜時，一些宦官就改頭換面，爲也先賣命；明末，李自成軍隊攻克大同後，宣府監視太監杜勳主動開城迎降；其後，鎮守居庸關的宦官杜之秩、分守北京諸城門的宦官曹化淳等人紛紛開門迎降。

第三，只顧今日，不顧明天。只要今天手中有權，該要權時仍然不會作半點退讓，也絕不作第二天之想，到明天政權垮臺再說。走一步看一步，不到黃河心不死，不到政權垮臺不撒手。

第四，報復洩憤，玉石俱焚。尤其是那些罪犯和罪犯之子成爲閹人的，本身對朝廷就充滿了冤恨。他們之所以討好帝王，目的是爲了攬權。國家垮了，政權垮了，雖然他們也得不到好處了，但他們內心不會有半點痛苦。與國俱亡，或許是他們最好的歸宿。

拾、沽名釣譽，生榮死哀

宦官不僅追求權勢和財富，而且對名譽也非常看重。正如俗語所說的那樣：既要做婊子，又要樹牌坊。

古代權閹在招權納賄、恣意妄爲之時，是絕不講良知，絕不畏人言，絕不怕人指背，絕不怕人仇恨的。他們深知，世人畏於強權，對他們是無可奈何的。

但是，宦官們也深知輿論的重要性，也會利用種種機會作秀，來博取社會公眾的好感，以此來掩蓋其卑劣的行徑。

宦官邀譽的方式大致有四：

其一，帝王封官賜爵賜物賜券封謚。這是帝王對其行爲所進行的肯定和表彰。在家天下專制統治之下，帝王將各種國家的榮譽都當成自己的私有物，隨意地賞賜於人，而宦官盡得其利。許多將士沙場流血，許多官員勤勉治政，都不如宦官舉手之勞，尺寸之功。東漢許多宦官就是靠參與一次政變就可以封侯，而那些出生入死的將軍極少能封侯，這就是最顯著的例子。明宣宗所賜宦官范弘、金英的免死詔，和賜宦官王瑾的四塊銀記，更是崇譽之極。宦官依靠帝王的表彰來證明其行爲的合法性，以混淆世人的視聽。

其二，宦官也時常做一些僞善之舉。歷史上有許多權閹爲沽名釣譽，常有僞善之舉。譬如，如與名士交結，爲名士講話，修建寺院、禮佛，做道場以祛災，偶爾施捨，等等。唐代權閹李輔國最爲狡詐、最爲兇狠，然而，表面上卻是一副慈善的樣子，「不茹葷血，常爲僧行，視事之隙，手持念珠」（《舊唐書．李輔國傳》）。又如元代權閹朴不花，恃奇皇后之寵，「爲國大蠹」，然而，朴不花「欲要譽一時」，乘饑疾氾濫之機，大興佛事，彷彿又成了救世主似的。權閹們表面的僞善之舉，具有很大的欺騙性，易蒙蔽世人。

其三，宦官時常僞裝斯文。對於有文化、有知識、有素養、有政見的人，不管其境遇如何，自古以來他們都是受人尊敬的。所以，古代有些宦官，儘管其出身低微，文化知識淺薄，但是，他們也會利用各種手段裝斯文。

古代權閹裝斯文，其手段大致有四：一是利用個人影響力，千方百計給自己弄個進士出身。如宋代權閹梁師成就弄了個進士身分。古之進士出身，大致相當於今天的研究生的地位和身分，已經算是高學歷人才了；二是聚集文人編書，再以自己的名義出版。秦代權閹趙高，其本身文化知識大多是自學來的，絕對高不到哪裡去。但以他名義編撰的《爰曆篇》很有韻味，對規範文字和學童習字很有幫助。漢代宦官史游也爲此編撰了《急就篇》；三是請文人爲其撰寫策論、寫書字、繪畫，盜爲己出。如宋代權閹梁師成就專門請刀筆吏暗中模仿宋徽宗的字，達到了以假亂眞的程度，書寫的字畫都有較高的藝術造詣；四是粗通文墨，則自我膨脹，以大師自居。如唐朝權閹李輔國，明代權閹王振等都是此類人。

其四，閹黨互相吹捧。爲了沽名釣譽、貪天之功，閹黨們以權閹爲核心，互相吹捧，甚至大搞個人崇拜，以邀時譽。最典型的例子就是明朝以魏忠賢爲核心的閹黨，他們遍布朝野，攬天下之功於魏忠賢，並大搞個人崇拜，在全國到處建魏忠賢生祠；魏忠賢亦大力表彰和提攜其閹黨，使朝野上下都爲之側目。

古代權閹得勢之時，背後常常閃耀著炫目的光環，乃至影響天下輿情。天下人的視聽常因輿情而變得撲朔迷離，難以分出是非黑白。這也正是權閹們所要的效果。

第三節　對民族的危害

宦官人格，作爲一種集體人格，所表現的是宦官群體的整體性格、氣質、品德、尊嚴等特徵。它決定了宦官的處世方式、生存態度。作爲特殊的集體人格，宦官人格不一定全部等同於小人人格，但是，卻集中地反映了小人哲學。

在整個中華民族的歷史長河中，宦官對歷史影響十分深刻。宦官對歷史進程的影響，不只是影響了帝王及皇族的生活和命運，不只是影響著朝政和內政外交，而且對整個中華民族的性格、文化的發展都有著深刻的影響，毒害甚深。

探究宦官對整個中華民族的危害，歸納起來，主要表現在以下六個方面：

壹、擾亂了正常的仕進制度

仕進制度爲國家政治制度的核心所在，是維護社會政治穩定、民族興衰的重要保障。

儒家宗師孔夫子宣導：學而優則仕。改革家商鞅建立了獎勵軍功制度。這兩條思想準則都是中國歷史上仕進制度的根基。即便是薦舉制度，也是以賢能爲尺規。因此，古代許多優秀的人才，他們一生致力於或苦讀聖賢書，或浴血沙場，其目的就是爲了博取功名。在進入仕途之後，許多人仍按照聖人所教導的，積功積德，以圖進取。

然而，宦官的出現，徹底動搖了仕進制度的根基。宦官，最主要的是那些權閹，儘管其不學無術，儘管其無尺寸之功，但卻因爲他們是帝王身邊的人，是帝王所信得過的人，所以，官職、官階、爵位等等國家名器對他們而言，如探囊取物，極易得之。

秦朝權閹趙高，文治絕對不如李斯，武功絕對不可與蒙恬比，而且還是犯過死罪之人，然而，他卻因爲是帝王身邊之人，是帝王信得過之人，所以，他可以平步青雲，官至中丞相，實權猶如太上皇。其後的歷代名閹：漢之張釋、石顯、鄭眾、孫程、單超、侯覽、曹節、張讓等人；蜀之黃皓；後趙之嚴震、申扁；劉宋之華願兒；南齊之徐龍駒；北魏之宗愛、王琚、趙黑、劉騰；唐之高力士、楊思勗、李輔國、程元振、魚朝恩、仇士良、楊復恭、劉季述、田令孜、韓全誨等；前蜀之唐文扆、王承休；南漢之龔澄樞、陳延壽、李托、林延遇；宋之童貫、梁師成、楊戩、李彥、董宋臣；元之李邦寧、高龍普、朴不花；明之王振、曹吉祥、汪直、劉瑾、張永、馬永成、谷大用、馮保、魏忠賢；清之李蓮英、小德張，等等，不可盡數。這些權閹們，論文才、論軍功、論政績，幾乎找不出出類拔萃者。但是，他們卻是要官有官、要名有名、要利有利，而那些克勤克儉、流血拚殺、才華橫溢、政績卓著之人，在晉升、爵位等方面卻不能望其項背。

權閹們不只是自己盡得其便，更是招權納賄、賣官鬻爵、甚至把持官員的進退，操持整個國家的吏治，嚴重地擾亂了國家的仕進制度。這樣做的結果是，許多有才能的人士或退避山林，或埋沒於市井，或受多方掣肘難有作爲，或橫遭打擊陷害，而那些趨炎附勢、投機鑽營、如蠅逐臭、甚至不惜自宮以炫達者，卻春風得意、權勢熏天、熾手可熱。

歷史上吏治完全由宦官所把持的朝代要算南漢與明朝，尤以明朝影響最爲深刻。明代的閣臣和尚書大多都是依靠宦官的扶持才得以居其位的，其進退全由權閹所操控。由權閹扶持起來的閣臣和尚書們，他們凡事須先請示權閹，看權閹臉色行事，在皇帝召見時「無所規正」，唯知「叩頭稱萬歲」，人謂之「萬歲閣老」（《明史．萬安傳》），或稱之「紙糊三閣老，泥塑六尚書」（《明史．劉吉傳》）。大批有識之士和統治人才則遭排斥陷害，致使「正人去國紛紛若振槁」（《明史．魏忠賢傳》）。

歷史上反覆重演著宦官操縱吏治的故事。吏治的腐敗是所有腐敗現象中最爲嚴重的腐敗。仕進制度被擾亂之後，使得整個官僚隊伍的素質大爲下降，隨之而來的是政治腐敗、經濟腐敗、生活腐朽。一個社會或朝代的腐敗之風日益滋長，統治者與被統治者的矛盾必然加劇，一旦迸發，便不可收拾。「其興也勃，其亡也忽」，這便成了難以跳出的歷史週期律。

貳、挫傷了士人們對國家和民族的信心

士爲國之寶。國家和民族的發展，最核心的依靠力量是有才有識之士。

古代帝王大肆宣揚君權神授，把天下當做自己家族的私產，把百官與民眾的生命權和生活權都掌控在自己手中，一切幸福都源自於帝王的恩賜。恩賜主義是專制統治最爲顯著的特徵。

古之士人屬於知識階層，有自己的想法和見地，對於君權神授和家天下並不完全認同。他們雖然沒能設想出更好的社會制度，但是，從整體上看，士人們的國家意識、民族意識和民本意識還是較強的。當國家、民族和民眾處於危難之際，士人們更看重的是國家尊嚴、民族的利益和民生福祉，即便爲之流血犧牲，也在所不惜。

春秋戰國時期，著名的思想家孟子就提出：民爲貴，君爲輕，社稷次之。這句名言中包含著深厚的民本思想，對後世士人有著深遠的影響。後世官員中不乏爲民造福、爲民請命、將百姓視作自己衣食父母之人。

古代亦有許多著名的民族英雄，如漢之李廣、蘇武，宋之李綱、岳飛，明之于謙、戚繼光，等等。這些人將國家和民族看得比自己的性命還重，他們不畏強敵，不畏強權，不怕犧牲，其精神與氣節之光芒，永照後人。這些人的核心價值觀，並不是愚忠其君，更傾向於忠於國家和民族。中國人婦孺皆知的典故就是岳母刺字，岳飛從軍之前，其母親給岳飛背部刺了四個字：「精忠報國」，勉勵其爲國效力，而非爲君效力。可見，古代有許多人還是將國家與民族利益看得很重的。

然而，宦官專權更看重的是眼前利益、自身的利益。宦官們一心圍繞君主轉，目的就是想從君主那裡撈取權力與實惠。即使國家和民族處於水深火熱之中，他們也不會去顧及。古之宦官中亦有忠心之人，然而，他們並不是忠於國家，而是忠於帝王，其立足點截然不同。雖然其情可憫，然而不足稱頌。

宦官看重自身利益，衍生出最大的問題就是忌賢妒能、陷害忠良，這才是最可悲之處。如明代名臣于謙、名將袁崇煥等人俱死於宦官之手。這方面的事例非常多，歷朝歷代都有，

俯拾皆是。

小人得志，惡人當道，勢必極大地挫傷忠良之士的愛國熱情，並且引發一系列的社會問題。如後唐重臣郭崇韜被宦官構陷而死，受此牽連的河中節度使朱友謙全家被誅，後唐實力大爲折損，各地藩鎮疑懼不安，直接激發兵變，使後唐迅速衰亡。

帝王、宦官等都是依附國家、民族發展的基礎上，沒有國家作媒介，帝王、宦官的富貴從何而來？而士人可謂是國之棟梁，棟梁已失，國家以何而立？這樣淺顯的道理，對於宦官而言，卻始終難以明白。權閹之貪權貪利，蠹國害民，如同負金溺水之人一樣，人之將亡卻不肯將金子放棄，寧願人金兩失，可悲之極！

參、破壞了正常的社會發展秩序

從歷史上看，中國的社會經濟發展遠比歐美國家起步要早。西漢和盛唐的經濟和社會繁榮程度，是當時世界上其他任何國家都無法比擬的。中國古代的發明創造，時至今日都對世界有益。溯及中華民族歷史上盛唐的輝煌，至今讓國人傾慕與自豪。我們今天所宣導的要實現中華民族的偉大復興，是以盛唐在世界上的影響力爲榜樣的。

爲什麼中國不能保持其先進文明？最根本之點在於，中國社會發展重任都寄託在明君身上。一旦昏君在位，奸臣當道，宦官攬權，政治必然腐敗，社會必多變亂、動盪、殺戮！

宦官對社會發展秩序的破壞作用主要體現在三個方面：

第一是加速了政治腐敗。宦官攬權都是從干政開始的。一旦宦官的政治權力由微至重，甚至專權擅權時，必然會威福自專，隨意發號司令。因爲宦官的政治素養多是十分低下，一切都以自己的喜怒哀樂爲準則，朝政不亂，絕無可能。

政治腐敗有兩個最重要的政治標誌是：其一是任人唯親；其二是隨意決策。歷史上宦官專權時期，都是最黑暗、最腐敗的時期，其任人唯親和隨意決策則達到了無以復加的地步。

第二是加深了經濟腐敗。大凡政治腐敗必然會引起經濟腐敗。歷史上也有一些皇帝注重防治經濟腐敗，但是，大多的時候，貪贓枉法的現象卻無處不在。

與宦官鉅額財富相對比的是國家財力的空竭。明代隆慶末，國庫存銀不到十萬兩，而歲出常超支一百四十多萬兩。清代晚期，財政危機更是嚴重：一七九五年（乾隆六十年），國庫白銀爲三百萬兩；一九〇三年（光緒二十九年），國庫虧空白銀達三千萬兩；一九一二年二月，清亡時，其所借外債超過十二億兩白銀，本息合計達廿三點六三億（見《中外歷史專題研究》）。

歷史上宦官專權擅政招財納賄之時，無不是國庫空虛、財政危機、國窮民困之時。經濟上的腐敗，最終導致政治上的崩潰。

第三是助長了驕奢淫逸之風。與所有的貪官一樣，宦官所聚集的大量財富，絕不是用來發展生產和救濟世人的，而是用來享受的。

與統治階層及宦官們驕奢淫逸的生活形成強烈對比的是，廣大人民群眾食不果腹，衣不蔽體，生活難以為繼。晚清時期，以山西省為例，一八七八年餓死了五百萬人；一八九二年又餓死了一百萬餘人。

「朱門酒肉臭，路有凍死骨。」杜甫之言，真切地表達了古代社會兩極分化和社會不公平現象。

歷史上宦官驕奢淫逸，其荒誕不經之處，不亞於王公貴胄。因其多出身低微，當其福澤其鄉其親時，其影響的深度和廣度尤勝於王公貴胄。古代一些傾慕富貴而自宮為宦者，莫不是受了權閹們的影響。

宦官對社會發展的影響不止是上述三個方面。宦官勢力所及，嚴重破壞了正常的社會秩序。政治上，他們把持朝政，敗壞吏治。經濟上，他們或大量侵奪民田，或橫徵暴斂，或侵吞貪汙，或壟斷經營，使小農經濟、工商業和財政收入都遭到嚴重的破壞。軍事上，他們侵蝕軍實，占役買閒；畏敵避戰，殺良冒功；扼制大將，貽誤戰機，從而加速了軍隊的腐敗，降低了軍隊的戰鬥力。等等。宦官的種種不良行爲，激發了各種社會矛盾，嚴重損害國家的正常發展秩序。

肆、放大了帝王的昏庸與過錯

中華民族五千年的歷史，是一部缺少明君的歷史。在眾多的君主中，英明、睿智之君如鳳毛麟角，屈指可數。原因無他，是因爲專制統治制度下，對於君主的選擇和培養，缺乏競爭擇優機制和良性培養機制。

君位終身制，嫡長傳承制，高壓的政治態勢，優裕的生活環境，這些因素綜合起來，極難造就傑出的君主。大多數君主資質平常，從小缺乏歷練，最容易受到宦官們的引誘，他們的昏庸和過錯因宦官們的誤導而被無限地放大。

宦官們操縱君主最主要的手段就是慫恿和引誘帝王沉湎於玩樂享受之中不能自拔，使其無暇顧及朝政。這樣做的直接結果就是：第一，形成了帝王對宦官的依賴和信任關係；第二，隔絕了君臣之間的接觸；第三，君權旁落，朝政完全由宦官所把持。

宦官把持朝政，帝王成了擺設。帝王聽信宦官之言，做出種種荒誕不經之舉，從而加

劇了君主與文武百官之間的矛盾，引發了更多的社會矛盾。

帝王遠離群臣，宦官充當了君權的代理人。他們背著君主做了許多不法之事，大都是以君主的名義出現的。人們並不是畏於宦官，而是屈從於君權，所以，深受其害的人們只有把宦官的劣跡暴行都算在帝王身上。於是，帝王在民眾中的形象大打折扣。當人們處於水深火熱、生存都無保障之時，唯有起來拚死一搏，其矛頭直指君主。當人們對君主失去信心，紛紛起來反抗時，這個朝代滅亡之期也就指日可待了。

伍、改變了歷史正常的發展軌跡

人類社會歷史的發展是單向發展、不可逆轉的、不可假設的，也正如人的一生一樣。人的一生會遇到一些重要的關鍵點和機會點，它影響和決定著其後的命運。人類歷史在發展過程中經常遇到一些重要的關鍵，它實實在在地影響著其後的發展。

檢視歷史，我們會留下許多的遺憾。

秦朝秦始皇死後，正常的發展態勢是，繼承皇位的應是長子扶蘇而不是幼子胡亥。扶蘇至少比胡亥仁慈、英明，宦官趙高再善諛不至於那麼擅權。如果扶蘇爲帝，秦朝一定不會那麼快分崩離析，民族大融合的步伐會走得更穩。

可以說，歷史上每一個國家和每一個朝代由盛至衰，往往就是那關鍵的幾步走錯了。而歷史上每一個重要的關鍵上，我們都可以看到宦官在其中的負面作用和影響。

如果可以假設的話，假設中國沒有宦官或者宦官的作用沒有那麼大的話，中國歷史發展的軌跡一定是另一種模樣。

陸、扭曲了民族精神與靈魂

中華民族是世界上最優秀的民族之一，有許多優良的品質是彌足珍貴的。這些品質包括：勤勞、聰明、好學、勇敢、友善、誠信、自尊、自強、不畏權勢、不畏強暴、不怕艱難險阻，等等。這些優良的品質是我們中華民族立足之本、發展之本、振興之本，是我們民族的核心價值和靈魂所在。

官員應是民族精神的主導者，對於民族精神的塑造和影響極為深刻。商初名臣伊尹就認為：「君國子民，為善者皆在王官」（《史記·殷本紀》）。

宦官亦是官。然而，我們從宦官的身上所看到的，卻是與我們民族精神相悖離的東西：不學無術、趨炎附勢、投機鑽營、好逸惡勞、仗勢欺人、兇殘狡詐、貪得無厭、驕奢淫逸、不知廉恥，等等。這些骯髒的思想時刻侵蝕著我們民族的精神家園，傷害著我們民族的肌體和脊梁。

我們審視歷史，就會發現許多不恥的現象：在宦官得勢之時，有許多人爲謀求富貴，或自宮求達，或投拜其門下屈身事之，或甘當其走狗和幫兇，等等，投身唯恐無門，甘言唯恐不諛，容貌唯恐不媚，行爲唯恐不敬，心意唯恐不達。其種種醜陋之舉，不堪入目。

對民族精神最大的破壞在於信仰危機。宦官人格對整個民族最帶根本性的破壞就是使人們對傳統的道義和信仰產生了懷疑，對帝王和所有統治者的言行產生了懷疑，對人與人之間的利益關係沒有了信用基礎，使整個社會都陷於爾虞我詐、互不信任之中。

當一個民族中的絕大多數人都屈從於強權、大行投機鑽營之風時，這個民族必然會墮落。如果其核心的價值觀都被摧毀，其優良的品質都被淹沒的話，這個民族就會失去了自我，離滅亡之日也就不遠了。

好在中華民族的優良品質雖然曾經被宦官精神和宦官思想所侵蝕過，但從沒有被宦官精神和宦官思想所吞噬過，這是值得慶幸的地方，也是中華民族能夠重新崛起的根基所在。

國家圖書館出版品預行編目

侃釋宦官 / 王志軍 著 . -- 初版 . -- 臺北市
: 龍圖騰文化 , 2015.8
面； 公分 . -- (大歷史 GH023)
ISBN 978-986-388-022-6 (平裝)

1. 宦官 2. 中國史

573.515 104011471

GH023大歷史

侃釋宦官

作　　者／王志軍
責任編輯／郭鎧銘
主　　編／郝逸杰
美術設計／涵　設
封面設計／涵　設
發 行 人／蔡清淵
總 編 輯／郝逸杰
版權策劃／李　鋒
出版發行／龍圖騰文化有限公司
地　　址／臺北市信義路四段98號12樓之2
電　　話／02-27043265・傳真/02-27043275
網　　址／http://www.dragontcc.com
劃撥帳號／50242319　戶名：龍圖騰文化有限公司
總 經 銷／創智文化有限公司
地　　址／新北市土城區忠承路89號6樓
電　　話／02-22683489
法律顧問／毛國樑律師
印　　刷／金璽彩印有限公司
定　　價／NT$520元
ISBN／978-986-388-022-6
初版一刷／2015年8月